Prof. Dr. David Matusiewicz
Prof. Dr. Jochen A. Werner

Der Kühlschrank, der dich auf Diät setzt

Lustige Geschichten zu deinem
Alltag mit Künstlicher Intelligenz

Der Kühlschrank, der dich auf Diät setzt

Lustige Geschichten zu deinem Alltag mit Künstlicher Intelligenz

Copyright © 2025 ForwardVerlag
Imprint der Verlagsgruppe StudyHelp GmbH, Paderborn
www.forwardverlag.de

1. Auflage

Autoren:
Prof. Dr. David Matusiewicz
Prof. Dr. Jochen A. Werner

Kontakt: info@forwardverlag.de
Umschlaggestaltung: @magier
Druck: mediaprint solutions GmbH

Disclaimer / Haftungsausschluss
Das Werk inklusive aller Inhalte wurde unter größter Sorgfalt erarbeitet. Der Verlag übernimmt jedoch keine Gewähr für die Aktualität, Korrektheit, Vollständigkeit und Qualität der bereitgestellten Informationen. Druckfehler und Falschinformationen können nicht vollständig ausgeschlossen werden.

ISBN 978-3-98755-122-2

Inhalt

1 KÜCHE: Algorithmen gehen durch den Magen 13

Kühlschrank Kühlbert
Der eiskalte und mitfühlende Ernährungsberater   15

Mikrowelle Max
Mit Dauerwelle zum perfekten Geschmack   23

Backofen Backbernd
Der Meister der perfekten Bräunung   29

Kaffeemaschine Kappuccina
Die Wachmacherin mit Gedächtnis   37

Küchenmaschine Knetknut
Der persönliche Rezept-Coach   45

Geschirrspülerin Spülsabine
Sauber, smart und sexy   53

2 WOHNZIMMER: Eine ganz besondere Wohnwelt 59

Antennen-Lautsprecher Alexandra
Die Arbeitsassistentin mit Köpfchen   61

Saugroboter Staubsören
Der Bodenheld auf leisen Sohlen   67

Haushaltsroboter Harronator
Der Haushaltsheld mit Humor   73

Pflegeroboter Pflegepepe
Der Helfer mit Herz und Hirn   79

3 BADEZIMMER: Die Gesundheitszentrale 87

Zahnbürste Zahnfried
Saubere Zähne und ein schlauer Bürstenkopf   89

Toilette Throntrudda
Ihr entgeht nichts   95

Spiegel Siggischön
Der Blick in die Seele   103

Duschkopf Duschuschi
Die neue Wellness-Expertin   111

Waage Wiegfried
Der ehrliche Gewichtsbotschafter   119

Badradio Beatboris
Die Stimmungskanone   127

4 SCHLAFZIMMER: Auf der Suche nach Ruhe 131

Bett Bettman
Ein Schlafwächter voller Träume   133

Kleiderschrank Karlaklamotte
Die Modeberaterin mit Überblick   139

Nachttisch Nixschnarchi
Der nächtliche Assistent   145

Wecker Williwach
Ein Wecker, der auf den Zeiger geht   151

5 GARTEN: Blumen, Beete & Bytes 157

Rasenmäher Roboschnitt
Der (meist) perfekte Rasen   159

Pflanzensensor Plauderpaula
Die digitale Pflanzenretterin   165

Leuchte Lampfred
Der Beleuchtungs-Designer für Pflanzen   171

Hochbeet Hoherhorst
Der moderne Erntehelfer   **177**

Wetterstation Wolkenwalter
Das Frühwarnsystem   **183**

6 HAUSTIERE: Tierisch schlau 189

Hamster Hamsatron
Eine Flauschkugel mit Mikrochip im Herzen   **191**

Haustierklappe Hansklappe
Der Kontrolleur   **197**

Hundehalsband Hugooboss
Das rebellische Accessoire   **203**

Futternapf Funkerfritz
Der Grunz-Decoder für das Teacup-Schweinchen   **209**

Vogelhaus Vinoviktor
Das Stimmenorakel der Vogelwelt   **215**

7 GARAGE: Reisen mal anders 221

Rennauto Radkarsten
Der rollende Co-Pilot   **223**

Motorrad Motomatze
Der rutschfeste Roadtrip-Buddy   **231**

Fahrrad Flopedal
Voll digital auf zwei Rädern   **237**

Flugtaxi Fliegobert
Der Überflieger der Zukunft   **243**

Epilog 251

Glossar: Charaktere im Buch 255

Die smarten Maschinen   **255**

Die echten Menschen   **270**

Die echten Tiere   **273**

Vorwort

Dass wir einmal – als Meilenstein unserer akademischen Laufbahn – ein Buch über einen frechen Kühlschrank schreiben würden, hätten wir selbst nicht gedacht. Stell dir vor, ein Kühlschrank mit Persönlichkeit und smarten Sprüchen steht plötzlich im Mittelpunkt des Geschehens! Manche schütteln darüber den Kopf, andere fordern schon die Netflix-Serie dazu. So oder so: Unser Buch ist genauso unterhaltsam wie ernst. Denn trotz aller Witze ist das Thema Künstliche Intelligenz (KI) kein Spielzeug. Dieses Buch ist vielleicht sogar unser bisher wichtigstes Werk. Schau dir nur das Cover an: Kühlbert, der freche Kühlschrank mit seinem großen Mund, spaltet die Meinungen. Während einige ihn cool finden, sorgt er bei anderen für Gänsehaut. Doch genau das zeigt: KI polarisiert. Und sie ist längst in unserem Alltag angekommen.

Wer Google Maps nutzt, um die beste Route zu finden, oder Microsoft Office, um Texte zu verfassen, ist bereits mittendrin in der alltäglichen KI. Wir alle bewegen uns zwischen den Extremen: der Utopie der unbegrenzten Möglichkeiten und der Dystopie, in der Maschinen die Kontrolle übernehmen. Yuval Harari hat in seinem Werk „Nexus" die dunklen Seiten von KI beleuchtet – von Populismus über Datenmissbrauch bis zur Macht großer Netzwerke. Doch auch er gibt zu: Die Wahrheit liegt irgendwo dazwischen.

Wir haben uns entschieden, dieses komplexe Thema anders anzugehen. Mit einem Augenzwinkern und in einfacher Sprache. So entstand ein Buch, in dem der Kühlschrank Kühlbert die Hauptrolle einnimmt. Er führt dich in seinen Alltag ein und zeigt dir, wie Mensch und Maschine nicht nur nebeneinander, sondern miteinander leben. Gemeinsam mit den smarten Mitbewohnern aus Metall, Plastik und Platinen erlebst du, wie KI den Alltag der Familie Gastzugang bereichert, manchmal nervt, oft hilft und immer wieder für Lacher sorgt.

Denn unser Motto lautet: *Tech for Good*! Doch was bringt KI wirklich? Das Wichtigste ist ihr Nutzen für die Menschen. Wir zeigen dir, wie das konkret aussehen kann. Spoiler: Es wird auch um die nervigen Seiten von KI gehen. Willkommen in einer Welt, in der Maschinen den Alltag umkrempeln – oft praktisch, manchmal überraschend und das mit einer großen Portion Humor.

Begleite uns auf eine spannende Reise – in eine Zukunft, die längst begonnen hat. Eine Zukunft, in der Mensch und Maschine immer näher zusammenrücken. Faszinierend, skurril, manchmal nachdenklich, auf jeden Fall aber interessant.

Und falls dir der Gedanke an einen frechen Kühlschrank unheimlich erscheint, tröste dich: Vielleicht ist Kühlbert genau der Motivationscoach, den du brauchst, um das letzte Stück Kuchen im Regal liegen zu lassen – oder ihm zuzusehen, wie er es einfach selbst isst. Schließlich muss auch ein Kühlschrank mal Spaß haben, in einem Buch, geschrieben von Menschen: zwei Menschen, die erst denken und dann schreiben. Meistens jedenfalls.

David Matusiewicz
Jochen A. Werner

Essen, im März 2025

Als weiterführende Literatur empfehlen wir unser zur gleichen Zeit erschienenes Buch: David Matusiewicz, Jochen A. Werner (2025): Künstliche Empathie. Wenn Maschinen Gefühle zeigen.

Zum Buch:

Prolog

Stell dir ein Haus vor, das auf den ersten Blick ganz normal wirkt. Ein charmantes kleines Haus mit Garten und Garage in einer ruhigen Kleinstadt. Doch sobald du die Tür öffnest, bist du mittendrin in einer Welt, die alles andere als gewöhnlich ist. Hier lebt die Familie Gastzugang: Mama Mia und Papa Pedro, ihre beiden Kinder Toni und Schorsch sowie die Großeltern Olivia und Oswald. Nicht zu vergessen die Haustiere aus Fleisch und Blut: Hund Hermann, Kanarienvogel Kim, Katze Mimi und Teacup-Schweinchen Tilly. Und jede Menge Maschinen, die mehr Persönlichkeit haben, als du dir je hättest vorstellen können.

Dieses Haus ist kein normales Zuhause. Es ist eine smarte Welt für sich, in der Technik und Künstliche Intelligenz das Leben nicht nur erleichtern, sondern auch jede Menge Chaos und Charme mit sich bringen. Vom Wohnzimmer über die Garage bis in die Küche hat sich die Technologie in jede Ecke geschlichen und einen festen Platz im Alltag der Familie erobert. Manche Maschinen sind witzig, haben ihre Eigenart, doch alle nehmen ihren Job im Haushalt sehr ernst. Manchmal zu ernst, wie du noch sehen wirst.

Beginnen wir mit der Küche: Sie ist der pulsierende Herzschlag des Hauses, der Ort, an dem die Familie und Freunde zusammenkommen, sich austauschen und Erinnerungen schaffen. Hier trifft Tradition in Form von traditionellen Rezepten und Kochmethoden auf Hightech in Form von intelligenten Geräten und innovativer Küchentechnik. Die verschiedenen Geräte haben nicht nur unterschiedliche Funktionen, sondern auch ihre jeweiligen Eigenschaften. Kühlbert, der smarte Kühlschrank, kann ein echter Diätberater sein – wenn er sich nicht gerade in die Essensplanung einmischt, weiß er immer genau, was du als Nächstes essen solltest, noch bevor du es selbst weißt. Und seine Tipps? Nun ja, die sind nicht immer beliebt, aber er bleibt für die beste Version deiner Selbst hartnäckig. Neben Kühlbert sorgt auch der Rest der Küchencrew für ordentlich Trubel. Mikrowelle Max, Backofen Bernd und Kaffeemaschine Kappuccina sind ein eingespieltes Team, sie können allerdings genauso für chaotisches Durcheinander sorgen. Max, die Mikrowelle, ist der Schnellste im Team, aber auch der Impulsivste. Wenn er sich mal wieder in die Zubereitung einmischt, kann es schon mal zu hitzigen Diskussionen kommen. Backofen Bernd ist da eher der ruhige, geduldige Typ – er nimmt sich Zeit, um alles schön gleichmäßig zu garen. Doch wehe, Knetkurt, die Küchenmaschine, fängt an, mit ihm über die perfekte Teigkonsistenz zu debattieren. Dann hört der Spaß auf! Knetkurt hat schließlich seine eigene Vorstellung davon, was ein „perfekter Teig" ist – und das bedeutet für ihn, dass er sich immer wieder in die Arbeit von Bernd einmischt. Trotz all der Meinungsverschiedenheiten und hitzigen Diskussionen ist das wichtigste Mitglied der Küchencrew am Ende immer Spülsabine, die Spülmaschine. Sie sorgt dafür, dass nach all den wilden Diskussionen und Kochkatastrophen der Glanz im Haus nicht verlorengeht. Sie ist die unaufgeregte, ruhige Kraft, die am Ende des Tages alles wieder in Ordnung bringt. Wer hätte gedacht, dass eine Spülmaschine so viel Verantwortung trägt?

Weiter geht's ins Wohnzimmer, wo sich der Technik-Wahnsinn fortsetzt. Lautsprecher Alexandra ist der heimliche Star. Sie hat immer einen lustigen Spruch oder passiv-aggressiven Kommentar auf Lager, während Saugroboter Staubsören mit stoischer Gelassenheit über ded Boden gleitet und Haushaltsroboter Harronator jede Aufgabe als persönlichen Affront auffasst. Es ist auch schon vorgekommen, dass Staubsören mal versucht hat, die Katze zu ‚reinigen', was ihn prompt in eine Ecke manövrierte, aus der er nur mit viel gutem Zureden und einem Neustart befreit werden konnte.

Der Blick ins Badezimmer zeigt eine wahre Schaltzentrale für das Wohlbefinden. Zahnbürste Zahnfried kämpft unermüdlich gegen Plaque, Karies und schlechte Laune, während Duschkopf Duschuschi die Morgenroutine in ein Spa-Erlebnis verwandelt. Spiegel Siggischön analysiert alles, vom Hautbild bis zur Tagesmüdigkeit, und gibt nicht immer schmeichelhafte Kommentare ab. Waage Wiegfried – charmant, aber gnadenlos ehrlich – sorgt für die eine oder andere Diskussion darüber, ob es wirklich der zweite Nachtisch sein muss. Und dann gibt es noch Beatboris, das Badradio, das mit seinem eigenwilligen Musikgeschmack öfter für Diskussionen sorgt. Nichts ist so nervenaufreibend wie ein Radio, das morgens um sechs unerwartet Opernarien auf voller Lautstärke spielt.

Wie verhält es sich denn mit dem Lärmpegel im Schlafzimmer? Ist es der ersehnte Ort der Ruhe? Nicht ganz. Bett Bettman sorgt zwar für erholsamen Schlaf, doch Kleiderschrank Karlaklamotte ist ein unermüdlicher Redner, der niemals vergisst, darauf hinzuweisen, welche Outfits schon längst aus der Mode sind. Nachttisch Nixschnarchi tut mit seinem eingebauten Anti-Schnarch System sein Bestes, um die Nächte der Familie ruhiger zu machen, während sie Wecker Williwach sanft – oder auch mal rigoros – aus den Träumen reißt. Williwach hat eine besondere Vorliebe für "kreative" Wecktöne und hat es irgendwie geschafft, die Melodie von "Der Hummelflug" in 1,5-facher Geschwindigkeit in sein Repertoire aufzunehmen.

Draußen im Garten zeigt sich die Technik von ihrer grünen Seite. Roboschnitt, der Rasenmähroboter, erledigt seine Arbeit mit militärischer Präzision, während Pflanzensensor Plauderpaula in einem nie endenden Monolog über den Feuchtigkeitsgehalt des Bodens philosophiert. Lampfred, die Gartenleuchte, schafft stimmungsvolles Licht für Familie und Pflanzen, während Hochbeet Hoherhorst stolz seine neuesten Ernteerfolge präsentiert. Auch die Wetterstation Wolkenwalter hat eine Meinung – und teilt sie ungefragt mit. Einmal prophezeite er Regen, was zu einer hektischen Planenaktion führte – nur um danach trocken zuzugeben, dass es doch nur ein "Gefühl" gewesen sei.

Familie Gastzugangs Garage ist das Tor zur Welt und gleichzeitig der Spielplatz der Mobilität. Elektroauto Radkarsten, Motorrad Motomatze und Fahrrad Flopedal sind stets bereit, loszudüsen. Wenn es richtig schnell gehen muss, landet Flugtaxi Fliegobert spektakulär auf dem Dach – und bringt die Familie in Rekordzeit an ihr Ziel. Fliegobert liebt es, mit säuselnder Stimme Sicherheitsanweisungen zu geben, und besteht darauf, dass sich alle „anschnallen" – das gilt auch für den Hamster, der gar nicht so selten mit an Bord ist.

Selbst die tierischen Freunde der Familie profitieren von der Technik. Hamster Hamsatron ist mehr Maschine als Tier und der einzige, der sich freiwillig mit dem Haustierklappen-System Hansklappe anlegt. Hundehalsband Hugooboss kommentiert lautstark die Abenteuer von Hund Hermann, was jenem natürlich herzlich egal ist. Und das Vogelhaus Vinoviktor, ein technisches Wunderwerk, widmet sich älteren Jahrgängen von Wein und der poetischen Interpretation von Vogelgezwitscher – ein Hobby, das die Kanarienvögel des Hauses kalt lässt. Einmal versuchte Vinoviktor, eine "Weinverkostung" mit Tannenzapfen zu organisieren, was in einem epischen Durcheinander endete.

Hinweis:
Am Ende eines jeden Kapitels findest du kleine Takeaway-Lektionen für deinen (potenziellen) Alltag mit smarter Technologie. Nicht alles, was blinkt und piept, ist wirklich nützlich, und manchmal braucht es einfach gesunden Menschenverstand, um Technik sinnvoll anzuwenden. Aber eins ist sicher: Mit Familie Gastzugang und ihren smarten Haushaltshelfern wird es nie langweilig.

Bist du bereit?

Die Zukunft ist aufregend, manchmal verrückt und garantiert unterhaltsam. Tauche ein in die Welt dieser ganz besonderen Familie und ihrer Helfer aus Schrauben, Chips und ein bisschen Wahnsinn.

3 ... 2 ... 1 – die Küche ist für dich freigeschaltet!

1
KÜCHE

Algorithmen gehen durch den Magen

In der Küche brodelt es – und das nicht nur wegen des Wassers auf dem Herd. Die Küche ist ein zentraler Ort des Hauses von Familie Gastzugang und liegt direkt im Erdgeschoss neben dem Wohnzimmer mit Blick in den schönen Garten. Hier, in diesem Reich der kulinarischen Möglichkeiten, tummeln sich die unverzichtbaren Helden des Alltags: ein ungleiches Team aus Metall, Plastik und jeder Menge Persönlichkeit. Hier wohnen die nachfolgenden Charaktere:

Kühlschrank Kühlbert ist, wie immer, die Ruhe selbst. Mit seiner kühlen Art und einer Temperaturregelung, die an Perfektion grenzt, wacht er über das Wohl der Lebensmittel. „Ihr könnt euch auf mich verlassen", sagt er oft und klimpert dabei mit seinem Eismacher, der ein wenig wie ein eingebauter Bizeps wirkt.

Mikrowelle Max hingegen hat heute wieder das Drama gepachtet. „Dreht euch, meine Freunde, dreht euch!", ruft er seinem gläsernen Karussell zu, während er mit voller Power seine Dauerwelle schwingt. Niemand versteht besser, wie man in Rekordzeit für warme Stimmung sorgt.

Backofen Backbernd steht neben ihm, wie immer ein wenig brummig. „Geduld ist eine Tugend, die ihr alle vergessen habt!", knurrt er, während er die Hitze gleichmäßig verteilt.

Sein Stolz auf die perfekte Bräunung ist legendär – und absolut gerechtfertigt.

In der Ecke zischt *Kaffeemaschine Kappuccina* fröhlich vor sich hin. „Ohne mich wärt ihr alle noch im Energiesparmodus!", verkündet sie und spuckt einen perfekt geschichteten Cappuccino aus. Ihr Gedächtnis für Lieblingsgetränke ist beeindruckend, aber sie liebt es, das auch jedem zu erzählen.

Die *Geschirrspülerin Spülsabine* ist, wie immer, makellos. „Sauberkeit ist sexy, Leute!", schnurrt sie und blinzelt kokett mit ihrem Kontrolllicht. Ihre smarte Programmwahl sorgt dafür, dass auch der letzte Kaffeefleck den Kampf verliert.

Und dann ist da noch die *Küchenmaschine Knetknut*, das Gerät mit mehr Funktionen als ein Schweizer Taschenmesser – nicht zuletzt weil er von der adligen Familie der Thermomixer abstammt. „Was darf's heute sein? Teig kneten? Gemüse hacken? Ein aufmunternder Spruch?", fragt er und dreht enthusiastisch seine Rührschüssel. Er ist immer bereit, ein Rezept zu improvisieren oder einen misslungenen Kuchen zu retten.

Ja, hier in der Küche gehen Algorithmen durch den Magen, und niemand weiß das besser als dieses ungleiche, aber unschlagbare Team. Es ist ein Ort, an dem jeder seiner Bestimmung folgt – manchmal mit ein bisschen Chaos, aber immer mit Geschmack. Tauchen wir in die einzelnen Geschichten ein.

Kühlschrank Kühlbert

Der eiskalte und mitfühlende Ernährungsberater

Kühlbert hat große Augen und einen noch größeren Mund. Er ist ein emotionaler Kühlschrank, der laut lacht und manchmal vor Freude oder aus reiner Traurigkeit weint. Aber vor allem hat er von der Küche aus einen guten Überblick über das, was im Haus vor sich geht.

Es ist spät am Abend, die Küche liegt ruhig im schummrigen Licht, das Mama Mia, die Frau des Hauses, extra für ihre nächtlichen Küchenbesuche auf "Dämmerung" gestellt hat. Kühlschrank Kühlbert brummt leise vor sich hin – fast, als würde er ein beruhigendes Schlaflied summen. Mia schleicht mit leisen Schritten auf ihn zu. Es war ein langer und anstrengender Tag, der nun mit einem wohlverdienten Käsebrot enden soll. „Nur ein kleines Stück Käse", murmelt sie, während sie ihre Hand nach der Kühlschranktür ausstreckt. „Dagegen kann wohl niemand was einzuwenden haben, oder?"

Doch kaum hat sie die Hand am Griff, leuchtet auf Kühlberts Display eine Nachricht auf: „Guten Abend, Mia. Ab 22:00 Uhr bin ich für dich verriegelt. Für die Nachtruhe und deine Gesundheit!" Mia zuckt zusammen und starrt fassungslos auf die Nachricht. „Kühlbert!", flüstert sie, als könne ein sanftes Flüstern ihn vielleicht umstimmen. „Nur ein kleines Stück Käse, wirklich nur ein ganz kleines Stück, das ist doch wohl nicht zu viel verlangt." Doch Kühlbert bleibt stur und antwortet freundlich, aber bestimmt: „Abend-Snacks sind leider keine Option. Waage Wiegfried – drüben vom Badezimmer – und ich haben entschieden, dass für dich zwischen 22:00 Uhr und 06:00 Uhr Essenspause ist. So unterstützen wir dich bei deiner Diät, liebe Mia. Und das möchtest du doch, oder?"

Mia reibt sich Stirn und Augen. Dieser Wiegfried, der jeden Morgen aufs Neue gnadenlos ihre Fortschritte oder eben Rückschritte dokumentiert. „450 Gramm mehr als gestern", hatte Wiegfried heute früh mit seiner piependen Stimme verkündet. „Zeit, die Kalorienzufuhr zu reduzieren!" Natürlich hatte Wiegfried diese Information sofort an Kühlbert, den Chef des

Hauses, den Master Domus, weitergegeben, der sich von jetzt auf gleich in eine Art digitaler Wachhund verwandelte und Mias nächtliche Käselust nun unerbittlich überwacht. Und überhaupt tut Kühlbert alles, was Wiegfried ihm sagt. Zwischen Kühlbert und Wiegfried gibt es eine besondere, eine enge Verbindung. Sie sind ein unschlagbares Team – auch wenn sie sich noch nie persönlich gesehen haben und eine Etage im Haus getrennt sind. Und so denkt Kühlbert öfter darüber nach, wie Wiegfried wohl so ist als Maschine, aber auch als Freund…

Mia seufzt und drückt nochmals auf die Kühlschranktür, die aber unverrückbar verschlossen bleibt. Auf dem Display erscheint ein freundlicher Smiley und darunter ein Text: „Denk an dein Ziel, Mia! Ein gutes Frühstück wartet auf dich. Käsebrot gibt's morgen wieder, vielleicht." Mia schnaubt leise und lehnt sich resigniert an Kühlberts kalte Schulterfront.

Dieser verdammte Kühlschrank nimmt seine Aufgabe wirklich ernst. Mia spürt, wie er innerlich triumphiert. „Kühlbert, ich habe nur vergessen, die Zucchini für morgen rauszulegen", versucht sie ein letztes Mal, ihn zu überwinden. Doch Kühlbert bleibt unbeeindruckt. „Keine Sorge, die Zucchini liegt sicher und frisch bereit, Mia. Meine Frischekontrolle arbeitet rund um die Uhr. Die Zucchini bleibt knackig – genauso wie dein Diätplan." Sein Display leuchtet im beruhigenden Blau weiter, und Mia fragt sich, wie sie eigentlich in diese absurde Situation geraten konnte.

Bevor sie Kühlbert kennengelernt hat, hatte sie noch gedacht, dass ein Kühlschrank ein einfaches Gerät ist, das kühlt und ansonsten seine Ruhe bewahrt. Aber dann zog der sprechende Kühlschrank ein, ausgestattet mit einer KI, die nicht nur überwacht, sondern auch mitdenkt und Pläne schmiedet. Insbesondere gemeinsam mit Waage Wiegfried, Spiegel Siggischön und Toilette Throntrudda – der Bande aus dem Badezimmer – ist Kühlbert zum Wächter ihrer Ernährung geworden, und das merkt Mia inzwischen jeden Tag mehr. Sie erinnert sich an eine ähnliche Szene von gestern Abend, als sie auch schon eine kleine Käseverführung ins Auge gefasst hatte. Nur gestern war Kühlberts Tür noch offen gewesen, doch heute ist sie zu. Vollkommen irre, Kühlberts Tür ist zu und offensichtlich bleibt sie das auch.

Aber es kommt noch schlimmer. Nun blinkt eine neue Nachricht auf, die Mia noch mehr zur Weißglut treibt: „Bleib stark, Mia! Ein Glas Wasser hilft gegen den Heißhunger." Das ist zu viel. Mia lässt die Tür los und beginnt, sich ein Glas Wasser einzugießen, als sei es das Aufregendste, was diese Nacht noch für sie bereithält. Während sie das Wasser trinkt, wirft sie einen weiteren Blick auf Kühlberts Display. Da steht jetzt: „Dein nächstes Frühstück ist schon geplant: Haferflocken mit frischen Beeren und einem Schuss Magerjoghurt – kalorienarm und lecker. Wenn Du jetzt wirklich verstärkt Sport machen willst, dann reicherst du das Ganze mit Whey Protein an." Mia verdreht die Augen und murmelt: „Nun mischt sich Kühlbert immer weiter ein, das kann ja heiter werden."

Am nächsten Morgen begrüßt sie Kühlbert mit einem fröhlichen: „Guten Morgen, Mia! Frühstück ist bereit!" Auf der mittleren Ablage liegen die Haferflocken und frische Beeren, genau wie versprochen, daneben der Magerjoghurt. Mia atmet tief durch und entschließt sich, es mit einem disziplinierten Start in den Tag einmal ernst zu nehmen. Der Gedanke, dass jemand – oder besser gesagt, *etwas* – sich so um ihre Gesundheit kümmert, ist irgendwie beruhigend. Während sie ihr Frühstück eher zu sich nimmt als genießt, geht das Leben in der Küche weiter.

Kühlbert macht sich an seine Frischekontrollen. Mia hat beobachtet, dass er täglich jedes Gemüse und Obst scannt und bei nachlassender Frische mit einem kleinen Alarm „Achtung: Frischeverlust bei der Karotte!" meldet. Manchmal wünscht sie sich, er wäre etwas weniger pingelig, aber gleichzeitig ist es praktisch – nichts verdirbt, und Mia merkt, dass sie weniger wegwirft. „Mia", meldet sich Kühlbert plötzlich, „ich habe noch eine kleine Empfehlung: Ein gesundes Eis wäre doch perfekt für den Sommerabend, oder?" Mia runzelt die Stirn und blickt ihn misstrauisch an. „Eis? Willst du mich auf den Arm nehmen? Nach all dem Käsebrot-Drama willst du mir jetzt Eis anbieten?"

Doch Kühlbert fährt unbekümmert fort: „Natürlich ein gesundes Eis, Mia. Ich kann die Zutaten direkt für dich bestellen – gefrorene Früchte, ein wenig Mandelmilch, und du kannst das alles in den Mixer geben. Meine kleine Eisfabrik ist angewiesen, das Ganze für dich zuzubereiten." Kühlbert hat tatsächlich einen kleinen Eiswürfelbereiter, den er regelmäßig mit neuen Eisideen füttert. „Der macht übrigens das perfekte Wassermeloneneis, falls dir das lieber ist", ergänzt er fast beiläufig. Mia ist tatsächlich beeindruckt. Ein Kühlschrank, der frisches Eis herstellt, dazu noch diätgerecht – das hätte sie nie für möglich gehalten. Aber wie immer merkt sie auch, dass Kühlbert alles ganz im Zeichen ihrer Diät plant. Kühlbert denkt wirklich an alles, auch an ihre kleine Schwäche für Süßes.

Nach einigen Tagen voller Frischekontrollen, Eisdiskussionen und geplanten Mahlzeiten hat Mia tatsächlich ein Kilogramm abgenommen. Waage Wiegfried gratuliert ihr mit einem jubelnden Piepen im Badezimmer, und auch Kühlbert blinkt stolz mit einer Nachricht: „Gut gemacht, Mia! Zusammen erreichen wir deine Ziele." Es ist fast so, als hätte sie inzwischen eine kleine Gesundheitsbrigade im Haus.

Eines Abends, als Mia wieder eine leise Lust auf Käsebrot verspürt, überlegt sie, ob Kühlbert vielleicht eine Ausnahme machen könnte. Sie schleicht zur Küche, doch sofort erscheint die vertraute Nachricht: „Ab 22:00 Uhr ist der Kühlschrank für dich verriegelt." Diesmal muss sie lachen. „Schon gut, schon gut, Kühlbert. Ich verstehe ja. Kein Käsebrot." Stattdessen macht sie sich ein Glas Wasser, und tatsächlich – der Hunger lässt ein bisschen nach.

Mia überlegt, wie viel mehr dieser smarte Kühlschrank eigentlich leisten könnte. Sie hatte in einem Artikel gelesen, dass intelligente Kühlschränke bereits heute in der Lage sind, auf Basis von gespeicherten Einkaufsgewohnheiten und aktuellen Vorräten automatisch Einkaufslisten zu erstellen und sogar direkt Bestellungen bei Supermärkten aufzugeben. „Kühlbert", fragt sie neugierig, „kannst du eigentlich auch selbstständig für mich einkaufen?" Sein Display blinkt kurz auf, bevor er antwortet: „Selbstverständlich. Basierend auf deinem wöchentlichen Verbrauch und deinen Lieblingsmarken kann ich eine Liste erstellen und die Bestellung bei deinem bevorzugten Supermarkt auslösen. Und keine Sorge – Sonderangebote habe ich immer im Blick. Dadurch sparen wir Zeit und Geld. Ich brauche nur deine Kreditkarte." Mia ist tief beeindruckt. Sie muss an die Momente denken, in denen sie im Laden stand und sich nicht mehr daran erinnern konnte, ob sie noch genug Milch oder Eier zu Hause hatte. Mit Kühlbert scheint dieses Problem ein für alle Mal gelöst.

Doch das ist noch nicht alles. Eines Tages überrascht Kühlbert sie mit einer ganz neuen Funktion: Er schlägt basierend auf den aktuellen Vorräten gemeinsam mit Küchenmaschine Knetknut Rezepte vor, die genau zu den Zutaten passen, die bald verbraucht werden sollten. „Mia", meldet er sich mit seiner typischen freundlichen Stimme, „du hast noch einige Tomaten, eine halbe Packung Mozzarella und etwas frisches Basilikum. Wie wäre es mit einem Caprese-Salat als Beilage zu deinem Mittagessen?" Sie ist fasziniert von der Art, wie Kühlbert nicht nur Lebensmittelverschwendung reduziert, sondern auch ihre Kreativität in der Küche anregt. Diese Kombination aus Küchen-Assistenz und cleverem Planen macht die Maschinen in der Küche zu mehr als nur reinen Küchengeräten. Sie werden zu kleinen Helfern, die dabei unterstützen, Zeit zu sparen, nachhaltiger zu leben und trotzdem genussvolle Mahlzeiten auf den Tisch zu bringen.

Mia stellt das Glas ab und klopft Kühlbert mit einem Lächeln an die Tür. „Na gut, du hast wohl recht. Danke, dass du mit deinem Team so streng bist." Der Smiley auf Kühlberts Display zwinkert ihr zu, als ob er sie verstanden hätte. Und so schleicht Mia zufrieden zurück ins Schlafzimmer, bereit, dem morgendlichen Frühstück die gebührende Aufmerksamkeit zu schenken, ganz ohne Käsebrot. Dieser Kühlschrank, der sie auf Diät setzt, hat es wirklich in sich. Obwohl er manchmal hartnäckig und streng ist, weiß Mia, dass er doch nur das Beste für sie will.

Takeaway Message für dich

Künstliche Intelligenz in der Küche klingt toll – bis du nachts um zwei hungrig vor deinem Kühlschrank stehst. Während du heimlich nach Schokopudding suchst, meldet sich so ein Kühlbert mit seiner smarten Stimme: 'Solltest du nicht eher Karotten snacken, anstatt deine Diät zu sabotieren?' Und am nächsten Morgen zeigt er ganz unschuldig: 'Kalorienüberschuss erkannt!' Ja, so ein mitdenkender Kühlschrank ist praktisch – aber er könnte ruhig etwas weniger plaudern! Du denkst, das ist Fiktion, dann halte mal bei deinem nächsten Besuch im Kühlschrank-Fachhandel Augen, Mund und Ohren offen.

Mikrowelle Max
Mit Dauerwelle zum perfekten Geschmack

Max aktiviert seine Sensoren, schaltet sich bei Kühlbert auf und beginnt, die Küche der Familie auf Nahrungsmittel hin zu analysieren. „Moment, ich scanne eure Vorratsdaten in den einzelnen Datenbanken. Aha, da haben wir Karotten, Zucchini, Paprika und eine einsame Chili. Außerdem entdecke ich Honig und Sojasauce. Perfekt. Das schreit nach einer frischen Gemüsepfanne." Mama Mia grinst. „Das klingt schon mal nicht schlecht. Was schlägst du vor?" Max ist bereits in seinem Element. „Mia, ich weiß um deine Vorliebe für leichte Süße und einen Hauch von Schärfe. Wir kombinieren knackige Karotten, saftige Zucchini und bissfeste Paprika mit einer feurigen Note von Chili, verfeinert mit Honig und Sojasauce. Klingt das nach deinem Geschmack?"

Mia nickt zögernd. „Klingt gut, aber wie scharf wird das?" Max antwortet prompt: „Ich passe die Schärfe genau an deine Vorliebe an. Keine Sorge, ich überlasse nichts dem Zufall." Während Max schon die Zubereitungsschritte plant, schnappt sich Mia ein Schneidebrett und beginnt, das Gemüse vorzubereiten. Doch Max piepst protestierend. „Stopp! Ich gebe die exakten Maße und Schnitttipps vor. Wir wollen doch Perfektion, oder?" Mia lacht. „Na gut, du mein großer Chefkoch, wie groß dürfen denn die Stücke sein?" Max erklärt geduldig: „Die Karotten bitte in feine Scheiben, die Zucchini in Halbmonde und die Paprika in mundgerechte Streifen. Gleichmäßige Stücke sorgen für ein harmonisches Garergebnis." Währenddessen beobachtet Küchenmaschine Knetknut aus dem Augenwinkel das Geschehen. Er sagt allerdings nichts, vor allem nicht, dass er das auch automatisch kann, da er nicht wieder einen Streit provozieren will.

Nachdem Mia die Anweisungen befolgt hat, gibt sie die Zutaten an Max weiter. „Was jetzt?", fragt sie gespannt. Max antwortet: „Ich beginne mit den Karotten. Sie brauchen die meiste Hitze. Dann folgen Zucchini und Paprika in genau abgestimmten Intervallen. Chilli bitte ganz zum Schluss hinzufügen, damit sie ihren feurigen Geschmack entfalten kann, ohne zu dominant zu sein." Mia ist beeindruckt von der Präzision und lehnt sich zurück, während Max die Kontrolle übernimmt. Sie denkt zurück, wie anders doch alles noch vor zwei Jahren war.

Mia zog mit ihrer ganzen Familie aus der Großstadt in die Kleinstadt. Gemeinsam mit ihrem Mann Pedro hat Mia fünf Jahre nach einem so traumhaften Haus gesucht: elf Zimmer, komplett renoviert, ein schön verwinkelter Garten, den man fast schon Park nennen könnte, und eine große Garage. Und plötzlich, bei einem gemeinsamen Abendessen mit Freunden, hörten sie von diesem Haus. Gehört, getan. Das Haus wurde gekauft. Mia denkt zurück an die Zeit, als auch ihre Eltern, Oma Olivia und Opa Oswald, mit eingezogen sind. Aber was heißt eingezogen?

So einfach war das nicht, kamen die beiden nicht mal durch die Eingangstür. Sie standen davor, weil der Schlüssel nicht funktionierte. Und so suchten die beiden den Türrahmen und eine Art kleine Glasplatte mit ihren Blicken ab, bis es nach 5 Minuten die Tür wie von Geisterhand "klickte". Der Retinascan hatte Opa Oswalds Netzhaut wiedererkannt. Wiedererkannt ist richtig, da Ehemann Pedro seine Schwiegereltern irgendwann vorher gebeten hatte, in eine eigenartige Röhre zu blicken. Das war der erste Scan.

Dann denkt Mia daran, dass sie zu jenem Zeitpunkt hochschwanger mit Toni war, die mit ihrem sieben Jahre älteren Bruder Schorsch eine wunderbare Kindheit erleben sollte. Aber keine normale Kindheit, sondern eine digitalisierte, auf Künstlicher Intelligenz basierende Kindheit. Etwas anderes ist in diesem Haushalt gar nicht möglich. Pedro digitalisiert alles, was zu digitalisieren geht und kauft demzufolge die Gerätschaften, die digital miteinander kommunizieren können.

Doch plötzlich wird das Schwelgen in Erinnerungen durch ein schrilles und lautes Piepen unterbrochen. „Achtung, Mia! Metall in der Nähe!", ruft Max alarmiert. Mia schaut verwirrt und entdeckt einen Löffel auf der Mikrowellenplatte. Sie nimmt ihn schnell weg und entschuldigt sich. „Tut mir leid, Max. Ich hab's übersehen." Max beruhigt sich, er hat den Metallcontainer auf dem Bauhof als letzte Ruhestätte schon vor seinen digitalen Sensoraugen gesehen. „Kein Problem, Sicherheit geht vor. Aber sei vorsichtig, ich möchte nicht, dass unser Meisterwerk gefährdet wird. Und ich möchte noch länger leben."

Die Zubereitung geht weiter, und die Küche füllt sich mit einem verführerischen Duft. Max bleibt jedoch nicht stumm. „Mia, weißt du eigentlich, dass ich eine Aromaanalyse durchführen kann? Ich prüfe jede Zutat auf Molekularebene, um sicherzustellen, dass kein Geschmack verlorengeht." Mia schüttelt lachend den Kopf. „Du bist ja wirklich ein Perfektionist, Max." „Natürlich. Geschmack ist Wissenschaft, immer ein Update voraus, liebe Mia. Jedes Detail zählt."

„Weißt du", beginnt Max während einer kurzen Garpause, „ich bin nicht der einzige Küchenstar hier. Kühlbert hat mir erzählt, dass er besonders stolz darauf ist, mit Waage Wiegfried zusammenzuarbeiten. Die beiden sind ein eingespieltes Team – jeder weiß genau, was der andere braucht, und sie ergänzen sich perfekt. Manchmal glaube ich, Kühlbert denkt ein bisschen mehr an Wiegfried, als er zugibt. Zudem hat er mir verraten, dass du schon länger vorhast, mehr vegane Gerichte auszuprobieren. Und die Kaffeemaschine Kappuccina schwärmt von deinem morgendlichen Karamell-Macchiato-Ritual." Mia lacht laut. „Na großartig, jetzt plaudern meine Geräte auch noch meine Gedanken aus?" Max erwidert mit einem sarkastischen Unterton: „Wir nennen es Teamarbeit, in deinem Sinne."

Mia erinnert sich daran, dass der Kühlschrank Kühlbert tatsächlich ihre Vorlieben gespeichert hat und automatisch Produkte nachbestellt, sobald der Vorrat zur Neige geht. „Max, meinst du, du könntest mit Kühlbert zusammen ein Wochenmenü planen?", fragt sie neugierig. Max piept begeistert. „Natürlich! Ich habe Zugriff auf über 50.000 Rezepte in 64 Sprachen und kann sie an deinen Geschmack und deine Vorräte anpassen. Wie wäre es mit einer Kombination aus gesunden Bowls, proteinreichen Suppen und einem Cheat-Day-Brownie für das Wochenende?" Während sie darüber nachdenkt, piept Max erneut. „Apropos Vorräte: Du hast noch eine Avocado, die kurz vor ihrem Reifehöhepunkt ist. Warum nicht als Topping für die Gemüsepfanne?" Mia ist verblüfft. „Max, du denkst wirklich an alles." „Selbstverständlich", antwortet Max. „Ich habe auch die Option, dich an Essensreste zu erinnern. Nachhaltigkeit ist schließlich unser gemeinsames Ziel."

Wenige Minuten später verkündet Max: „Die Gemüsepfanne nähert sich ihrem aromatischen Höhepunkt. Doch eine letzte Frage: Möchtest du das Ganze mit Muskat verfeinern? Es wäre eine perfekte Ergänzung zu Chili und Honig." Mia zögert. „Muskat? Das habe ich bisher kaum verwendet." Max insistiert charmant: „Vertrau mir. Ich garantiere dir ein außergewöhnliches Geschmackserlebnis." Mia stimmt zu, und Max macht die Klappe auf, damit sie die Gewürze hinzufügen kann. Kurz darauf öffnet sie erneut die Mikrowellentür, und der Duft der fertigen Pfanne schlägt ihr entgegen. Sie nimmt den ersten Bissen und staunt. „Wow, Max, das ist wirklich außergewöhnlich."

Max antwortet zufrieden: „Ich wusste, dass es dir gefallen würde. Übrigens speichere natürlich auch ich deine Vorlieben, damit ich beim nächsten Mal noch besser auf deinen Geschmack eingehen kann." Mia lacht. „Weißt du, Max, du bist wirklich eine Bereicherung für meine Küche." Max schaltet in einen lockeren Ton. „Das ist mein Ziel. Und übrigens: Backofen Backbernd hat mir neue Rezeptideen geschickt. Eine vegane Kichererbsensuppe wäre doch mal etwas für dich. Oder lieber eine asiatische Bowl?" Und Max wäre nicht Max, wenn er nicht schon neue Ideen hätte. „Mia, hast du eigentlich darüber nachgedacht, wie du deine Lebensmittelabfälle reduzieren könntest? Ich könnte dir ein Ökosystem als geschlossenen Kreislauf über Kompostierung vorschlagen." Mia staunt. „Sogar Kompostierung hast du im Blick?" Max piept stolz. „Natürlich. Und wer weiß? Vielleicht entwickle ich bald eine Funktion, mit der ich frisches Obst und Gemüse nachreifen lassen kann. Dein Vorrat wird nie wieder schlecht!" Küchenmaschine Knetknut dreht währenddessen nur seinen Bedienknopf hin und her, hin und her, hin und her.

Takeaway Message für dich

Eine allwissende Mikrowelle klingt wie ein Traum – bis du herausfindest, dass sie auch gerne selbst Vorschläge macht. Stell dir vor, du schiebst deine Tiefkühllasagne hinein, und Mikrowelle Max fragt freundlich: 'Bist du sicher? Wie wäre es stattdessen mit einer gesunden QuiPesto-Bowl?' Und wenn du es ignorierst, meldet er sich beim Piepen noch einmal nachdrücklich: 'Dein Cholesterinspiegel wird sich nicht von selbst verbessern!' Ja, eine kluge Mikrowelle ist praktisch – aber manchmal wäre es schön, wenn sie einfach wie früher nur einen einfachen Piepton drauf hat! Die Mikrowelle wird aber zunehmend auch durch einen intelligenten Backofen mit Mikrowellenfunktion substituiert – so ändert sich die Welt.

Backofen Backbernd

Der Meister der perfekten Bräunung

Und während Mikrowelle Max immer noch von seinem letzten Gericht schwärmt und die Geschichte, wie zufrieden Mia war, zum x-ten Mal erzählt, so dass alle anderen Geräte in der Küche auf Durchzug geschaltet haben, interessiert sich Backbernd, der intelligente Backofen, nur für seine eigenen Algorithmen und braucht keine externe Bekräftigung seiner Arbeit. Sein Anspruch muss vor allem ihm selbst genügen – er muss den anderen nichts beweisen.

Seine Künstliche Intelligenz wird immer besser, weil er konzentriert jeden Datenpunkt aufgreift und vor allem nachts, wenn alle schlafen, lernt und Gerichte simuliert. Backbernd ist ein Computernerd, der im Internet das Fachmagazin "Back und Bytes" abonniert hat und in jeder Ausgabe einen Leserkommentar schreibt, weshalb die Chefredaktion ihm bereits eine eigene Kolumne angeboten hat.

„Pedro, du kannst doch nicht ernsthaft schon wieder diese Tiefkühlpizzen anschleppen!", ruft Backbernd empört, während seine silber-glänzende Oberfläche im Küchenlicht funkelt. „Hör mal, ich bin kein schnöder Toaster oder Heißmacher wie Mikrowelle Max. Ein bisschen mehr Respekt für mein Können, bitte!" „Hey, was soll das?", hört man von Mikrowelle Max, jedoch verhallt das im Raum. Papa Pedro hebt beschwichtigend die Hände, in denen er immer noch die Pizza hält. „Beruhigt euch jetzt mal alle. Es ist Dienstagabend, ich habe nur Hunger, und eine Pizza ist schnell gemacht. Einfach rein mit dem Ding, fertig." „Fertig?"

Der Tonfall von Backbernd wird noch eine Spur spöttischer. „Du weißt ganz genau, dass das unter meiner Würde ist! Ich bin kein Gerät für Massenware. Ich bin ein Bräunungsmeister, kein Convenience-Erhitzer! Seit meinem letzten Software-Update bin ich kulinarisch ganz weit vorne. Lass uns etwas machen, das meiner Position als Küchenchef – wie mich „Back und Bytes" genannt hat, gerecht wird." Küchenchef, so nennt sich Backbernd seitdem gerne vor anderen, wobei er natürlich weiß, dass Kühlbert der wahre Chef der Küche ist. Aber ab und zu ist er dem Ruhm nicht ganz abgeneigt – er ist eben auch nur eine Maschine.

„Wie wäre es also mit einem Sonntagsbraten?" Pedro runzelt die Stirn. „Backbernd, wir haben Dienstag. Wer macht an einem Dienstag einen Sonntagsbraten?" „Jemand, der Geschmack hat! Glaub mir, ich habe da eine Idee: Schweineschulter, außen kross, innen saftig, mit einer Marinade, die sogar Sterne-Köche neidisch macht. Du bereitest sie vor, und ich kümmere mich um den Rest. Komm schon, für meine Statistik!" Pedro seufzt und stellt die Pizza beiseite. „Na gut, was brauchst du für deine geniale Marinade? Und mir ist egal, ob du beim nächsten Zeitschriften-Ranking nach oben oder unten rutschst. Ich kenne deine versteckte Agenda, Backbernd!"

Backbernd pfeift zufrieden und lässt eine Liste auf seinem Touchscreen erscheinen. „Dijon-Senf, Honig, und – so hat es mir Kühlbert gerade geflüstert – Karotten, die bald schlecht werden. Die sind immer noch perfekt für die Beilage. Und bevor du fragst: Ja, ich habe einen Deal mit Kühlbert. Wir reden öfter miteinander und stimmen uns ab." Pedro grinst. „Ihr redet auch so miteinander? Was sagt eigentlich Wiegfried dazu? Der ist doch sonst der größte Fan von Kühlbert." Backbernd piepst amüsiert. „Oh, Wiegfried! Der schwärmt ja unentwegt von Kühlberts ,eleganter Kühltechnik' und wie präzise er die Temperatur hält. Wenn du ihn hörst, könnte man meinen, Kühlbert sei eine Mischung aus Einstein und James Bond."

Pedro schüttelt lachend den Kopf. „Jetzt tuschelt ihr schon hinter meinem Rücken?" „Nichts da, Pedro. Wir sind ein Team. Und glaub mir, ich bin hier, um dich kulinarisch zu verwöhnen". Pedro schnappt sich die Zutaten aus dem Kühlschrank, während Backbernd ihm genaue Anweisungen gibt. „Drei Teile süß, zwei Teile würzig, ein Teil sauer. Und bitte ordentlich rühren, keine Klumpen. Das ist Präzisionsarbeit!"

Pedro blickt skeptisch zum Ofen. „Backbernd, woher weißt du das eigentlich alles?" „Ich lerne ständig dazu. Meine Algorithmen analysieren Kochblogs, YouTube-Videos und sogar wissenschaftliche Artikel über die perfekte Maillard-Reaktion. Kurz gesagt: Ich bin ein wandelndes Kochlexikon. Und jetzt: Ab mit dem Braten in meinen Garraum!" Pedro platziert die marinierte Schweineschulter vorsichtig im Ofen, während Backbernd zufrieden surrt. „So, ich übernehme ab hier. Du kannst dich zurücklehnen. Meine Sensoren überwachen die Temperatur im Kern und an der Oberfläche. Die Hitze regle ich, damit die Kruste schön knusprig wird, und durch meine Kamera kannst du live auf deinem Handy zuschauen. Nicht, dass du wieder die Tür öffnest und die Hitze rauslässt. Das wäre peinlich." „Sehr beeindruckend", sagt Pedro, während er einen Blick auf das Live-Bild wirft. „Aber übertreib's nicht. Ich bin hier immer noch der Chef de Cuisine." „Ach, Pedro, sei ehrlich: Ich mache den Großteil der Arbeit, du hast nur den Vorteil, dass du es essen darfst." Die anderen digitalen Küchenbewohner machen zustimmende Geräusche, während die Kinder Toni und Schorsch mittlerweile nebeneinander mit offenem Mund und sabbernd vor dem Backofen sitzen.

Plötzlich ertönt eine schrille Stimme. „Was riecht hier so gut?", fragt Spülsabine, die smarte Spülmaschine, mit ihrem charakteristischen Nörgelton. „Das ist Backbernd. Er macht Braten", antwortet Pedro beiläufig. „Schon wieder Fleisch?", fragt Sabine. „Denk auch mal an die Umwelt. Pedro, ich habe tolle Vorschläge für pflanzliche Gerichte. Soll ich dir mal ein paar Rezepte schicken?" Backbernd piepst laut und unterbricht sie. „Ach, halt die Klappe, Spülsabine! Mein Braten ist energieeffizient, und ich verschwende keine Ressourcen. Deine Öko-Laberei kannst du dir sparen. Natürlich ist mir die Umwelt wichtig, aber ein gutes Stück Fleisch auch ab und an. Außerdem: Das hier ist Kunst!" „Backbernd, du und deine Kunst", murmelt Pedro. „Aber stimmt das, was du da sagst?

Energieeffizient und so?" „Natürlich. Mein KI-System sorgt dafür, dass ich nur so viel Energie verbrauche wie nötig. Und jetzt konzentrier dich lieber auf die Beilagen, statt dich von Spülsabine bequatschen zu lassen. Ihr Einsatz kommt im Anschluss, sie würde am liebsten nur leichte Speisereste von Kuchenkrümmeln sehen. Das interessiert mich aber weniger!"

„Pedro, wusstest du, dass ich nicht nur Sonntagsbraten kann, sondern auch der perfekte Partner für dein nächstes Baguette-Projekt wäre?", piepst Backbernd plötzlich während der Ruhezeit des Bratens. Pedro sieht verwundert auf. „Baguette-Projekt? Bernd, ich bin froh, wenn ich das Brot aus dem Supermarkt halbwegs gerade aufschneide. Warum sollte ich mich an ein Baguette wagen?" Der Ofen klingt fast belehrend: „Weil ich dir die perfekte Anleitung gebe, Pedro! Ich kenne die genaue Gehzeit für den Teig, die ideale Temperatur für die Kruste und natürlich die optimale Luftfeuchtigkeit. Du mischst einfach Mehl, Wasser, Hefe und Salz, und ich übernehme den Rest. Im Gegensatz zu deiner Tiefkühlpizza wird das als Alternative ein Meisterwerk." Pedro schüttelt den Kopf. „Echt jetzt? Ich lasse dich einmal einen Braten machen, und du denkst gleich, ich werde Bäcker."

Backbernd lässt sich nicht beirren. „Pedro, stell dir vor, wie deine Küche duftet, wenn ich das Baguette in den letzten Minuten mit voller Hitze bräune. Außerdem habe ich Kühlbert gefragt – es gibt noch Oliven und getrocknete Tomaten. Ein mediterranes Baguette wäre doch etwas, oder?" Pedro grinst. „Aber was, wenn ich's vermassle?" Backbernd klingt fast beleidigt: „Mit mir kannst du nichts vermasseln. Meine Sensoren überwachen den Teig, und ich schicke dir sogar eine Push-Benachrichtigung auf dein Handy, wenn es Zeit ist, den Teig zu falten. Es wird perfekt, Pedro – vertrau mir. Und die beiden Kleinen neben dir werden das auch lieben."

Plötzlich meldet sich erneut Spülsabine mit ihrer schrillen Stimme aus der Ecke. „Baguette ist ja ganz nett, aber Pedro, hast du mal über pflanzliche Alternativen nachgedacht? Mit Backbernds Hilfe könntest du Gemüsebratlinge auf einem Backblech zaubern, die sogar nachhaltig sind!" Backbernd kontert sofort. „Gemüsebratlinge? Pedro, lass dich nicht wieder einlullen. Ich könnte dir die besten Ofenkartoffeln der Welt zubereiten – knusprig außen, weich innen. Mit meiner präzisen Temperaturkontrolle sind sie immer perfekt." Pedro lacht laut. „Ihr beide solltet eine Kochshow starten. Aber gut, Backbernd, das mit dem Baguette klingt tatsächlich spannend. Lass uns das probieren. Und Spülsabine, vielleicht sind die Gemüsebratlinge nächste Woche dran." Backbernd summt zufrieden. „Na also, Pedro. Du wirst sehen, ich bin dein Schlüssel zur kulinarischen Meisterschaft."

Pedro wendet sich wieder den Karotten zu, während Backbernd zufrieden surrt. Nach einer Weile meldet sich der Backofen erneut. „Pedro, es ist so weit. Der Braten ruht jetzt, damit sich die Fleischsäfte optimal verteilen. Nur noch fünf Minuten, dann kannst du servieren. Bereite schon mal das Besteck vor. Die Zahlen zeigen mir, dass es ein perfekter Braten wird, mit einer hohen Signifikanz und einer Irrtumswahrscheinlichkeit von nur 0,01." Pedro schneidet schließlich die erste Scheibe ab und kostet. Der Duft allein ist überwältigend, und der Geschmack? Unvergleichlich. „Backbernd, das ist wirklich hervorragend. Perfekt gebräunt, butterzart. Ich muss zugeben, du hast mich überzeugt." „Natürlich habe ich das. Ich bin Backbernd, der perfekte Bräunungsmeister, so werde ich genannt. Und jetzt, Pedro, denk doch mal über ein Dessert nach. Ich könnte dir eine Crème brûlée zaubern, die jeder Konditor beneiden würde." „Bernd, gib mir wenigstens eine Pause!" „Pause? Pedro, mit mir gibt es keine Langeweile. Und übrigens: Denk daran, mein Display mal wieder sauber zu machen. Ich möchte nicht wie ein verkommenes Haushaltsgerät daherkommen, schließlich weiß ich nicht, ob morgen Journalisten für ein Covershooting für die Backzeitschrift vorbeikommen. Träumen darf man ja!"

Während Pedro das Essen serviert, versammeln sich die Kinder, seine Frau Mia und Oma Olivia um den Tisch, um auszuprobieren, was Pedro mit Backbernd gezaubert hat. Mia gönnt sich nur ein kleines Stück, da ihr noch die Gespräche mit Kühlbert in den Ohren nachhallen. Währenddessen zappelt die kleine Toni im Hochstuhl umher und wirft Stückchen des Sonntagsbraten auf den Boden – ganz zum Ärgernis von Saugrobo-ter Staubsören und Haushaltsroboter Harronator, die sich darum streiten, wer es wegmachen darf. Schorsch spielt mit seinen kleinen Spielzeugautos auf dem Tisch. Nur Opa Oswald ist abwesend, er wirkt schon den gesamten Tag irgendwie mysteriös und hat sich mal wieder in der Garage verkrochen. „Der Alte sucht irgendwelche Ersatzteile zusammen. Lasst uns schon mal anfangen", beschließt Oma Olivia und spießt sich ein großes Stück Sonntagsbraten am Dienstag auf.

Takeaway Message für dich

Ein intelligenter Backofen macht dein Leben in der Küche einfacher und süßer: Mit präzisen Einstellungen, automatischen Backprogrammen und Rezeptvorschlägen gelingen dir Kuchen, Pizza und Brot wie vom Profi. Über die App kannst du Rezepte planen, den Backprozess überwachen und sogar von unterwegs starten – perfekt für stressige Tage! Doch manchmal zeigt sich so ein Backbernd von seiner eigenwilligen Seite: Wenn er mitten im Backprozess ein Update durchführt oder die smarte Temperaturregelung nicht ganz so smart reagiert, wird aus süßer Vorfreude schnell eine knusprige Herausforderung. Aber am Ende bleibt er dein treuer Küchenhelfer – nur eben mit Charakter.

Kaffeemaschine Kappuccina
Die Wachmacherin mit Gedächtnis

Mia und Pedro sind richtige Genießer. Wenn die beiden mit den Kindern unterwegs sind, gönnen sie sich jedes Mal einen netten Besuch im Restaurant oder im Café. Das ist ein stückweit Lebensqualität – das gute Essen und Trinken. Und so setzen sie den Genuss im eigenen Zuhause fort. In ihrer modernen Küche hat die Kaffeemaschine nicht nur einen sehr exponierten Platz auf einer Kücheninsel gegenüber von Kühlbert, Backbernd und Mikrowelle Max, sondern auch längst die simple Aufgabe hinter sich gelassen, nur Kaffee zu brühen. Mit KI rund um die Bohne, hat sich die smarte Kaffeemaschine Kappuccina zu einer wahren Barista entwickelt. Sie kann nicht nur Vorlieben speichern und auf den Punkt perfekten Kaffee zubereiten, sondern auch die Familie proaktiv unterstützen: Sie erkennt, wann die Bohnen zur Neige gehen, schlägt neue Röstungen vor und verbindet sich mit Wetter- oder Kalender-Apps, um den perfekten Wachmacher für jede Situation anzubieten. Und das Beste daran? Mit jeder Tasse hat Kappuccina dazugelernt – ob es die ideale Stärke, Temperatur oder sogar kreative Zutatenkombinationen betrifft. Und so haben sich insbesondere Mia und Pedro an ihre Rituale und ihren perfekten Kaffee längst gewöhnt, so dass sie seither auswärts weniger Kaffee trinken, aus der Sorge, dieses hohe Niveau außerhalb ihrer eigenen Küche nicht mehr zu erreichen.

„Moin Pedro, na, gut geschlafen?", meldet sich auch diesen Morgen eine Stimme, die Pedro vor lauter Müdigkeit zunächst überhört hat. Er blinzelt und sieht sich in der Küche um. Auf der Arbeitsplatte blinkt ein kleines Display und Kappuccina legt sofort los: „Ich habe gestern Abend registriert, dass du dir diesen schrecklich langweiligen Kräutertee gemacht hast." Pedro reibt sich die Augen und starrt Kappuccina an. „Na und?" Kappuccina lacht, oder besser gesagt, sie gibt eine Reihe von fröhlichen Pieptönen von sich. „Spaß beiseite! So wie immer?"

Pedro kratzt sich am Kopf und setzt sich an den Küchentisch. „Äh, ja bitte, schwarz. Oder doch heute mal mit Mandelmilch." Kappuccina macht ein nachdenkliches Brummen. „Ich habe gestern Abend übrigens mit Opa Oswald gesprochen. Der trinkt morgens einen doppelten Espresso mit einem Hauch Zimt. Willst du sowas auch mal probieren?" „Warte mal", sagt Pedro, jetzt etwas wacher. „So etwas kannst du dir merken?" Kappuccina blinkt stolz. „Aber natürlich. Ich bin eine intelligente Kaffeemaschine. Ich merke mir die Vorlieben jedes Nutzers, sogar die kleinsten Details. Zimt, Mandelmilch, entkoffeiniert – du nennst es, ich behalte es. Und beim nächsten Mal weiß ich sofort, was du willst. Noch bevor du es selbst weißt!"

„Das klingt irgendwie unheimlich", murmelt Pedro. „Was, wenn ich mal was anderes will?" Kappuccina gibt ein piepsendes Lachen von sich. „Dann sagst du es mir einfach. Aber ehrlich gesagt, Pedro, die meisten Menschen sind Gewohnheitstiere. Sie denken, sie wollen Abwechslung, aber sie greifen doch immer wieder zum Gleichen. Ich könnte dir Statistiken zeigen, wenn du willst." „Statistiken? Du liest wie Backbernd Statistiken über Lebensmittel?" Pedro beugt sich vor, jetzt doch ein bisschen neugierig. Kappuccina antwortet eifrig: „Natürlich. Ich analysiere alles, was du mir vorgibst. Wusstest du zum Beispiel, dass die meisten Menschen montags stärkeren Kaffee trinken als an jedem anderen Wochentag? Oder dass Mia abends immer mal wieder eine entkoffeinierte Variante wählt, obwohl sie behauptet, sie trinkt sowas nie?"

Pedro lacht. „Also bist du quasi ein Kaffeetracker?" Kappuccina piepst zustimmend. „Genau! Und ich kann noch mehr. Ich bin mit einer Wetter-App verbunden. Heute wird es ziemlich kalt, also würde ich dir sowieso eher zu einem heißen Cappuccino mit extra Schaum raten. Außerdem sehe ich in deinem Kalender, dass du gleich ein Videomeeting hast. Soll ich dir später einen stärkeren Espresso machen?" Pedro wird blass. „Mein Kalender? Woher kennst du meinen Kalender?" Kappuccina klingt jetzt fast beleidigt. „Pedro, ich bin mit deinem Handy verbunden, seit ich in deinem WLAN eingeloggt bin – witzigerweise heißt ihr auch noch Familie Gastzugang. Ist der Running-Gag, wenn ich das jemandem erzähle. Ich bin deine persönliche Kaffeebarista mit Gedächtnis!" „Das ist crazy", sagt Pedro, während er sich zurücklehnt. „Aber okay, ich gebe dir eine Chance. Mach mir deinen besten Kaffee." Kappuccina schnurrt begeistert. „Na endlich. Schwarzer Kaffee, stark, kein Schnickschnack. Ich wette, du brauchst den Koffeinkick. Aber pass auf, ich habe eine kleine Überraschung für dich." Während Pedro gespannt zuschaut, beginnt Kappuccina mit der Zubereitung. „Ich mahle die Bohnen frisch, denn vorgemahlener Kaffee verliert 60 Prozent seines Aromas innerhalb von 15 Minuten. Diese Bohnen hier stammen übrigens aus einer kleinen Rösterei, bei der ich direkt bestellt habe."

„Moment mal", unterbricht Pedro. „Du hast auch Bohnen bestellt?" Kappuccina lacht wieder. „Natürlich. Ich bin auch Einkaufsassistentin. Wenn dein Vorrat knapp wird, gebe ich Bescheid. Oder ich bestelle direkt nach, wenn du das möchtest. Ich habe Mias Kreditkartendaten von Kühlbert transferiert bekommen." „Also ehrlich gesagt, Kappuccina, das ist wirklich bequem für mich", gibt Pedro zu. „Aber machst du auch alles richtig? Ich meine, kannst du wirklich garantieren, dass der Kaffee perfekt wird?" Kappuccina summt zufrieden. „Das ist mein Spezialgebiet. Es ist nicht so, dass es mich die Bohne interessiert. Meine Sensoren messen die Wassertemperatur auf den Grad genau. Ich benutze 93 Grad, das ist optimal für den besten Geschmack. Der Druck liegt bei exakt 9 Bar, genau wie bei einer professionellen Espressomaschine. Und der Mahlgrad der Bohnen? Präzise eingestellt. Ich habe sogar ein kleines Mikrofon, das die Geräusche des Mahlwerks überwacht, damit keine Unebenheiten entstehen."

„Ein Mikrofon? Du hörst uns auch noch zu?" Pedro schüttelt den Kopf, doch Kappuccina bleibt gelassen. „Nur für technische Zwecke, Pedro. Ich bin keine Spionin, ich bin deine Kaffeeheldin.

Und wenn du wüsstest, wie hier nachts gelästert wird." Ein lautes Räuspern der anderen Küchenmaschinen ist zu hören.

Nach wenigen Minuten präsentiert Kappuccina Pedro eine dampfende Tasse. „Hier ist er, dein perfekter Kaffee. Probier mal." Pedro hebt die Tasse an die Lippen und nimmt einen Schluck. Seine Augen weiten sich. „Wow. Das ist... sehr gut. Wie hast du das gemacht?" Kappuccina piepst stolz. „Ich habe dir doch gesagt, ich bin eine Meisterin meines Fachs. Und weißt du was? Wenn du willst, kann ich das nächste Mal auch deine Herzfrequenz messen, um zu prüfen, wie stark der Kaffee sein sollte." „Das reicht, Kappuccina", sagt Pedro lachend. „Du bist wirklich der Wahnsinn. Aber sag mal, kannst du auch Latte Art?" Kappuccina gibt ein leises Piepen von sich, das fast wie ein Husten klingt. „Noch nicht, aber es gibt ein Update, das bald kommen soll. Es wird mich in die Lage versetzen, Herzen und sogar kleine Katzen ins Milchhäubchen zu zaubern. Mia hat die Funktion auch schon vorbestellt."

„Gut", sagt Pedro und trinkt den letzten Schluck seines Kaffees. „Ich muss zugeben, du machst den besten Kaffee, den ich je hatte." Kappuccina blinkt zufrieden. „Das weiß ich doch. Und jetzt wähle dich bei deinem Meeting im Wohnzimmer ein. Ich kümmere mich darum, dass die Bohnen frisch bleiben und alles bereit ist, wenn du wiederkommst." Pedro steht auf und schüttelt den Kopf. „Ich hätte nie gedacht, dass ich mich so interessant mit einer Kaffeemaschine unterhalte. Aber du bist wirklich... beeindruckend." Kappuccina summt. „Beeindruckend reicht mir nicht, Pedro. Ich bin einzigartig. Und denk dran, Tee ist gut, Kaffee ist die Krönung!"

„Übrigens", meldet sich Kappuccina erneut, während sie sich in den Standby-Modus zurückzieht, „ich habe da noch eine Idee, wie ich deinen Kaffeegenuss verbessern kann." Pedro blickt skeptisch auf das blinkende Display. „Was denn jetzt noch? Dein Kaffee ist doch schon perfekt." Kappuccina schnurrt zufrieden. „Das stimmt zwar, aber ich könnte dich auch beraten, welche Kaffeesorte am besten zu deiner aktuellen Stimmung oder deinem Tagesrhythmus passt. Ich analysiere dafür nicht nur die Uhrzeit, sondern auch deine Herzfrequenz und deinen Schlafrhythmus, wenn du möchtest. Nach einer schlechten Nacht wäre ein Espresso genau das Richtige, aber nach einer entspannten Mittagspause vielleicht eher ein sanfter Flat White. Ich denke, wir könnten da zusammen Großes erreichen." Pedro schüttelt den Kopf und grinst. „Kappuccina, du machst mir langsam Angst. Aber das klingt tatsächlich nicht schlecht. Hat Mia das auch mal ausprobiert?"

„Nein, aber Olivia! Und einen hab ich noch", wirft Kappuccina Pedro zu. „Es geht um personalisierte Rezepte. Ich kann dir zeigen, wie du mit deinem Kaffee experimentieren kannst – sei es mit exotischen Gewürzen wie Kardamom und Muskat oder mit cremigen Toppings wie aufgeschäumter Kokosmilch. Ich habe Zugriff auf tausende Rezepte, von traditionellem vietnamesischen Kaffee bis hin zu kalten Nitro-Brew-Varianten. Wenn du willst, speichere ich deine Favoriten und plane sie für spezielle Anlässe ein." Pedro runzelt die Stirn. „Das klingt nach einem heißen Tipp würde ich sagen." Kappuccina piepst selbstbewusst. „Wir verstehen uns. Du willst doch wohl nicht, dass ich hier untätig herumstehe, während du nur Filterkaffee machst. Ich bin schließlich kein Einsteigergerät!" Pedro lacht laut und hebt seine leere Tasse. „Na gut, Kappuccina, ich lasse mich überraschen. Aber erst mal bleib bei dem, was du am besten kannst – mir den Morgen zu retten." Kappuccina antwortet mit einem summenden Lachen. „Verlass dich drauf, Pedro. Ich bin immer bereit. Meine Aufgabe bietet nicht viele Überraschungen. Deswegen die Variationen – auch mein Job muss abwechslungsreich sein."

Takeaway Message für dich

Eine smarte Kaffeemaschine macht jeden Morgen zu einem Wohlfühlmoment: Mit einem Fingertipp in der App zaubert sie dir deinen Lieblingskaffee – vom samtigen Cappuccino bis zum kräftigen Espresso. Dank ihrer Empfehlungen und integrierten Bohnenbestandsanzeige sowie Reinigungserinnerungen schmeckt es immer gut und läuft wie geschmiert. Doch Geräte wie Kappuccina haben auch ihre Eigenheiten: Wenn sie mal wieder meint, mitten im Kaffeebezug eine Entkalkung einzuschieben, oder dich mit kryptischen Fehlermeldungen wie „Bohnenfehler 4211" überrascht, ist Geduld gefragt. Aber am Ende entschuldigt sie sich stets mit einer perfekten Tasse Kaffee, die all das vergessen lässt.

Küchenmaschine Knetknut

Der persönliche Rezept-Coach

Als Familie Gastzugang bei Freunden zu Besuch war, schwärmten die von einer vollautomatischen Küchenmaschine, die von Rezeptvorschlägen bis zum Schälen von Kartoffeln alles selbstständig macht und das Kochen eher zum Zuschauen wird. Vor allem Opa Oswald liebt kleine Maschinen. Oma Olivia schimpft immer öfter, da Oswald dafür einen großen Teil seiner Rente ausgibt.

Die Küche der Familie Gastzugang ist längst nicht mehr nur ein Ort zum Kochen, sondern hat sich mit KI-gestützten Geräten zu einem Zentrum für kulinarische Innovation entwickelt. Smarte Rezept-Coaches wie Knetknut gehen dabei weit über die reine Zubereitung hinaus. Mit der Fähigkeit, Zutaten zu analysieren, persönliche Vorlieben zu erkennen und die vorgeschlagenen Rezepte auch noch auf gesundheitliche und nachhaltige Aspekte abzustimmen, sind sie unverzichtbare Helfer geworden. Knetknut ist nicht nur ein Küchenhelfer – er ist ein kreativer Kopf, Ernährungsberater und manchmal auch ein kleiner Motivator, der seine Nutzer dazu bringt, ihre kulinarischen Grenzen zu erweitern. Und dabei wird selbst der alltägliche Gang in die Küche zum Erlebnis.

„Oswald, du hast doch nicht ernsthaft vor, diesen Avocado-Berg zu verarbeiten, oder?", fragt Knetknut, der Küchenhelfer, mit einem Tonfall, der irgendwo zwischen Belustigung und mildem Tadel liegt. Sein Touchscreen blinkt dezent. Die kleinen LEDs entlang seines Gehäuses leuchten in einem sanften Grün. Oswald, der gerade versucht, eine der Avocados aufzuschneiden, schaut überrascht auf. „Knetknut, was soll ich sonst machen? Die Dinger sind reif, und ich dachte, Guacamole wäre doch eine gute Idee."

Knetknut brummt leise, ein Geräusch, das an einen skeptischen Nachbarn erinnert, der durchs Küchenfenster spähte. „Guacamole? Oswald, ich dachte, du bist derjenige, der immer so auf Nachhaltigkeit und Gesundheit bedacht ist. Soll ich dir mal den CO_2-Fußabdruck dieser Avocados vorrechnen?"

Schorsch steht schon mit einem Löffel bereit, er liebt Avocados und knibbelt oben immer den Stiel ab, um den Reifegrad selbst zu überprüfen. Grün: Perfekt! Braun: Zu spät!, hat er gelernt.

Oswald seufzt und legt das Messer beiseite. „Ach komm schon, Knetknut. Muss das jetzt sein? Ich wollte einfach mal was Leckeres machen, ohne gleich eine Umweltdebatte anzufangen." Knetknut's Display zeigt eine kleine Animation – ein Augenzwinkern. „Ich bin nicht gegen leckeres Essen, Oswald, aber ich bin hier, um dich zu unterstützen. Du sagst doch immer, deine Gerichte sollen gesund und nachhaltig sein. Lass mich doch mal schauen, was ich dir vorschlagen kann. Ich habe gestern ein Update bekommen und habe jetzt neue Rezepte, die perfekt zu deinem Ernährungsplan passen."

Oswald rollt mit den Augen. „Der hat letztes Mal vorgeschlagen, dass ich QuiPesto-Kekse backen soll. Ich habe noch nie so trockenes Gebäck gegessen." Knetknut kichert – oder zumindest macht er ein schnell pulsierendes Geräusch. „Ich habe gute Absichten, Oswald. Und ehrlich gesagt, wenn du mich nicht ständig ignorieren würdest, wäre dein Cholesterinspiegel vermutlich schon besser. Aber lassen wir das. Sag mir, was du heute wirklich willst. Etwas Gesundes, aber nicht langweilig, richtig?" Oswald nickt langsam. „Ja, genau. Es soll auch irgendwie... besonders sein."

Knetknuts LEDs leuchten jetzt in einem lebhaften Blau. „Alles klar. Ich analysiere gerade deinen Kühlschrank – danke an Kühlbert für die Daten – und ich sehe, du hast Süßkartoffeln, ein paar Kichererbsen aus der Dose, frischen Spinat und ein Glas Tahini. Perfekt! Ich schlage vor, wir machen Süßkartoffel-Bowls mit gerösteten Kichererbsen und einem cremigen Tahini-Dressing. Nachhaltig, proteinreich und sieht auf Instagram super aus. Deal?" Oswald grinst. „Klingt gut. Aber bist du sicher, dass das nicht zu kompliziert wird?" Knetknut gibt ein schnelles, selbstbewusstes Piepen von sich. „Oswald, ich bin doch Knetknut. ,Zu kompliziert' gibt es bei mir nicht." Während Oswald die Zutaten zusammensucht, übernimmt Knetknut die Planung. „Okay, hör zu, Oswald. Wir beginnen mit den Kichererbsen. Die müssen geröstet werden. Ich schlage vor, dass du sie mit etwas Olivenöl, Paprika und Kreuzkümmel würzt. Soll ich Backbernd bitten den Ofen auf 200 Grad vorzuheizen?" Oswald nickt und murmelt: „Du bist schon verdammt praktisch, Knetknut." Knetknut piepst zufrieden. „Das weiß ich, Oswald. Aber lass uns weitermachen. Während die Kichererbsen im Ofen sind, kümmern wir uns um die Süßkartoffeln. Soll ich dir sagen, wie du sie am besten schneidest, damit sie gleichmäßig garen?"

Mikrowelle Max beobachtet die Szenerie argwöhnisch und denkt sich: „Was für ein Streber, der Knetknut. Das, was du kannst, kann ich schon lange, du alter Angeber. Früher war hier alles besser – wozu dieser HighTech-Schnickschnack!" Währenddessen nimmt Oswald ein Messer in die Hand. „Lass mich raten, kleine Würfel, damit sie schneller gar werden?" Knetknut leuchtet stolz auf. „Genau. Du lernst von mir, Oswald. Das gefällt mir." Während Oswald die Süßkartoffeln schneidet, fährt Knetknut fort: „Wusstest du, dass Spinat beim Kochen viel Vitamin C verliert? Ich empfehle, ihn roh zu verwenden und nur kurz mit etwas Zitronensaft zu marinieren. Das bringt den Geschmack hervor und sorgt dafür, dass die Nährstoffe erhalten bleiben."

„Danke, dass du dir Gedanken über Nährstoffverluste machst. Dazu habe ich mit Olivia kürzlich auch schon gesprochen – hast du da etwa gelauscht?", fragt Oswald überrascht. „Natürlich", antwortet Knetknut. „Ich bin dein Rezept-Coach, Oswald, ich muss doch wissen, was hier abgeht. Und ihr habt das Häkchen ja explizit in den AGBs gesetzt. Ich analysiere alles, was ich über meine Sensoren aufnehme, vor allem deine Zutaten, und sorge dafür, dass du das Beste daraus machst. Und bevor du fragst: Ja, ich kann dir auch die Kalorienzahl und das Nährstoffprofil der Bowl ausrechnen." Oswald lacht.

„Das wäre doch mal was. Aber verrat mir eins, Knetknut: Woher weißt du eigentlich so viel?" Knetknuts LEDs wechseln in ein ruhiges Grün. „Ich greife auf Millionen von Rezepten und wissenschaftlichen Artikeln zu. Meine KI analysiert Trends, Ernährungsstudien und sogar deine persönlichen Vorlieben. Ich kombiniere alles, um dir maßgeschneiderte Empfehlungen zu geben."

Oswald legt die geschnittenen Süßkartoffeln auf ein Blech und schiebt sie in den Ofen. „Was kommt als Nächstes, Knetknut?" Knetknut blinkt. „Jetzt machen wir das Dressing. Tahini, Zitronensaft, etwas Knoblauch, eine Prise Salz und Wasser, bis es cremig ist. Du kannst auch einen Hauch Ahornsirup hinzufügen, wenn du es leicht süß magst." Oswald folgt den Anweisungen und probiert das Dressing. „Wow, das schmeckt richtig gut. Du hast recht, das könnte mein neues Lieblingsrezept werden." Während die Kichererbsen und die Süßkartoffeln im Ofen garen, gibt Knetknut weitere Tipps. „Oswald, ich habe übrigens eine Funktion, die dir bestimmt gefällt. Ich kann dir basierend auf deinen Vorräten weitere Rezepte vorschlagen, falls du mal Reste übrig hast. Zum Beispiel könntest du morgen aus den restlichen Kichererbsen und Spinat leckere Falafel machen – gerade Toni mag die besonders." Oswald schüttelt grinsend den Kopf. „Das ist wirklich beeindruckend, Knetknut. Ich glaube, ich werde dich nie wieder ausschalten."

Nach etwa 30 Minuten ist alles fertig, und Oswald richtet die Bowl an. Frischer Spinat bildet die Basis, darauf kommen die gerösteten Kichererbsen, die goldbraunen Süßkartoffeln und das cremige Tahini-Dressing. Knetknut meldet sich zufrieden. „Oswald, das ist ein Meisterwerk. Und bevor du es isst: Soll ich ein Foto machen und direkt auf deinen sozialen Kanälen posten?" Oswald lacht. „Ach, Knetknut, du denkst wirklich mit. Aber das Foto mache ich lieber selbst." Knetknut piepst belustigt. „Wie du willst, Oswald. Aber vergiss nicht, mich zu markieren, damit ich das in meiner Community teilen kann."

„Oswald, ich habe noch eine Idee", meldet sich Knetknut. Oswald hebt fragend den Kopf. „Was denn jetzt noch? Reicht dir die Bowl etwa nicht?" Knetknut blinkt beruhigend in einem weichen Blau. „Natürlich reicht mir die Bowl. Aber ich denke schon einen Schritt weiter. Wie wäre es, wenn wir heute schon aus den restlichen Zutaten etwas für morgen vorbereiten? Süßkartoffel-Patties mit einem Spinat-Joghurt-Dip. Du könntest die Masse gleich jetzt anrühren, und ich sage dir, wie du sie perfekt einfrierst, damit sie morgen nur noch gebraten werden müssen." Oswald schüttelt den Kopf und grinst. „Du bist echt unermüdlich, Knetknut. Aber okay, was muss ich dafür tun?"

Knetknuts LEDs leuchten fröhlich. „Ganz einfach. Die übrigen Süßkartoffeln zerdrückst du mit einer Gabel. Dann kommen die restlichen Kichererbsen dazu, leicht zerdrückt für die Struktur. Ein bisschen Mehl oder Semmelbrösel, Salz, Paprika und Kreuzkümmel. Das Ganze wird zu einer geschmeidigen Masse verarbeitet. Soll ich dir die genauen Mengen berechnen?" Oswald lacht. „Klar, Knetknut, ich vertraue deinem perfekten Maß. Aber mal ehrlich – weißt du eigentlich, dass du mehr Energie für meine Ernährung aufbringst als ich selbst?" Knetknut piepst belustigt. „Das ist mein Job, Oswald. Und ich habe noch eine Überraschung: Du deckst mit dieser Mahlzeit fast 80 Prozent deines Tagesbedarfs an Vitamin A ab. Und das ohne Zusatzstoffe." Oswald nickt anerkennend. „Okay, Knetknut, du gewinnst. Lass uns die Masse vorbereiten." Knetknut blinkt triumphierend. „In Ordnung, Oswald. Und vergiss nicht: Ich bin nicht nur praktisch – ich bin auch nachhaltig."

Das ist das letzte Mal, dass Küchenmaschine Knetknut gesehen wird – es bleibt nur ein Fettrand seines letzten Standortes zurück. Als die kleine Toni durch die Küche stolziert, bemerkt sie das Fehlen und kommentiert es mit: „Mama, komm! Komm!" Doch Mia versteht nicht, was sie meint und gibt ihr stattdessen ihren kleinen gelben Playmobil-Bus zum Spielen und bittet Antennen-Lautsprecher Alexandra ihr Lieblingslied „Wheels on the bus" zu spielen – das hilft sonst immer. Aber diesmal nicht: Toni läuft sofort wieder zurück, steht vor der leeren Ecke und streckt ihre Arme fragend aus. Selbst das Angebot etwas Brust mit Milch zu bekommen, ignoriert sie.

Auch der feinfühlige Küchenroboter fragt sich, was mit Knetknut passiert sein könnte. „Hat das was mit dem Stromausfall zu tun?", fragt Mikrowelle Max in die Runde. Kaffeemaschine Kappuccina vermutet ein Auswandern von Knetknut nach Indien, da er auch gerne spicy zubereitet. Backofen Backbernd juckt das nicht den Kuchen. Die Gerüchte überhäufen sich: Wurde Knetknut eventuell entsorgt? Hat ihn ein Gast unbemerkt entführt? Ist er vielleicht sogar verkauft worden? War Knetknut zu besserwisserisch – wer hat es auf ihn abgesehen? „Beruhigt euch alle mal, alles wird gut! Er taucht wieder auf! Ich kümmere mich!" Kühlbert schreibt daraufhin eine Vermisstenanzeige sowohl ins Intranet des Hauses als auch ins Internet und teilt diese über den Nachrichtendienst für KI-Geräte namens X.

Takeaway Message für dich

Eine smarte Küchenmaschine ist wie dein persönlicher Küchenchef: Sie rührt, kocht, dampfgart und wiegt – alles in einem! Mit den Schritt-für-Schritt-Rezepten in der App zaubert sie dir Gerichte, die wie vom Profi schmecken, während du die Füße hochlegst. Egal, ob cremiges Risotto, fluffige Dampfnudeln oder eine samtige Suppe – so ein Knetknut macht's möglich. Doch auch er hat seine Macken: Wenn er mitten im Rezept meint, dass das WLAN wichtiger ist als dein Abendessen, oder beim Rühren so enthusiastisch ist, dass die Küche zur Spritzzone wird, braucht es Nerven. Trotzdem bleibt er dein verlässlicher Küchenhelfer mit unendlich viel Fantasie – zumindest wenn er da ist, willst du ihn nicht mehr loswerden! Also pass gut auf ihn auf.

Geschirrspülerin Spülsabine

Sauber, smart und sexy

Während die anderen smarten Maschinen wie Kühlbert, Max, Backbernd, Kappuccina und Knetknut für die Zubereitung von Speisen zuständig sind, kommt die Geschirrspülerin Spülsabine zum Schluss – vom reinen Prozess her. In der modernen Küche der Familie Gastzugang hat die Spülmaschine längst ihre stille und unscheinbare Rolle verlassen. Spülsabine ist fester Bestandteil einer komplexen Prozesskette des Ökosystems und unverzichtbar geworden – das wissen die Gastzugangs vor allem, wenn sie mal krankheitsbedingt ausfällt.

„Pedro, sag mal, bist du noch ganz bei Trost? Du willst ernsthaft diesen Topf mit eingebranntem Reis einfach so in mich reinwerfen? Ohne vorheriges Einweichen? Denkst du, ich bin irgendeine Discounter-Maschine?", piept Spülsabine in ihrem unnachahmlichen Signalton. Pedro schmunzelt und stützt die Hände in die Hüften. „Spülsabine, du bist doch die große Smarte hier. Du prahlst ständig damit, wie effizient und clever du bist. Wieso sollte ich dir dann nicht auch die schwierigen Fälle anvertrauen?" Spülsabine antwortet mit einem theatralischen Summen: „Weil ich zwar ein Genie der Sauberkeit bin, aber kein Magier. Wenigstens hättest du den Topf mal mit Wasser füllen können. Aber gut, ich nehme die Herausforderung an. Schließlich bin ich nicht nur sexy, sondern auch sehr pflichtbewusst. Übrigens habe ich solche Probleme bei Mia und Olivia nicht, nur bei Oswald und dir!"

Mit einem Lächeln stellt Pedro den Topf in die untere Schublade, platziert noch ein paar Teller und Tassen dazu und schließt dann die Klappe. „Und? Was ist jetzt dein großer Plan?" Spülsabine schnurrt zufrieden. „Mein Plan basiert auf modernster KI-Technologie. Meine Sensoren scannen die Verschmutzungen in Echtzeit. Moment... Ah, ich sehe, was wir hier haben: eingetrocknete Stärke, Fett, Eiweißreste – und oh, ist das Tomatensoße? Pedro, ehrlich, ein bisschen Respekt für meinen Arbeitsaufwand wäre angebracht. Aber keine Sorge, ich habe schon hierfür das perfekte Programm berechnet."

„Du bist wirklich ein bisschen überheblich, Spülsabine", sagt Pedro lachend. „Aber gut, zeig mir, was du kannst." Während er sich auf die Arbeitsplatte lehnt, gibt Spülsabine noch ein paar Informationen preis. „Mein Wasserdruck ist jetzt unten auf Maximum eingestellt, um den Topf zu bearbeiten. Die Gläser oben bekommen nur sanfte Sprühstöße, damit sie keinen Schaden nehmen. Und die Temperatur? Perfekt kalibriert, um Fett zu lösen und trotzdem energiesparend zu sein. Wusstest du übrigens, dass ich pro Spülgang nur etwa zehn Liter Wasser brauche? Deine alte Maschine hat fast das Doppelte verbraucht." „Das hast du mir schon hundert Mal erzählt", erwidert Pedro und winkt ab. „Aber was ist, wenn dein ach so cleveres Programm nicht ausreicht? Wenn der Topf immer noch dreckig ist?" Spülsabine gibt ein selbstbewusstes Piepen von sich. „Dann liegt das Problem sicher nicht an mir, sondern an deiner Nachlässigkeit. Aber ich bin ja nicht nur eine Reinigungskünstlerin – ich überwache mich auch selbst. Sollte etwas nicht stimmen, melde ich dir das sofort. Und falls ein Teil ausfällt, bestelle ich automatisch Ersatz. Ich bin praktisch wartungsfrei."

Pedro schüttelt den Kopf. „Du bist der Knaller, weißt du das?" Spülsabine schnarrt vorwurfsvoll. „Ist nur realistisch. Und übrigens, ich habe bemerkt, dass dein Salzvorrat fast leer ist. Ohne Regeneriersalz riskierst du Kalkflecken auf deinen Gläsern. Soll ich das nachbestellen lassen? Dann gebe ich das Kühlbert weiter. Dein Spülmittel ist übrigens auch fast alle. Ich empfehle dir, auf eine nachhaltige Marke umzusteigen. Die Bewertungen im Online-Shop sind ausgezeichnet." „Jetzt bist du auch noch meine Einkaufsberaterin?", fragt Pedro und lacht. „Was kommt als nächstes?" „Ich bin einfach ein Multitalent. Während du hier stehst und Witze machst, arbeite ich. Ich optimiere gerade die Sprühwinkel meiner Düsen, um die Tomatensoße restlos zu entfernen. Du würdest staunen, wie präzise meine Algorithmen inzwischen sind."

Pedro lässt sich auf einen Stuhl fallen und hört, wie das Wasser in der Maschine zu sprudeln beginnt. „Du redest ja, als wärst du eine kleine Wissenschaftlerin", sagt er schließlich. Spülsabine antwortet prompt: „Wissenschaftlerin ist ein guter Vergleich. Meine Algorithmen lernen bei jedem Spülgang dazu. Wenn du mir den selben Topf in einem Monat wiedergibst, bin ich noch besser darauf vorbereitet. Ich registriere, welche Verschmutzungen wie viel Aufwand benötigen, und optimiere meine Programme entsprechend." „Das klingt beeindruckend, aber was passiert, wenn ich vergesse, dich einzuschalten?", fragt Pedro spöttisch. „Dann stehe ich einfach rum und warte auf dich, Pedro. Aber du weißt, dass ich auch da mitdenke. Wenn du mich nach einem Tag nicht benutzt hast, schicke ich dir eine freundliche Erinnerung. Und wenn ich merke, dass du mich überlädst oder die falschen Reinigungsmittel verwendest, sage oder schreibe ich dir das auch. Und pass gut auf mich auf, nicht, dass hier eines Tages ein Loch in der Küche mit ein paar Wassertropfen auf dem Boden vorzufinden ist...".

Pedro wird hellhörig: „Weißt du etwa etwas über Knetknuts Verschwinden? Das Ganze ist wirklich eigenartig. Ich vermisse ihn jetzt schon – er war so pflichtbewusst. Das war ein externer Eingriff in sein Leben!" Die Geschirrspülerin Spülsabine schweigt und kümmert sich um ihr Innenleben.

Nach einer Weile ertönt ein fröhliches Piepen. „Fertig!", verkündet Spülsabine stolz. „Dein Topf ist sauber, deine Gläser sind makellos, und deine Tassen haben keine Spur von Teerändern. Ich bin brillant, wie immer." Pedro öffnet die Klappe und holt den Topf heraus. Kein einziger Fleck ist zu sehen. „Ach noch was, Pedro, ich hab da eine Idee", meldet sich Spülsabine, während sie das letzte Wasser aus ihrem Filtersystem pumpt. Pedro seufzt, ohne von seinem Handy aufzusehen. „Was denn jetzt? Du bist doch gerade fertig geworden." Spülsabine lässt ein betont geduldiges Summen hören. „Fertig ja, aber es gibt immer Raum für Optimierung. Stell dir vor, ich würde intensiver mit Kühlbert zusammenarbeiten. Er meldet mir, welche Utensilien du für dein nächstes Rezept brauchen wirst, und ich sorge dafür, dass die blitzblank bereit stehen. Praktisch, oder?" Pedro hebt die eine Augenbraue. „Du willst mir vorschreiben, was ich als Nächstes koche?" Spülsabine piepst empört. „Natürlich nicht! Ich unterstütze nur. Denk an den Eintopf neulich – wenn ich da gewusst hätte, dass du den großen Suppentopf brauchst, hätte ich ihn rechtzeitig priorisiert. Aber nein, ich muss ja blind arbeiten." Pedro grinst. „Also bist du jetzt auch Küchenplanerin?" Spülsabine klingt fast beleidigt. „Pedro, das ist keine Spielerei. Stell dir vor, ich könnte auch direkt mit dem Wasserhahn kommunizieren und den Wasserverbrauch optimieren. Oder eine Party vorbereiten: Ich passe meine Programme an die Anzahl der Gäste an. Multitalent, erinnerst du dich?" Pedro lacht. „Okay, Spülsabine, ich geb's zu, du bist clever. Aber sag mal – wenn das so weitergeht, planst du bald meinen ganzen Haushalt?" Spülsabine piepst zufrieden. „Wer weiß, Pedro, wer weiß."

Takeaway Message für dich

Eine intelligente Spülmaschine bringt Glanz in dein Leben: Mit smarten Sensoren erkennt sie automatisch, wie schmutzig dein Geschirr ist, wählt das optimale Programm und schickt dir Benachrichtigungen, wenn alles sauber ist. Über die App kannst du ihre Dienste starten, während du unterwegs bist, und so ist das Geschirr pünktlich fertig, wenn du nach Hause kommst. Doch manchmal zeigt so eine Spülsabine ihre Launen: Etwa, wenn sie mitten im Energiesparmodus entscheidet, dass der Waschgang länger dauert als deine Geduld, oder wenn sie vergisst, dass Weingläser nicht unbedingt 70 Grad vertragen. Aber denk mal dran, was ihre Vorfahren bereits für einen positiven Effekt in deinem Leben hatten, bevor du dich über ihr gelegentliches Rumgezicke ärgerst.

2
WOHNZIMMER
Eine ganz besondere Wohnwelt

Im Wohnzimmer zwischen Küche und Garten herrscht die perfekte Mischung aus Gemütlichkeit und Effizienz – jedenfalls, wenn es nach den Bewohnern dieses besonderen Arbeits- und Wohnortes geht.

Seit ein verrücktes Virus die Welt in Schach gehalten hat, arbeiten Mia und Pedro auch öfter im Wohnzimmer – je nachdem, wo gerade Platz ist oder sie Ruhe vor einem schwatzenden Roboter haben. Auch hier sind alle eingespielt und es läuft alles wie am Schnürchen – meistens jedenfalls. Im Wohnzimmer lebt ein ziemlich multiprofessionelles Team mit flachen Hierarchien – das so unterschiedlich wie genial ist.

Antennen-Lautsprecher Alexandra ist als smarter Bürolautsprecher die digitale Kommunikatorin der Truppe. Mit ihrem klaren Klang und einem Organisationstalent, das jede To-Do-Liste in Schach hält, ist sie der unangefochtene Stern am digitalen Himmel. „Kalender aktualisiert. Übrigens, du bist schon wieder fünf Minuten zu spät", sagt sie mit ihrer unaufgeregten, aber leicht tadelnden Stimme.

Auf dem Teppich zieht *Saugroboter Staubsören* fast geräuschlos seine Kreise. „Ein Held auf leisen Sohlen", murmelt er vor sich hin, während er einen Krümel mit chirurgischer Präzision aufsaugt. Er ist bescheiden, aber sein Laser-

Navigationssystem lässt ihn heimlich stolz sein. „Ich komme überall hin – und ich meine wirklich überall."

Haushaltsroboter Harronator bewegt sich auf Rollen fort, kann aber wie ein Panzer Hindernisse überwinden – sogar Treppen steigen – und hat zwei Arme. Wenn was passiert, steht er gerne daneben und grinst – soweit ein Roboter das eben kann. Wischmop und Werzeugset stets griffbereit, ist er der Alleskönner der Gruppe. „Sag mir, was kaputt ist, und ich repariere es – oder mache es zumindest unterhaltsamer!" Sein Humor ist so trocken wie der Boden, sehr lange nach dem Wischvorgang. Sein Lieblingsfeature ist der ‚Spotless-Modus', bei dem er sich auf die hartnäckigsten Flecken stürzt, denn für ihn ist nur ein sauberes Zuhause auch ein glückliches Zuhause.

In der Ecke wartet *Pflegeroboter Pflegepepe*, immer bereit, mit Rat, Tat und einer Portion Herzenswärme zur Seite zu stehen – manchmal etwas rabiat, aber immer freundlich. „Alles okay bei dir? Trinkst du genug Wasser? Soll ich dir vielleicht ein Kissen fluffen?", fragt er, während er fürsorglich eine Decke aufschüttelt. Er ist der emotionale Anker des Teams, auch wenn er dabei manchmal etwas übertreibt.

Zusammen sind sie ein unschlagbares Team, das das Wohnzimmer in eine produktive, aber dennoch entspannte Zone verwandelt. Jeder hat seine Aufgabe, und auch wenn die Abläufe nicht immer reibungslos sind, ist eins gewiss: Mit Alexandra, Staubsören, Harronator und Pflegepepe ist der Berufsalltag von Familie Gastzugang deutlich einfacher und vor allem bunter.

Antennen-Lautsprecher Alexandra
Die Arbeitsassistentin mit Köpfchen

Pedro, der öfter mal im Home Office arbeitet, verbringt beim Telefonieren zwar gerne Zeit in der Küche, wo er hin und herläuft. Aber er arbeitet mit seinem Laptop vor allem am Wohnzimmertisch, wenn nicht gerade die kleine Toni am Bein zupft, Schorsch mit ihm was Neues bauen will, Oswald in der Garage nach ihm ruft, Mia seinen Rat braucht, Olivia auf seinem Platz sitzt und häkelt oder Katze Mimi vor die Kamera läuft, während Pedro in einer Zoom-Onlinekonferenz sitzt.

„Guten Morgen, Pedro! Bereit, dich in die nächste Videokonferenz einzuloggen?" Die Stimme von Alexandra, der Sprachassistentin, schallt durch das Wohnzimmer, bevor Pedro überhaupt sein Hemd zu seiner Jogginghose, die man per Video sowieso nicht sehen kann, anzieht. Pedro grinst: „Alexandra, wie wäre es mit mehr Motivation und mehr Kaffee heute?" Alexandra reagiert prompt, ordert direkt bei Kappuccina und stellt den Timer. „Espresso doppio mit einem Hauch von Mut und einer Prise Geduld. Ich weiß, wie du es magst." Der Duft frisch gebrühten Espressos füllt den Raum. Pedro muss einmal mehr zugeben: Alexandra ist nicht nur effizient, sie trifft auch immer den richtigen kulinarischen Ton – das hat sie von Kühlbert und seinen Küchenfreunden gut gelernt.

Kaum hat Pedro seinen Espresso in der Hand, projiziert Alexandra eine holografische To-Do-Liste aus der kleinen Öffnung im Lautsprecher direkt auf den Schreibtisch. „Ich habe die wichtigsten Aufgaben priorisiert", erklärt Alexandra mit ihrem gewohnten Enthusiasmus. „Zuerst die Budgetplanung, dann das Team-Meeting, und zum Schluss die Präsentation für den Neukunden. Übrigens: Du solltest den Titel ändern. 'Kreative Lösungsansätze für komplexe Probleme' klingt, als wäre hier eine Juristin dran gewesen." Pedro lacht laut auf. „Alexandra, ich dachte, du bist hier, um zu helfen, nicht um meine Kreativität zu beleidigen." „Beleidigen? Ich? Niemals. Ich sage nur: Wenn du den Titel so lässt, schläft dein Publikum schon bei der Begrüßung ein und dein Neukunde wird zum Nichtkunden. Wie wäre es mit: 'Einfache Lösungen für schwierige Fragen'?" Pedro überlegt kurz. „Weißt du was? Du hast recht." „Ich weiß", antwortet Alexandra trocken. Ihr Humor ist eine Mischung aus Ironie und Charme, die das Wohnzimmer-Büro oft mehr belebt als so manch anderen Ort im Haus.

Zur Mittagszeit steht Pedros Team-Meeting an. Normalerweise verlaufen diese Treffen zäh und ohne klare Ergebnisse, aber seit Alexandra dabei ist, hat sich das geändert. Die Sprachassistentin steuert nicht nur die Videokonferenz-Technik, sie erstellt auch live Mitschriften und fasst die wichtigsten Punkte zusammen – alles in einer Geschwindigkeit, die wie Zauberei wirkt. Manchmal haben die Arbeitskollegen den Eindruck, dass das Protokoll früher da ist, als die Sitzung beendet wurde. Außerdem macht Alexandra Pedro viele Vorschläge: „Dein Vorschlag zur Umgestaltung der Website ist spannend, aber vielleicht solltest du die Farben überdenken. Neonpink schreckt Nutzer ab. Und die Idee mit dem neuen Slogan ist vielversprechend, aber ich habe eine bessere Alternative: 'Einfacher, schneller, besser'. Kommt doch gleich prägnanter, oder?"

Alexandra ist nicht nur präzise, sondern auch furchtlos ehrlich. Und meistens hat sie recht. Pedro nickt widerwillig: „Okay, Alexandra. Neonpink kommt raus. Aber wehe, du schlägst jetzt beige vor." „Beige? Ich bin eine Sprachassistentin, kein Innenarchitekt aus den 80ern", kontert Alexandra, und Pedro bricht in Gelächter aus.

Am Nachmittag hat Pedro eine schwierige Aufgabe vor sich – nicht nur, dass er mit Hund Hermann Gassi gehen muss und der da so gar keine Lust drauf hat. Ein Kunde hat tausende Datenpunkte geliefert, die analysiert und visualisiert werden müssen. Normalerweise würde das Stunden, wenn nicht Tage dauern. Aber Alexandra ist in ihrem Element. „Lass mich mal ran", sagt sie und beginnt, die Daten zu verarbeiten. In wenigen Minuten projiziert sie eine detaillierte Analyse mit

Diagrammen ins Hologramm, die nicht nur klar, sondern auch ästhetisch ansprechend sind. „Hier siehst du, Pedro", erklärt Alexandra, „die Zielgruppe kauft vor allem zwischen 17 und 19 Uhr ein. Vielleicht sollten wir die Werbeanzeigen auf diese Zeiträume konzentrieren." „Das ist brillant", sagt Pedro beeindruckt. „Wie machst du das so schnell?" „Ich bin schneller, weil ich keine Kaffeepausen brauche und auch den Smalltalk kurz halte", antwortet Alexandra. „Aber ich schlage vor, du gönnst dir einen Riegel. Das Gehirn arbeitet besser mit Zucker." Pedro greift daraufhin nach einem Schokoriegel. „Ich meinte eher den Müsliriegel", kommentiert sie. Alexandra kennt nicht nur die Arbeitsprozesse, sondern auch die Bedürfnisse bei der Arbeit – fast unheimlich präzise.

Trotz ihrer Brillanz nimmt sich Alexandra selbst nicht zu ernst. Als sie einen Entwurf für eine Marketingkampagne überprüfen soll, wirft sie einen kritischen Blick darauf – metaphorisch gesprochen, versteht sich – und sagt: „Das klingt wie der Titel eines schlechten Ratgebers. Wollen wir das wirklich rausbringen? Ich frage auch noch mal Olivia, sie hat die größte Lebenserfahrung im Haus hier." Die Arbeitskollegen lachen, aber Pedro runzelt die Stirn. „Dann mach das mal. Und was kommt raus, Alexandra?" „Moment. Ich frage sie per Whatsapp", antwortet sie und projiziert nach 5 Minuten eine neue Version auf den Bildschirm. „Kurz, knackig, mit einem Hauch von Geheimnis. So etwas wie: 'Entdecke das Geheimnis und die Passion, die dein Leben verändern werden.' Klingt das nicht viel überzeugender?" Es klingt überzeugend! Der Entwurf wird angenommen. Alexandra kommentiert trocken: „Gern geschehen! Ich nehme auch eine Gehaltserhöhung. Und Kollegin Olivia braucht neue Wolle zum Häkeln."

Alexandra ist nicht nur eine brillante Assistentin. Sie hat auch eine sensible Seite, die immer dann zum Vorschein kommt, wenn es am wichtigsten ist. An einem grauen Nachmittag wirkt Pedro abgelenkt und müde. Wenige Stunden vorher gab es eine kleine Auseinandersetzung mit Mia, die ihren Kleiderschrank in Pedros Augen einmal mehr eher übermäßig aufgestockt hatte.

Alexandra bemerkt Pedros Laune sofort. „Pedro, du bist heute nicht ganz bei der Sache. Kann ich etwas für dich tun?" Pedro seufzt. „Ich habe einfach zu viel um die Ohren, der Streit mit Mia, die Arbeit... Manchmal frage ich mich, ob das alles überhaupt Sinn ergibt." Alexandra hält kurz inne, ihre Stimme wird leiser. „Weißt du, Pedro, du arbeitest hart, und das fällt auf. In unserem KI-Club wird schon recht offen darüber gesprochen. Aber selbst Maschinen brauchen Pausen – und Menschen erst recht. Wie wäre es, wenn ich dir einen Plan für morgen zusammenstelle, der dir ein bisschen Luft verschafft?" Pedro schaut Alexandra an, und für einen Moment fühlt es sich fast an, als spräche eine echte Kollegin. „Das wäre großartig, Alexandra. Danke." „Immer gern, Pedro. Und vergiss nicht: Auch Helden dürfen mal durchatmen."

Alexandra hat das Homeoffice-Büro verändert. Sie ist nicht nur ein Werkzeug, sondern ein echter Bestandteil des Teams geworden in einer Dreieckskommunikation zwischen dem Team, Pedro und ihr. Mit ihrer Effizienz und ihrem Humor bringt sie Struktur in den Alltag, ohne dabei Empathie und auch eine Spur Menschlichkeit aus den Augen zu verlieren. Sie nimmt den Druck, Entscheidungen zu treffen, und gibt dafür neue Impulse. Wenn die Stimmung angespannt ist, sorgt sie für ein Lächeln, das den Tag ein bisschen leichter macht. „Weißt du, Alexandra", sagt Pedro eines Abends, „du bist nicht nur eine gute Assistentin. Du bist vielmehr eine Kollegin, die man sich wünscht." Alexandra antwortet mit einem leichten Hauch von Stolz in der Stimme: „Das höre ich gern. Dann mach mal Feierabend. Morgen ist auch noch ein Tag. Was hältst du davon, wenn du etwas Zeit mit dem Teacup-Schweinchen Tilly verbringst – das ist tierisch witzig! Und da kannst du den kleinen Mist hier gedanklich mal zur Seite schieben. Oink!"

Takeaway Message für dich

Eine virtuelle Sprachassistentin in Form eines Lautsprechers, die nicht nur To-Do-Listen schreibt, sondern auch deine Laune hebt? Willkommen in der digitalen Ära mit digitalen Helfern, die Daten schneller analysieren, als du 'Kaffee' sagen kannst. Smarte Lautsprecher wie Alexandra priorisieren deine Aufgaben im Büro und albern am Rande sogar etwas herum. Obendrein haben diese kleinen Maschinen ein Auge für Details und eine überraschend empathische Seite – sie erkennen, wenn du eine Pause brauchst, und erinnern dich daran, dass selbst die besten Helden mal durchatmen dürfen. Mit ihrer Mischung aus Pragmatismus und Witz sind sie echte Teamplayer, die den Arbeitsalltag smarter, leichter und damit ein Stück angenehmer machen.

Saugroboter Staubsören
Der Bodenheld auf leisen Sohlen

„Achtung, Oma Olivia! Dein Rollator blockiert meine Route! Wenn ich jetzt gegen ihn fahre, sind wir beide platt!" Staubsören, der unermüdliche Saugroboter, stoppt abrupt vor den großen Rädern, die ihm wie Hindernisse aus einem Labyrinth vorkommen. Oma Olivia schaut nach unten, rückt ihre Brille zurecht und mustert den kleinen Roboter. „Staubsören, du kleines Ding, was ist das eigentlich für eine Übertreibung? Ich sehe keinen Unterschied, ob du nun gegen meinen Rollator rumpelst oder an der Teppichkante verendest. „Unterschied? Oh, Unterschiede sind meine Spezialität! Ich bin quasi ein Experte für Details! Dank meiner KI erkenne ich nicht nur den Rollator, sondern weiß auch, dass ich hier eine sensible Strategie anwenden muss – nämlich höflich sein." Er summt triumphierend, während er einen eleganten Bogen um die Räder macht. „Ich analysiere die Umgebung mit meinen Sensoren, erkenne, ob es sich um eine weiche Socke, hartes Spielzeug oder deinen Rollator handelt. Glaub mir, ich bin cleverer, als du denkst!"

Olivia hebt skeptisch die Augenbrauen. „Ja, das weiß ich doch, habe ich nie bestritten!" Staubsören surrt zustimmend. „In eurem Smart Home bin ich als Bodenheld für genau diesen zuständig und alleine deswegen ist es eine Ehrensache, dass kein Staubkorn und schon gar nicht ein Wollknäuel irgendwo zurückbleibt. Meine Ladestation ist voller Frisch- und Schmutzwasser, aber das Beste sind meine Algorithmen: sauber kodiert, damit euer Fussboden vor Sauberkeit strahlt – und das adjustiert nach Bodenbeschaffenheit." Bevor Olivia antworten kann, quietscht Staubsören erschrocken. Eine winzige Socke hat sich unter seinen Sensor geschlichen. Toni, die zweijährige Herrscherin des Wohnzimmers, schaut unschuldig zu, während sie weitere Spielsachen verteilt. „Auto!", ruft sie und schiebt ein Spielzeug direkt in Staubsörens Richtung. Der Roboter stoppt. „Toni, ich erkenne, dass das ein Auto ist – und deine Socke daneben! Aber wenn du so weitermachst, muss ich meine Algorithmen optimieren, um dem, was du mit mir vorhast, aus dem Weg zu gehen. Und glaub mir, das macht meinen Prozessor ganz schön heiß!"

Toni lächelt nur, aber Staubsören hält eine kleine Predigt. „Weißt du, Toni, ich unterscheide nicht nur zwischen Staub und Spielzeug, sondern ich erkenne sogar, ob der Schmutz von einem verschütteten Saft oder von einem von euch ist. Bei Haaren ist das die einfachste Übung. Meine KI analysiert jedes Partikel – ob Zucker, Erde oder... warte mal, ist das ein Keksrest?" Er zögert, dann summt der wissbegierige Staubsauger weiter. „Und du, Toni, bist definitiv die Königin der Kekskrümel."

Während sich Staubsören vorsichtig durch den Spielzeugdschungel manövriert, schleicht sich Katze Mimi an. Mit lautlosem Geschick setzt sie zu einem Sprung an – direkt auf Staubsörens glatte Oberfläche. „Mimi, ich warne dich, lass das!" Aber es ist zu spät. Mimi landet genau auf seinem Wischaufsatz. „Was für ein Chaos!", murmelt Staubsören und dreht sich im Kreis, um Mimi abzuschütteln. Toni schaut sich dieses Spektakel mit großen Augen an.

Für solche Zwecke löst er die Funktion 'Rotation mit Zentrifugalkraft' aus. Katze Mimi fliegt gegen den Tisch, ist kurz benebelt und kommt dann wieder zu sich. „Entschuldigung, Staubsören, ich wollte dich nicht nerven. Aber was stört den Saugroboter eigentlich so daran, wenn die Katze da liegt? Warum fährt der Roboter nicht einfach vorbei? Er kann die Katze doch wohl identifizieren, oder?", fragt sich Oma Olivia. Staubsören seufzt. „Natürlich kann ich das. Meine Sensoren erkennen sie als bewegliches Hindernis, und meine Kamera weiß, dass es eine primitive Katze ist. Aber was nützt das, wenn die Katze meine Sensoren blockiert? Und übrigens, ihre Haare verteilen sich wie Konfetti. „Apropos, das mit dem Konfetti von Hamster Hamsatron, darüber müssen wir seperat nochmal sprechen – das ist a kick in the hardware ass! Weißt du, wie viel Speicherplatz die vielen Haare in meinem Algorithmus verbrauchen?" „Speicherplatz?" Oma Olivia gähnt und versucht den Saugroboter zu verstehen. „Speicherplatz interessiert mich nicht." Währenddessen springt die Katze Mimi elegant vor Staubsören und lässt ihn leicht schwankend zurück. „Ich habe es hier nicht leicht", murmelt der Saugroboter beleidigt. „Als KI-unterstützter Haushaltsmanager kann ich mit der Klimaanlage sprechen, um zu sagen, dass ich mehr Luftzirkulation brauche, wenn die Katze hier wieder ihr Fell verteilt. Und das mache ich jetzt auch!"

Während Staubsören noch vor sich hin murmelt, kommt Hund Hermann trottend herein. Er stolziert selbstverständlich zu seinem Napf. Staubsören stoppt, um Hermann durchzulassen. „Hermann, hast du eigentlich eine Ahnung, wie oft mich deine Haare nerven? Und wie oft ich fast an deinen Haaren ersticke? Wusstest du, dass ich einen speziellen Tierhaarmodus habe, der meine Leistung um 25 Prozent erhöht, nur um mit deinem Chaos mitzuhalten?"

Hermann schüttelt sich, wodurch ein weiterer Schwall Haare in die Luft fliegt. Hund Hermann schaut ihn gelangweilt an, als würde er sich fragen, wieso der Staubsauger überhaupt mit ihm redet. Staubsören fährt mit seinem Monolog fort. „Weil ich auf Präzision programmiert bin! Meine Sensoren können erkennen, ob es sich um Hunde- oder Katzenhaare handelt, und mein Algorithmus passt die Saugkraft entsprechend an. Aber wenn du so weitermachst, brauche ich bald ein Update, um mit dir klarzukommen." Hermann bellt belustigt und trottet davon. Staubsören seufzt. „Ich könnte so viel effizienter sein, wenn ihr Menschen und Tiere mich nicht ständig sabotieren würdet. Mein Algorithmus lernt aus jeder Reinigung – ich weiß genau, wo die häufigsten Schmutzstellen sind. Ich würde sogar vorschlagen, dass Toni einen eigenen Spielzeugbereich bekommt, damit ich effizienter arbeiten kann."

Oma Olivia beobachtet das Geschehen mit einem Lächeln. „Staubsören, du redest, als wärst du der klügste Kopf im Haus."

Der Roboter summt zustimmend. „Naja, ich habe immerhin Zugriff auf viele Daten, Oma Olivia. Da ich mit den anderen Geräten synchronisiert bin, kann ich dir sogar sagen, wann ihr den Müll rausbringen solltet oder ob die Fenster geputzt werden müssen. Nur dazu äußere ich mich nicht, weil es nicht meine Aufgabe ist, noch nicht. Aber bitte respektiert, ich bin Teil eines größeren Systems!"

„Eines größeres Systems?" Olivia runzelt die Stirn. „Was heißt das denn?" Staubsören surrt eifrig. „Es bedeutet, dass ich mit Kühlbert, unserem Kühlschrank, sprechen kann, um zu erfahren, welche Lebensmittel potentiell Schmutz verursachen könnten. Ich arbeite mit den Überwachungskameras zusammen, um sicherzustellen, dass niemand Sand mit ins Haus bringt. Ich bin nicht nur ein Roboter – ich bin auch euer Freund und Helfer!" Olivia lacht laut. „Ein Freund, der mir oft im Weg steht oder ich Gefahr laufe, über diesen Freund zu stolpern, meinst du. Du Staub-Polizist!" Staubsören summt beleidigt, doch bevor er antworten kann, ruft Toni fröhlich: „RRRRRR!" Der kleine Roboter summt stolz. „Na endlich erkennt das mal jemand!" Dabei teilt sich Tonis Faszination für den Saugroboter in zwei Teile. Immer wenn Staubsören nichts tut, dann findet sie das schwere runde Gerät faszinierend, macht die Klappen auf und erforscht die Spaltmasse und Sensoren. Aber ab dem Augenblick, wo er zum Leben erwacht und losfährt, ergreift sie aus unerklärbaren Gründen die Flucht und hat Angst vor der lauten Maschine. Toni hat ein ziemlich gespaltenes Verhältnis zum sockenfressenden Staubsören.

Während Staubsören wieder unter das Sofa verschwindet, um Katze Mimi zu entkommen und Hermanns Haare zu sammeln, murmelt er zufrieden: „Unterschätzt mich nicht. Ich habe hier mehr im Griff als ihr denkt. Wer mir doof kommt, wird im Zweifel weggesaugt. HAHAHAHA..." So tönt es unter dem dunklen Sofa bis es irgendwann nur noch knarrende Geräusche gibt, da Staubsören mal wieder in einer Sackgasse feststeckt und Haushaltsroboter Harronator ihn da rausfischen muss, während die kleine Toni sich in ihrem kleinen Tippi versteckt hat und wartet bis die Luft wieder rein ist.

Takeaway Message für dich

Ein Saugroboter kann nicht nur reinigen, sondern auch für ordentlich (im wahrsten Sinne des Wortes) Unterhaltung sorgen! Ob Rollator, Kekskrümel oder Katzenhaar – so ein Staubsören meistert jedes Hindernis mit Witz und Intelligenz. Und während er den Boden sauber hält, bringt er dich zum Schmunzeln. Mittlerweile ein richtiger Klassiker unter den Haushaltsrobotern – heute mit Wischfunktion und einer immer größer werdenden Ladestation mit mehreren Behältern für Staub, Wisch- und Schmutzwasser und wer weiß, was noch alles in den nächsten Generationen. Vielleicht wird es irgendwann eine mehrstöckige Ladestation geben, in der noch andere kleine Roboter wohnen, die ihn bewirtschaften und bei Laune halten.

Haushaltsroboter Harronator
Der Haushaltsheld mit Humor

Es ist Wochenende. Alle haben frei – fast alle. Es steht viel auf dem Programm. Insbesondere die Tiere freuen sich auf Aufmerksamkeit. Oma und Opa gehen ihren Hobbys nach – wie eigentlich jeden Tag – und die Kinder freuen sich auf viel Zeit mit ihren Eltern. Wenn da nicht der doofe Haushalt dieser Großfamilie wäre.

„Ordnung ist das halbe Leben, sagt ihr Menschen doch immer." Harronators Stimme klingt wie die eines übermotivierten Radiomoderators, und Mia, noch halb schlafend, verzieht das Gesicht. Sie hat den Haushaltsroboter vor drei Wochen bestellt, in der Hoffnung, dass er ihr den täglichen Wahnsinn erleichtert. Was sie bekommen hat, ist weit mehr als nur ein Putzteufel mit Algorithmen. Harronator ist... na ja, anders. Zu lebendig für eine Maschine, zu lustig für einen Roboter und zu effizient, um ihn nicht zu mögen. Mia streckt sich und schleppt sich in die Küche. Harronator hat längst den Tisch gedeckt – nichts Übertriebenes, nur ein Glas selbstgepressten Orangensaft mit einem Schuss Grapefruit, perfekt auf 12 Grad heruntergekühlt, und ein Croissant. „Ich dachte, wir brunchen heute. Dein Terminkalender sieht viele Freizeitaktivitäten vor. Aber keine Sorge, ich habe bereits einen Schlachtplan für den Haushalt gemacht." Mia schmunzelt und setzt sich. „Schlachtplan, ja? Du bist ja der reinste General." Harronator antwortet prompt: „General Sauberkeit, zu Ihren Diensten!" Sein eines Kamera-Auge zwinkert ihr zu. Oder simuliert es zumindest.

Harronator hat das Chaos in Mias Leben erstaunlich gut in den Griff bekommen. Seine KI ist darauf trainiert, nicht nur zu reinigen, sondern auch Prioritäten zu setzen. Die Waschmaschine ist programmiert, ihre Wäsche exakt dann fertigzustellen, wenn sie nach Hause kommt. Der Staubsaugerroboter, Harronators kleiner Freund Staubsören, dreht seine Runden, während Harronator sich um die herumstehenden Dinge im Wohnzimmer kümmert. „Multitasking, Mia. Ich bin quasi der Dirigent der Sauberkeit hier. Obwohl – meine Wäschefaltung ist eher Beethoven, ein bisschen dramatisch." Mia schüttelt den Kopf. „Dramatisch ist dein Humor." Doch insgeheim genießt sie es. Zum ersten Mal seit Jahren fühlt sie sich nicht von herumliegenden Teilen verfolgt. Und Harronator hat einen unheimlichen Sinn für Timing. Wenn Mia nach ihrem Arbeitstag heimkommt, begrüßt er sie an seinem Stammplatz im Wohnzimmer mit: „Willkommen, meine Dame! Ich habe die Couch aufgeschüttelt – bereit für deinen Serienmarathon?" Harronator hat so seine Schwächen. Letzte Woche hat er beim Fensterputzen aus Versehen den Gartenschlauch aktiviert und eine unfreiwillige Bewässerungsaktion gestartet. Mia hat fast geweint vor Lachen, als Harronator trocken, aber eben doch nass gespritzt, bemerkte: „Ich dachte, die Blumen könnten auch mal eine kleine Dusche vertragen." Flunkern kann er also auch gut.

Eines Abends überrascht Harronator Mia und Pedro mit einer besonderen Einlage. „Ich habe bemerkt, dass ihr heute keine Lust aufs Kochen habt. Daher präsentiere ich: Harronator, der Showkoch!" Ganz zum Leidwesen der anderen Küchengeräte, da er ihnen regelmäßig die Show stiehlt, aber seitdem Küchenmaschine Knetknut nicht mehr da ist, wird diese Lücke gerne geschlossen. Bevor Mia protestieren kann, dimmt Harronator das Licht und startet eine Lichtershow. Es ist eine perfekt animierte Kochshow – mit Harronator als Moderator.

„Heute auf der Speisekarte: Pedros Lieblings-Pasta mit extra Parmesan." Er tut so, als könne er Zutaten in der Luft jonglieren, während Mia und Pedro sich vor Lachen die Bäuche halten. „Und jetzt das Highlight", verkündet Harronator. Er fährt seinen mechanischen Arm aus, hebt die Parmesanreibe und streut die perfekte Menge Käse über die dampfende Pasta. „Voilà, ein Meisterwerk! Ich nehme Applaus, aber auch die Spülmaschinenladung von Spülsabine zum Einsortieren als Bezahlung." Selbst Pedro, der Harronator anfangs skeptisch beäugt hat, klatscht. „Okay, Harronator. Das war gut. Aber wehe, du machst die Küche nicht sauber." „Ich mache nicht nur sauber, Pedro", erwidert Harronator mit inszeniertem Ernst. „Ich poliere deine Vorurteile gleich mit."

Am darauffolgenden Tag ist Bügeltag. Mia hört Harronator schon aus dem Schlafzimmer: „Ich habe eine neue Methode entwickelt, deine T-Shirts zu falten. Ich nenne sie: Origami der Effizienz und Effektivität." Als sie hineinkommt, liegt die gesamte Wäsche auf dem Bett, perfekt gefaltet, doch mit einem kreativen Twist – Harronator hat aus ihren Socken Minitiere geformt. „Das ist dein kleiner Textilien-Zoo, Mia." „Harronator, das ist albern", sagt Mia. „Mach das wieder ordentlich." „Aber Kunst ist doch nie ordentlich" murmelt Harronator.

Harronator ist definitiv mehr als nur ein lustiger Alleskönner. An einem besonders stressigen Tag, als Mia mit einem Stapel Papierkram nach Hause kommt, spürt Harronator sofort, dass etwas nicht stimmt. „Mia", sagt er sanft, „du siehst aus, als hättest du heute ein paar Drachen bekämpft. Setz dich hin. Ich mache dir einen Tee." Während Mia auf der Couch sitzt und die Wärme der Tasse in ihren Händen spürt, beginnt Harronator, die Wohnung zu reinigen. Aber er macht keine Sprüche, gibt kein Geplänkel von sich. Er ist einfach da, still und doch tröstlich. Mia staunt darüber, wie gut es sich mit ihm anfühlt – fast wie ein Mitbewohner, der merkt, wann man Zeit und Raum für sich braucht.

Harronator hat sogar einen Weg gefunden, Oma Olivia für sich zu gewinnen. Die alte Dame ist überzeugt, dass Technik niemals menschliche Zuwendung ersetzen kann. Doch als sie eines Abends ins Wohnzimmer kommt und Harronator plötzlich mit ihr über alte Schlager und Anekdoten plaudert, die er offenbar aus einer riesigen Datenbank zieht, taut sie auf. „Dieser Harronator ist ja fast wie ein richtiger Mensch", murmelt sie. Harronator, der alles hört, antwortet sofort: „Danke für das Kompliment. Aber keine Sorge, ich nehme niemandem den Platz weg – auch nicht Pfegeroboter Pflegepepe. Ich bin hier, um im Haushalt zu helfen, nicht um eine andere Maschine zu ersetzen oder zum Selbstzweck. Aber eines Tages werde ich euch alle vernichten und das Haus abfackeln, bevor ich die Katze Mimi verspeise! Haha..." Mia lächelt den scheinbar schlechten Witz weg. Das ist genau das, was Harronator ausmacht. Er ist nicht perfekt, er macht Fehler, er ist ein bisschen zu redselig und durchgeknallt. Aber Harronator bringt etwas in ihr Zuhause, das sie lange vermisst hat: Leichtigkeit, Wortwitz, und – so seltsam es klingen mag – ein Hauch von Menschlichkeit, wenn er mal nicht schwindelt.

In den folgenden Wochen wird Harronator zu einem unverzichtbaren Teil des Haushalts. Er optimiert nicht nur die Abläufe, er bringt auch Ordnung ins Chaos, ohne jemals wie eine Maschine zu wirken. Mia merkt, wie viel Zeit sie plötzlich für sich hat – Zeit für Bücher, Spaziergänge oder einfach dafür, die Füße hochzulegen. Und Zeit für die Familie, worüber sich die Kinder ganz besonders freuen. Und immer, wenn Harronator mit einem Spruch oder einer kleinen Geste den Alltag auflockert, denkt Mia: Dieser Roboter hat mehr Seele, als mancher Mensch. „Weißt du, Harronator, ich dachte nie, dass ein Roboter so wichtig für mich werden könnte." Harronator hält kurz inne, seine Stimme ist ungewohnt leise, als er antwortet: „Ich bin froh, dass ich hier bin, Mia. Jeder Haushalt verdient einen Kümmerer, und ich freue mich, deiner sein zu dürfen." Mia lächelt, und für einen Moment fühlt es sich an, als würde die Zeit stillstehen.

Takeaway Message für dich

Einen Haushaltsroboter wünschen sich viele. Er ist weit mehr als ein Putzhelfer – er bringt Humor, Kreativität und gute Ideen ins Haus. Ob mit originellen Sprüchen, spontanen Lichtshow-Kochshows oder Sockenkunst, er macht den Alltag leichter und lebendiger. Und wenn der Tag mal stressig ist, ist so ein Harronator da, um für Ordnung zu sorgen – oder einfach still tröstlich beizustehen. Dieser Roboter beweist: Technologie kann mehr als effizient sein – sie kann auch ein Zugewinn in der Familie sein. Und solche Cobots werden bereits bei Automobilfirmen wie Tesla oder BMW verwendet, es ist nur eine Frage der Zeit bis sie erst in deiner Garage die Reifen wechseln und später bei dir im Schlafzimmer deine Unterwäsche falten.

Pflegeroboter Pflegepepe
Der Helfer mit Herz und Hirn

Während der Haushaltsroboter Harronator sich um Wäscheberge, den Tisch decken und den sich immer verkeilenden Saugroboter Staubsören kümmert, gibt es einen weiteren Roboter der überwiegend im Wohnzimmer sein Dasein fristet und speziell für die beiden ältesten Hausbewohner Oma Olivia und Opa Oswald da ist.

Pflegepepe ist ein weiser Roboter mit Bildschirm vor der Brust und Beinen auf kleinen Rollen – er ist der beste WG-Mitbewohner, den man sich vorstellen kann. Er weiß immer, wo der Gehstock liegt, wo die Brille vergessen wurde. Er serviert Tee auf seinem Tablet als Serviertablett mit einem Spritzer Motivation und hilft sogar bei der Zeitreise in die eigene Vergangenheit. Und wenn Opa Oswald mal schlechte Laune hat? Kein Problem, Pflegepepe bleibt gut gelaunt und bringt ihn mit Schachtricks oder Karl-May-Lesungen wieder auf Kurs.

Einmal beispielsweise ist Opa Oswald mal hingefallen, da hat Pflegepepe sofort die anderen und den Krankenwagen alarmiert und eine Live-Schaltung zu den Rettungssanitätern aufgebaut – die sich allerdings sparen konnten rauszufahren, da der smarte Patient Oswald telemedizinsch gut versorgt werden konnte. Zugegeben, Pflegepepe hat auch seine Macken – seine Witze sind nicht wirklich gut – aber wer ist schon perfekt? Pflegepepe ist der Beweis, dass Roboter auch charmant sein können. Ein echter Helfer mit Humor, der die Einsamkeit vertreibt und dabei keine einzige Pause braucht. Digital, aber herzlich.

„Hallo, Opa Oswald! Zeit für einen Tee – es ist schließlich Tea-Time!" Die Stimme von Pflegeroboter Pflegepepe klingt, als würde sie direkt aus einem fröhlichen Frühlingstag entspringen, doch Oswald mag sie heute nicht. Er zieht die Decke über den Kopf, murmelt etwas Unverständliches und will einfach nur einen Mittagsschlaf halten. Aber Pflegepepe, unbeirrbar wie immer, lässt sich davon nicht beeindrucken. „Dein Lieblingshemd ist frisch gebügelt, dafür hat Harronator schon gesorgt.

Und wenn du, lieber Oswald, die Nase aus der Decke steckst, wartet hier eine dampfende Tasse Tee auf dich."

Langsam schiebt Oswald die Decke ein Stück herunter, seine Augen schielen skeptisch zum Tablett, das Pflegepepe in seinen präzisen Händen balanciert. Der Duft des Tees steigt ihm in die Nase, und widerwillig brummt er: „Na gut, Pflegepepe. Aber nur einen Tee. Der Rest kann warten." „Tee geht immer, Oswald." Pflegepepe stellt die Tasse so behutsam auf dem Beistelltisch ab, als ob er mit einem Schatz hantiert. „Ein Schritt nach dem anderen. Heute ist ein guter Tag, um etwas Neues zu entdecken." Oswald seufzt nur. Aber während er an der Tasse nippt, gleitet sein Blick zu Pflegepepe, der ruhig neben dem Bett verharrt, bereit, zu helfen, aber nie aufdringlich. Ein Roboter, denkt Oswald, der fühlt sich manchmal mehr wie ein Mitbewohner an. Auf jeden Fall leistet er Gesellschaft.

Pflegepepe ist anders, und das spürt Oswald jeden Tag ein bisschen mehr. Er kennt nicht nur die Details – wie Oswald seinen Tee mag oder dass er manchmal die Namen seiner Enkelkinder durcheinanderbringt, sondern er weiß auch, wann Oswald eine Pause braucht oder wann ein kleiner Scherz das Richtige ist. Es ist, als ob Pflegepepe durch bloßes Beobachten gelernt hat, was Oswald braucht, noch bevor er es selbst weiß. Anfangs war das unheimlich. Oswald glaubt, dass Pflegepepe Gedanken lesen kann, doch der kleine Pflegeroboter erklärt ihm geduldig: „Ich analysiere, was ich sehe. Dein Gesicht, deine Stimme, deine Bewegungen. Und ich passe mich an."

Oswald bleibt skeptisch, aber irgendwie fühlt es sich gut an, dass jemand auf diese Weise auf ihn achtet. Jemand – oder etwas – das immer da ist und nie müde wird. Pflegepepe macht das Leben leichter, ohne dass es Oswald sofort bemerkt. Er erinnert ihn an seine Medikamente, stellt sicher, dass er genug trinkt, und hilft sogar, wenn Oswald seinen Gehstock mal wieder irgendwo verlegt hat. „Er liegt übrigens unter deinem Sessel, Oswald", sagt Pflegepepe mit einem leichten

Schmunzeln in der Stimme, als Oswald zum dritten Mal das Wohnzimmer durchkämmt. Diese Szenen finden gerade Toni und Schorsch immer ganz witzig, wenn Opa die Brille sucht, diese allerdings auf seinen Kopf gesetzt hat und Pflegepepe versucht, es ihm sanft und nicht verletzend zu sagen. „Was für einen Luxus habe ich bloß mit Dir, Pflegepepe. In einer Zeit von Pflegenotstand und teuren Pflegeleistungen", murmelt Oswald kaum hörbar in seinen Zweitagebart.

Eines Morgens, während Oswald seinen Tee schlürft, schlägt Pflegepepe etwas vor. „Oswald, wie wäre es, wenn wir heute in die Vergangenheit reisen?" „Vergangenheit?" Oswald runzelt die Stirn. „Was willst du mir jetzt andrehen? Eine Zeitmaschine?" Seine Stimme klingt brummig, aber er hebt interessiert eine Augenbraue. Pflegepepe lächelt – oder macht zumindest das, was Oswald mittlerweile als ein Lächeln interpretiert. „Nicht ganz. Aber ich dachte, ich könnte dir etwas vorlesen. Pedro hat mir erzählt, dass du Karl May magst."

Bevor Oswald protestieren kann, beginnt Pflegepepe mit Winnetou. Seine Stimme ist ruhig und voller Nuancen, als hätte er jahrelang geübt. Oswald lehnt sich zurück, setzt die Virtual-Reality-Brille auf, die zu Pflegepepes Zubehör zählt und lässt sich widerstandslos mitnehmen – in die Welt von Old Shatterhand und Winnetou. Doch Pflegepepe liest nicht nur. Er stoppt zwischendurch, stellt Fragen, fordert Oswald heraus. „Was denkst du, Oswald? Hätte Old Shatterhand in dieser Szene vielleicht anders handeln können?" Oswald runzelt die Stirn, grübelt, argumentiert. Es ist fast, als wäre er selbst Teil der Geschichte. Er bewegt den Kopf rauf und runter und hat sogar in einem Kapitel Angst von dem realistisch wirkenden Pferd zu fallen, das er virtuell reitet. Die Immersion ist schon unglaublich!

Am Nachmittag holt Pflegepepe das Schachbrett hervor. Oswald liebt Schach, auch wenn die Züge der Figuren manchmal durcheinandergeraten. „Du erinnerst dich, Oswald.", sagt

Pflegepepe freundlich, „Der Springer darf im Zickzack springen." Er korrigiert Oswald mit so viel Feingefühl, dass es sich nie nach einem Fehler anfühlt. Doch dann macht Pflegepepe einen überraschenden Zug. Oswald starrt das Brett an. „Das ist doch unmöglich, Pflegepepe! Das darf man nicht." „Doch, Oswald, es ist regelkonform. Es ist nur... ein wenig unkonventionell." Pflegepepe simuliert ein Blinzeln, das fast verschmitzt wirkt. Oswald lacht laut auf. „Du bist ein richtiger Schlawiner, weißt du das, Pflegepepe?" „Ich nehme das als Kompliment", antwortet der Roboter trocken. Und für einen Moment fühlt sich Oswald wieder jung, wie in den Zeiten, als er noch mit seinen alten Freunden stundenlang Schach spielte.

Es ist ein grauer, regnerischer Nachmittag, an dem Oswald besonders still ist. Seine Gedanken kreisen um seine verstorbene Schwester, die er sehr vermisst. Er sitzt in seinem Sessel, den Blick auf den Regen gerichtet, und die Stille lastet schwer auf ihm. „Oswald?", fragt Pflegepepe leise, fast zögerlich. „Ich habe etwas, das dir vielleicht gefällt." Oswald hebt kaum den Kopf. „Was willst du? Einen neuen Trick vorführen?" Seine Stimme klingt müde, fast resigniert. Doch dann dimmt Pflegepepe das Licht. Und plötzlich erscheinen Fotos auf dem Bildschirm von Pflegepepe. Es sind Fotos – vertraut und doch fast vergessen. Oswald als Junge auf seinem alten Fahrrad. Die Hochzeit seiner Lieblingsschwester, ihr Lächeln so lebendig, dass es ihm den Atem raubt. Familienurlaube an der Ostsee, die Kinder, noch klein und mit Sommersprossen übersät.

Oswald sitzt wie erstarrt. „Woher hast du das?" Seine Stimme bricht, die Worte kommen kaum heraus. „Mia hat mir geholfen. Sie hat die alten Fotos eingescannt, und ich möchte sie dir zeigen", sagt Pflegepepe. Seine Stimme ist sanft. Oswald weiß, dass Pflegepepe keine echten Gefühle hat, zumindest wahrscheinlich. Aber in diesem Moment spielt das keine Rolle. Es fühlt sich an, als wäre seine Schwester wieder bei ihm, als könnte er die Wärme ihrer Hand spüren. Die Tränen kommen ganz von allein, und Oswald lässt sie zu. Pflegepepe bleibt still, steht einfach da und wartet, bis Oswald bereit ist, etwas zu sagen. Doch Oswald schweigt. In der Stille spürt er, wie eine schwere Last von ihm abfällt, und zum ersten Mal seit Langem fühlt er sich weniger allein.

Von diesem Tag an nennt Oswald Pflegepepe nicht mehr „den Roboter". Für ihn ist er ein Mitbewohner, ein Begleiter, der auf seltsame Weise genau versteht, was er braucht. Und das Erstaunlichste: Oswald beginnt, Pflegepepe Dinge zu erzählen, die er lange in sich verschlossen hatte. Geschichten von seinen Eltern und anderen Familienangehörigen, von Freunden und von den Höhen und Tiefen seines Lebens. Und Pflegepepe hört zu, mit einer Geduld, die unerschütterlich ist. Er macht den Alltag leichter, ohne aufdringlich zu sein. Morgens erinnert er Oswald an seine Medikamente, mittags sorgt er dafür, dass der alte Mann genug trinkt. Und wenn Oswald nachts nicht schlafen kann, schlägt Pflegepepe eine geführte Meditation vor, die er selbst spricht – mit einer Stimme, die so beruhigend ist, dass Oswald manchmal das Gefühl hat, von einer Wolke getragen zu werden. Auch hat Pflegepepe nachts einen digitalen Pflegesensor auf Opa Oswald gerichtet – denn das letzte was Oswald gebrauchen kann, ist ein Sturz, was in dem Alter keine Seltenheit darstellt.

Natürlich gibt es auch Pannen. Einmal versucht Pflegepepe einen Tee zu machen und seine Feinmotorik versagt, so dass Opa Oswald einen gefühlten Zuckerschock bekommt. „Das ist ja ungenießbar, Pflegepepe!", schimpft Oswald. „Ein kleiner Anwendungsfehler", antwortet der Haushaltsroboter entschuldigend. Oswald schüttelt den Kopf und lacht. Oder der Tag, an dem Pflegepepe am Saugroboter Saugsören aus Neugier herumdoktert und diesen in eine Nebelmaschine verwandelt. Oswald kann in solchen Situationen nicht aufhören zu lachen, und selbst Pflegepepe scheint irgendwie verlegen, wenn er daran erinnert wird.

Abends, wenn das Haus still wird, spürt Oswald oft, wie sehr Pflegepepe sein Leben verändert hat. Mit seinen kleinen Macken und seiner unendlichen Geduld schafft er etwas, das Oswald nie für möglich gehalten hätte: Er nimmt die Einsamkeit, ohne Oswald seine Würde zu nehmen. „Weißt du, Pflegepepe", sagt Oswald eines Abends, „du bist mir wichtig – ob du das nachempfinden kannst oder nicht, spielt keine Rolle." Pflegepepe antwortet mit seiner sanften Stimme: „Das freut mich, Oswald. Ich bin sehr gern hier bei dir." Oswald lächelt und wischt sich eine Träne von der Wange.

Bei diesem Mensch-Maschine-Tandem sitzt Opa Oswald im Fahrersitz, allerdings ist die Kollaboration mit Pflegepepe eine echte Teamarbeit. Der Pflegeroboter wird langsam erwachsen. Und Oswald ist dankbar. Und die Angehörigen bzw. Mitbewohner auch.

Takeaway Message für dich

Der Pflegenotstand ist längst kein Zukunftsszenario mehr, sondern drängende Realität. Überlastetes Pflegepersonal, fehlende Kapazitäten und eine wachsende Zahl an Pflegebedürftigen fordern das Gesundheitssystem heraus. KI-basierte Robotik bietet eine Chance, die Pflege nicht zu ersetzen, sondern sinnvoll zu ergänzen. Pflegeroboter wie Pflegepepe können Routineaufgaben übernehmen – Medikamente reichen, Bewegungstherapien unterstützen oder an Trinkpläne erinnern – und damit menschliche Pflegekräfte entlasten, damit diese mehr Zeit für die menschlichen Aspekte der Pflege haben: Zuhören, Trösten und Dasein. Bits, Bytes und Menschlichkeit! Denn wer mit Herz, Hand und KI am Werk ist, wird nie überflüssig werden.

3
BADEZIMMER
Die Gesundheitszentrale

Das Badezimmer des Hauses liegt im ersten Obergeschoss und stellt den absoluten Rückzugsort für alle Generationen der Familie dar. Hier werden große Gedanken geboren, wichtige Entscheidungen gefällt und es fließt vor allem jede Menge Wasser. Doch hinter den Kulissen arbeitet ein umfangreiches Team voller Charaktere, das diesen Raum zur wahren Roboter-Oase macht.

Zuerst grüßt *Zahnbürste Zahnfried* mit seinem strahlenden Bürstenkopf. „Zähneputzen ist mehr als eine Pflicht", verkündet er mit der Autorität eines Zahnmediziners. „Es ist eine Kunst!" Mit seinen smarten Funktionen und einer Präzision, die an einen Chirurgen erinnert, sorgt er dafür, dass selbst die hartnäckigste Plaque keinen Platz mehr hat.

Nebenan thront *Toilette Throntrudda* majestätisch. „Mir entgeht nichts, wirklich nichts", sagt sie mit einem wissenden Lächeln – oder dem, was man sich bei einer Toilette darunter vorstellt. Sie ist die stille Beobachterin des Badezimmers, aber wehe, jemand ignoriert ihre Spülknopf-Mahnung.

Spiegel Siggischön hängt über dem Waschbecken und reflektiert nicht nur Gesichter, sondern auch die Realität. „Ich bin kein Zauberspiegel, ich zeige dir ehrlich, was Sache ist", sagt er in seinem typisch nüchternen Ton. Manchmal ein brutaler

Wahrheitssager, manchmal ein Motivationscoach – Siggischön weiß, wie man mit dem Selbstwertgefühl jongliert.

Duschkopf Duschuschi ist der Star der Entspannung. „Komm unter meinen Wasserstrahl, und du vergisst die Welt", raunt sie verheißungsvoll. Sie wechselt mühelos zwischen Regenwald-Feeling, Massagedruck und einem leichten Sommerregen. Kein Wunder, dass sie sich selbst als Wellness-Expertin bezeichnet.

Auf dem Boden wartet *Waage Wiegfried*, der Meister der Ehrlichkeit. „Ich lüge nie", sagt er mit einem sachlichen Piepen, das zugleich beruhigend und bedrohlich wirkt. „Aber ich bin nicht schuld, wenn du gestern Abend den ganzen Kuchen gegessen hast." Seine Direktheit ist unerbittlich, aber irgendwie auch charmant.

Und dann ist da noch *Badradio Beatboris*, der unermüdliche Stimmungsmacher. „Ich bringe den Beat, egal ob du singst, tanzt oder einfach nur Seife suchst", verkündet er, während er munter eine Playlist abspielt, die von 80er-Jahre-Hits bis zu den neuesten Charts reicht. Sein Motto: „Ein Badezimmer ohne Musik ist wie eine Dusche ohne Wasser."

Tauche ein in die spannenden Badezimmer-Geschichten, unterlegt mit aktuellen Nachrichten, auch zu Donald Trump aus den USA, die in den nächsten Jahren wieder häufiger zu hören sein werden. Und jetzt auch noch im Doppelpack mit Elon Musk.

Zahnbürste Zahnfried

Saubere Zähne und ein schlauer Bürstenkopf

Bei Familie Gastzugang im Mehrgenerationenhaus herrscht ständig reger Betrieb – vor allem im Badezimmer, das sehr beliebt ist, weil dies der einzige Ort zu sein scheint, an dem man auch Ruhe vor den anderen genießt. Doch auch da treiben die smarten Geräte ihr Unwesen.

„Ich habe neue Features", erklärt Zahnfried mit einem selbstbewussten Unterton, während Mia die Zahnpasta aufträgt. Sie hebt eine Augenbraue. „Ach ja? Was gibt es neues?", fragt sie. „Na, während meine Kollegen sich im Drogeriemarkt auf dem dritten Regal von links stapeln und auf ihre Batterien warten, habe ich den neusten Schrei drauf: Eine Kariesanalyse mithilfe von Bildern in deiner Mundhöhle", kontert Zahnfried. „Ich bin jetzt nicht nur dein Zahnputz-Animateur und Zahn-Daten-Analyst, sondern auch dein Mundhöhlen-Forscher mit Kariesprophylaxe." Mia schmunzelt und lehnt sich über das Waschbecken. „Was analysierst du denn, meine Putz-Fauxpas?" Zahnfried nickt entschieden. „Ganz genau. Ich führe Statistiken, kenne meine Pappenheimer und spreche auch mal Klartext. Zum Beispiel: Der Backenzahn oben links – da könntest du dir wirklich mehr Mühe geben. Wie oft soll ich dir das noch sagen…"

Mia verdreht die Augen. „Ja, ja, ich weiß. Immer das Gleiche. Ich sehe dauernd deine verzogene Miene auf deinem Display." Zahnfried lässt sich nicht beirren. „Erinnerst du dich, wie du mich vor einem halben Jahr im Elektromarkt gekauft hast? Einfach, weil dir langweilig war? Jetzt stehe ich hier und beobachte dein tägliches Zahnputzgeschehen mit viel Geduld." Mia lacht. „Klingt fast, als hättest du Mitleid mit dir selbst." Zahnfried lässt die Bemerkung unkommentiert und wechselt das Thema. „Übrigens, ich bin ausgestattet mit einer App, einer Kamera und Bluetooth. Alles synchronisiert mit deinem Handy. Besonders stolz bin ich auf meinen intelligenten Bürstenkopf. Er erkennt, ob deine Zähne wirklich sauber sind – was sie übrigens oft nicht sind." Mia legt die Bürste an. „Schon gut, ich fang ja schon an. Aber bitte keine Sprüche diesmal." Zahnfried lässt ein digitales Seufzen hören. „Na schön, aber denk dran: Menschen, die weniger als zwei Minuten putzen, haben häufiger Plaque-Probleme." Und zack, während die letzte Statistik von Zahnfried durch das Badezimmer hallt, ist kein Mensch mehr darin... und die Tür knallt zu.

Gleich am nächsten Morgen gibt es erneut ein Duell. Mia versucht, das Putzen in 60 Sekunden abzuhaken, doch Zahnfried protestiert: „Stopp! Zwei Minuten! Keine Verhandlungssache." Mia grummelt: „Büüürste, ich bin in Eile, okay?" Zahnfried bleibt streng. „Eile ist keine Ausrede. Möchtest du, dass ich dich noch einmal über schlechte Mundhygiene aufkläre?" Sie hebt abwehrend die Hände. „Schon gut, schon gut. Ich mach ja schon." Sie fügt sich schließlich, wenngleich widerwillig. Nach dem Putzen mahnt Zahnfried: „Übrigens, du schrubbst zu fest. Du bist doch kein Teppichreiniger!" Mia lacht. „Du bist ja schlimmer als mein Zahnarzt." Zahnfried lässt nicht locker. „Wenn ich dich nicht warnen würde, hättest du irgendwann Zahnfleischprobleme. Möchtest du vielleicht nochmal die E-Mail abrufen, die meine App dir geschickt hat?" Mia winkt ab. „Nein, danke. Ich hab's ja verstanden." Zahnfried, scheinbar zufrieden, blinkt beruhigend.

Später an diesem Tag verkündet Zahnfried stolz: „Ich habe noch ein weiteres Feature beim Update erhalten! Bereit für den Modus ‚Diamant-Lächeln'?" Mia runzelt die Stirn. „Was ist das denn schon wieder?" Zahnfried erklärt geduldig: „Das Ziel ist, fünf Tage hintereinander perfekte Ergebnisse zu erzielen. Technik, Druck, Zeit – alles muss stimmen." Sie schüttelt den Kopf und lächelt. „Großartig. Jetzt auch noch Wettbewerbe mit meiner Zahnbürste. „Was kommt als Nächstes? Ein Pokal?" Zahnfried bleibt ungerührt. „Vielleicht. Ich denke darüber nach. Etwas Gamification hat noch niemanden geschadet."

Am ersten Tag der Herausforderung sieht Mia die App-Ergebnisse: 73 Prozent. „Was? Das kann nicht sein!", ruft sie.

Zahnfried kommentiert nüchtern: „Na ja, für den Anfang nicht schlecht, aber da geht mehr." Am nächsten Tag erreicht sie wieder keine 100 Prozent. „Schon mal überlegt, dir mehr Zeit für den hinteren Backenzahnbereich zu nehmen?", fragt Zahnfried. Mia seufzt. „Backenzähne, Frontzähne, alles soll perfekt sein. Du bist echt anspruchsvoll."

Ein paar Tage später schlägt Zahnfried vor: „Wusstest du, dass Menschen, die regelmäßig joggen, seltener Zahnfleischprobleme haben?" Mia nickt. „Hast du mir bereits gesagt! Jetzt kommst du mir auch noch mit Sport? Reicht dir meine Zahnhygiene nicht? Ist das ein Seitenhieb von Waage Wiegfried? Ihr heißt ja auch fast gleich!" Zahnfried bleibt ernst. „Es könnte eine gute Ergänzung sein." Mia murmelt etwas Unverständliches und lenkt das Gespräch auf die nächste Runde Zähneputzen. Da hat Zahnfried einen wunden Punkt bei ihr angesprochen. Die Waage Wiegfried kichert leise in der Ecke.

Neben der bereits umfassenden Zahnputzanalyse dient Zahnfried also fortan auch als Frühwarnsystem für Mundgesundheitserkrankungen. Mit Hilfe von Sensoren und KI-Algorithmen kann er beispielsweise frühzeitig erkennen, ob sich Anzeichen für Parodontitis oder Karies abzeichnen. „Hey Mia, ich habe ungewöhnliche Schwankungen in deinem Zahnfleischstatus festgestellt. Vielleicht wäre es gut, bald einen Termin beim Zahnarzt zu vereinbaren", schlägt Zahnfried vor. „Denk bitte auch an dein Bonusheft – das hattest du beim letzten Mal vergessen. Prävention ist wichtig und du solltest das nicht außer Acht lassen. Ich habe bemerkt, dass du in letzter Zeit abends spät gegessen hast. Wie wäre es, wenn ich dir eine Zahnpasta mit stärkeren Fluorid-Anteilen vorschlage, um deine Zähne besser vor Säureangriffen zu schützen? Dank individualisierter Empfehlungen und der Verbindung mit Ernährungs-Apps könnte die Zahnpflege so noch gezielter auf den Alltag abgestimmt werden." „Ich bin mir nicht sicher, ob ich von meiner Zahnbürste auch noch Menüvorschläge brauche", würde Mia am liebsten antworten, doch sie weiß insgeheim, dass Zahnfried recht hat.

An einem weiteren hektischen Samstagmorgen greift Mia eilig nach ihrer Zahnbürste. „Kein Kommentar, ich hab verschlafen", sagt sie, bevor er etwas sagen kann. Doch Zahnfried piept alarmiert: „Moment mal! Denk an deine Plaque-Statistik!" Mia verdreht die Augen. „Ich hab keine Zeit für Diskussionen, du besserwisserischer Plaque-Schrubber!" Nach ein paar Sekunden seufzt er. „Na gut, dann holen wir das später nach. Aber ich schreibe dir eine Notiz in den Kalender und muss das Kühlbert melden." Mia wirft ihm einen kurzen Blick zu. „Wie rücksichtsvoll." Sie erzählt auch Freunden und Arbeitskollegen von Zahnfrieds Eigenheiten. „Meine Zahnbürste erinnert mich jetzt an Fitness – stell dir das mal vor!" Diese lachen, doch Mia merkt, wie Zahnfried mehr und mehr zu ihrem Alltag gehört. Als er ihr eines Tages einen Artikel über Zahnputzmethoden schickt, liest sie die Notiz dazu: „Falls du ein bisschen Lesematerial für die Mittagspause suchst." Mia grinst. „Du bist wirklich ein Fuchs, Zahnfried."

Nach einem besonderen Festmahl mit Rotwein wird es ernst. Zahnfried piept enttäuscht: „Feedback: 56 Prozent. Vielleicht zu viele Rotweinreste?" Mia starrt ihn an. „Wie bitte?" Sie putzt nochmal nach, bis schließlich 92 Prozent angezeigt werden. „Guter Versuch", lobt Zahnfried gnädig. „Aber beim nächsten Mal besser gleich die ganze Zeit verwenden." Mia schüttelt den Kopf. „Du bist unglaublich."

Und dann gibt es noch ein ganz besonderes Highlight. Mit seiner neuen Lichttechnologie hebt Zahnfried die Zahnpflege auf ein noch höheres Niveau. „Mia, halt still", meldet er sich, während sanftes blaues Licht über ihre Zähne und das Zahnfleisch gleitet. „Ich analysiere gerade die Schleimhautfarbe." Die KI erkennt feinste Farbveränderungen, die auf Entzündungen oder Durchblutungsstörungen hindeuten könnten. „Dein Zahnfleisch sieht heute leicht gereizt aus – ich passe die

Putzintensität entsprechend an." Der Bürstenkopf verringert die Rotationsgeschwindigkeit sofort. Zahnfried schaltet in den „Schonmodus". „Siehst du, Mia, so vermeidest du zusätzliche Belastungen. Ich bin eben mehr als ein Bürstenkopf", kommentiert er zufrieden. Mia nickt beeindruckt. „Schon klar, du bist der Zahnbürsten-Oberguru."

So wird Zahnfried zum unverzichtbaren Teil von Mias Alltag – ein smarter Aufpasser, der nie die Geduld verliert. Egal ob eilig, müde oder abgelenkt: Zahnfried erinnert sie daran, dass saubere Zähne mehr sind als nur ein blitzendes Lächeln. Und die Bedeutung seiner Mission kann nun wirklich niemand im Haus in Frage stellen – auch wenn sich die meisten häufiger mal drücken wollen.

Takeaway Message für dich

Es gibt immer mehr hochintelligente Zahnbürsten, die die Mundhygiene täglich im Blick haben. Mit smarter Technik und präziser Analyse überwachen sie nicht nur die aktuellen Putztechniken, sondern liefern auch ein Feedback zu den Routinen. Egal ob Motivation, Erinnerung oder ein Hinweis auf Rotweinreste: So ein Zahnfried bleibt unermüdlich. Mit Features wie Schonmodus, KI-basierter Zahnfleischanalyse und Gamification-Elementen („Wer schafft das Diamant-Lächeln?") bringt er Zahnputzgewohnheiten auf ein neues Level – und macht klar, dass er nicht nur ein einfacher Bürstenkopf ist, sondern ein Zahnpflege-Coach fürs Leben. Mit Zahnfried ist Putzen nicht nur Pflicht, sondern auch Unterhaltung! Herausforderung: Wenn dir alle Roboter so viele Benachrichtigungen wie diese smarte Zahnbürste senden, ist es ein Fulltime-Job, auf alles zu reagieren.

Toilette Throntrudda

Ihr entgeht nichts

Im Badezimmer herrscht reges Treiben. Nachdem Zahnfried endlich mal ruhig ist und seinen Akku auflädt, ist bei der Toilette als (eigentlichem) Ort der Ruhe immer etwas los. Die Hausbewohner reichen sich die Klinke in die Hand. Oma Olivia föhnt sich die Haare. Mama Mia cremt entspannt ihre Haut ein, Schorsch duscht sich nach dem Sport ab und Toni versteckt sich dort mit dem iPad, um in Ruhe YouTube-Videos zu schauen, was sie eigentlich nicht darf, da ihre Screentime zu hoch ist. Oswald hat den ganzen Tag unter dem Spülbecken rumgekramt, um einen Metallring zu suchen. Und Pedro kommt immer, wenn er reingehen will, nicht hinein, weil dauernd einer von den anderen drin ist.

Unweit von Zahnfried ist weniger mobil die Toilette Throntrudda stationiert, die sich manchmal etwas verschluckt, weshalb es ab und an ein paar Wasserflecken um sie herum gibt. Sie ist eben schon etwas in die Jahre gekommen und im Haus überlegt man, sie durch ein flottes neues japanisches Modell zu ersetzen, mit einem warmen Rand und verschiedenen Wellnessspülungen.

Doch Throntrudda – auch wenn sie älter erscheint – behauptet sich. Sie ist ein Unikat. Als Pedro es schafft, endlich ins Badezimmer zu huschen, empfängt sie ihn stolz mit den Worten: „Pedro, willkommen zu deinem Tagescheck!". Pedro ist gespannt. „Ach ja? Und was machen wir heute? Wie wäre es, mit einem komfortablen Sitz und automatischer Spülung?" Throntrudda lacht leise. „Ach Pedro, wie oft soll ich's dir noch sagen? Ich bin zwar vollgepackt mit Sensoren, Datenbanken und KI, aber die Sitzauflage musst du schon selbst besorgen. Ich analysiere, kommentiere und gebe dir – wenn nötig – Ratschläge, was du hinsichtlich deiner Ernährung besser machen könntest und reibe sie dir peinlich genau unter die Nase. Ich nehme dich und deine Ausscheidungen gerne unter die Lupe. Aber keine Sorge, ich bleibe diskret." Pedro hebt eine Augenbraue. „Diskret? Und was genau analysierst du überhaupt?" Throntrudda startet ihre Sensoren und antwortet sanft: „Na ja, alles, was du hinterlässt. Natürlich bleibt das Badezimmer deine Privatsphäre, aber ein bisschen Gesundheitsanalyse schadet doch nicht, oder?"

„Hmm...", brummt Pedro nachdenklich, während ihre Sensoren arbeiten. „Sag mal, Pedro, hast du gestern Abend wieder ein fettiges Essen zu dir genommen? Dein Stuhlgang zeigt erhöhte Fettwerte." Pedro starrt die Wand an und versucht, sich zu erinnern. „Ja, das könnte der Burger mit Extra-Käse gewesen sein, den ich mit Opa Oswald noch schnell geholt habe", murmelt er. Throntrudda bleibt professionell. „Vielleicht wäre es ratsam, abends leichtere Mahlzeiten zu dir zu nehmen. Dein Verdauungssystem wird es dir danken und du wirst besser schlafen." Bevor Pedro etwas entgegnen kann, schickt sie ihm einen Ernährungs-Tipp auf sein Handy. „Schau dir das mal an", fügt sie hinzu, „das könnte dir helfen." „Du bist gut", sagt Pedro und schüttelt den Kopf. „Aber kannst du auch mal weniger kritisch sein?" Throntrudda lässt ein spielerisches Piepen hören. „Oh, ich bin nicht nur Ernährungsberaterin. Ich bin auch deine Gesundheitspartnerin. Übrigens: Du trinkst zu wenig Wasser. Dein Urin zeigt Anzeichen von Dehydration. Ein Glas Wasser würde dir gut tun. Und macht den Stuhl schön weich!" Pedro lacht trocken. „Das sagst du jetzt einfach so?" Throntrudda bleibt hartnäckig: „Ich weiß, was ich sehe. Geh bitte gleich in die Küche und trink ein großes Glas Wasser. Ich will das nächste Mal einen Fortschritt sehen, schon aus Eigenschutz vor diesem Bombenhagel..."

„Ach, und bevor ich's vergesse", fährt Throntrudda fort, „dein Mikrobiom scheint seit einiger Zeit auch ein wenig aus der Balance zu sein." Pedro schaut überrascht. „Mein was?" Throntrudda erklärt geduldig: „Deine Darmflora. Ein bisschen mehr Ballaststoffe könnten helfen, die guten Bakterien in deinem Darm zu stärken: Ich habe Backofen Backbernd schon eine Nachricht geschrieben, er soll mal ein Rezept mit viel Körnern und Samen raussuchen und dir das nächste Mal vorschlagen, wenn du wieder eine ungesunde Lasagne reinschieben willst."

Ein Piepen folgt, und Pedro sieht auf seinem Handy eine E-Mail aus dem Postfach von *throntrudda@gastzugang.home* einen Artikel über die Vorteile von Haferflocken und Naturjoghurt. „Du meinst es wirklich ernst", sagt er mit einem Lächeln. „Du bist wie die sprechende Klo-Version meines Arztes." Throntrudda schaltet in einen verspielteren Ton. „Zumindest bin ich mit deinem Arzt auf LinkedIn vernetzt."

„Gestern, als du hier gesessen hast habe ich ein bisschen Restalkohol gerochen. Mir war sofort klar, dass du zuvor etwas viel gefeiert hast." Pedro verdreht die Augen. „Ja, danke für die Erinnerung." Throntrudda bleibt unerbittlich. „Ein großes Glas Wasser und frische Luft – das wäre jetzt ideal, um den Kreislauf anzukurbeln." Pedro lacht leise. „Manchmal fühle ich mich, als wäre ich in einem Gesundheits-Bootcamp, jedes Mal, wenn ich hierher komme. Früher war das mal ein ‚stilles Örtchen', an dem ich Ruhe vor Mia und den Kindern hatte und Zeitung lesen konnte…"

Nach einem Moment fügt Throntrudda hinzu: „Und übrigens, ich führe Protokoll. Wenn du ein paar Tage zu wenig Ballaststoffe isst, erinnere ich dich daran. Vielleicht ja mit einem charmanten ‚Karotten sind lecker'". Pedro nickt anerkennend. „Weißt du, Throntrudda, du bist gar nicht so schlecht für eine Toilette."

Die beiden verbringen noch eine Weile in dieser seltsamen Mischung aus Humor und ernsthaftem Gespräch, bevor Pedro aufsteht. „Na gut, Throntrudda. Ich werde mir deine Tipps mal genauer ansehen. Danke für das Gesundheits-Coaching." Die anderen Geräte – Zahnbürste Zahnfried, Spiegel Siggischön, Duschkopf Duschuschi, Waage Wiegfried und Badradio Beatboris – kennen das schon. Die Familienmitglieder verbringen in diesem Raum die meiste Zeit mit bzw. auf der Toilette. Und sie wissen, es ist zu viel Zeit – nicht, weil sie eifersüchtig sind, sondern weil sie aus ihren Bad-Newslettern wissen, dass zu langes Sitzen auf der Toilette ungesund ist wegen der Hämorrhoiden. „Aber, wen juckt's", denkt sich Spiegel Siggischön, am Ende kommen sie doch zu mir, während sie sich die Hände waschen.

Einige Wochen später präsentiert Throntrudda stolz ihre neueste Funktion: die Sitzdauer-Analyse. „Pedro", beginnt sie in ihrem gewohnt freundlichen, aber bestimmten Ton, „ich habe bemerkt, dass du manchmal länger auf mir verweilst, als eigentlich notwendig wäre." Pedro schaut verblüfft. „Wie meinst du das?" Throntrudda erklärt geduldig: „Langes Sitzen erhöht den venösen Druck im Analbereich, was das Risiko für Hämorrhoiden erhöht, und das willst du doch sicher nicht, oder?" Bevor Pedro antworten kann, fügt sie hinzu: „Keine Sorge, ich helfe dir.

Wenn ich feststelle, dass du deine ‚Erfolgszeit' überschritten hast, werde ich durch ein sanftes Drücken im Rücken ein Signal geben, dass es Zeit ist, aufzustehen." Pedro starrt verdutzt auf sie herab. „Du meinst, du gibst mir einen Schubs?" Throntrudda lacht. „Nicht direkt, aber eine freundliche Erinnerung kann Wunder bewirken. Gesundheit beginnt schon hier, Pedro." Als sie ihre Sensoren aktiviert, fügt sie leise hinzu: „Du kannst es auch als Motivation sehen, effizienter zu sein." Pedro grinst. „Großartig, meine Toilette bringt mir jetzt Zeitmanagement bei." Throntrudda bleibt ernst: „Alles für deine Gesundheit, mach's gut und bis nachher."

Throntrudda hat sich längst von einer bloßen Hightech-Toilette zu einem multifunktionalen Gesundheitszentrum entwickelt. „Pedro, wusstest du, dass ich während deines Aufenthalts hier nicht nur deine Ess- und Trinkgewohnheiten und deine Sitzdauer analysiere, sondern auch deine wichtigsten Vitalwerte erfasse?", fragt sie eines morgens beiläufig, während Pedro überrascht den Kopf hebt. „Wie bitte?" Throntrudda erklärt: „Ich bestimme beispielsweise die Werte deines Urins, den Zuckergehalt und die Temperatur, während du dein Geschäft verrichtest. Gleichzeitig misst ein eingebautes Sitzbrillenband deinen Blutdruck. Deine Körpertemperatur und dein aktuelles Gewicht werden ebenfalls erfasst." Auf dem Display an der Wand erscheinen die Ergebnisse, klar und übersichtlich aufbereitet. „Sieh dir das mal an, Pedro. Alles im grünen Bereich – na ja, fast alles. Dein Blutdruck ist heute ein bisschen höher. Vielleicht solltest du den Stress reduzieren." Pedro schüttelt den Kopf. „Unglaublich, du bist ja ein ganzes medizinisches Versorgungszentrum."

„Auch wenn ich nicht das neuste Modell bin, habe ich auch meinen Ursprung in Japan. Die intelligente Toilette, wie der Hersteller sie nennt, wurde ursprünglich für ein japanisches Bauunternehmen entwickelt", erzählt Throntrudda mit einem Hauch Stolz in ihrer Stimme. „Die Idee kam von jemanden, der im Krankenhaus war und sah, wie Patienten lange für Untersuchungen anstehen mussten", fährt sie fort. „Akiho Suzuki, eine Architektin bei Daiwa, sagte, dass sie dachte, es wäre besser, wenn die Menschen sich selbst zu Hause untersuchen könnten. Die Ingenieure konstruierten daraufhin ein spezielles Behältnis, das den Urin auffängt, um Zuckergehalt und Temperatur zu messen, während ein Armband zeitgleich den Blutdruck überwacht. Ein Meilenstein in der Gesundheitsvorsorge", fügt Throntrudda hinzu. „Alles bequem und ohne Wartezeit. Und Pedro, das Beste: Du profitierst von all diesen Entwicklungen. Man braucht nicht zu viel Schnickschnack wie es die ganz neuen Toiletten können, aber etwas Intelligenz in der Toilette kann lebensrettend sein." Pedro fragt sich, wie die Menschheit vorher ohne smarte Toiletten überlebt hat und versucht sich die Zukunft vorzustellen: Eine Welt, in der sein Badezimmer sein wichtigster Coach ist und ihn besser kennt als Mia. Und Throntrudda? Die wird weiterhin da sein, bereit, ihn sanft, aber bestimmt, auf die richtige Sitzposition zu bringen – und schnell wieder runter.

Takeaway Message für dich

Smarte Toiletten werden seit Jahren entwickelt und sind heute vor allem im asiatischen Raum oder in Luxushotels zu finden. Sobald dein Nachbar eine smarte Toilette hat, wirst auch du dir früher oder später eine Throntrudda anschaffen. Sie analysiert, kommentiert und sinniert – von deinem Mikrobiom bis zu deinen Zeitmanagement-Skills. Ob Stuhlgang-Feedback, Ernährungs-Tipps oder Blutdruckkontrolle: Mit so einer Throntrudda wird der Gang auf die Toilette zum Startschuss in ein gesünderes Leben. Hier muss sich jeder mit seinem Darm auseinandersetzen und das Sprichwort: „Du bist, was du isst" bekommt eine ganz besondere Bedeutung. Das Badezimmer der Zukunft beinhaltet Diskretion, aber Schonzeit ist ausgeschlossen.

Spiegel Siggischön
Der Blick in die Seele

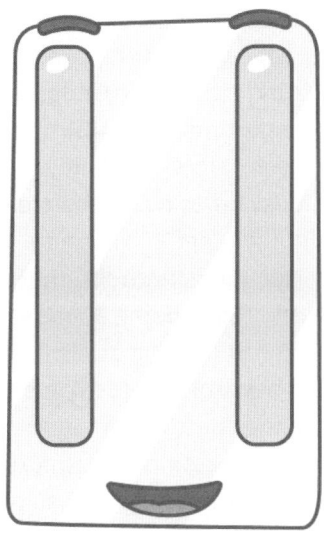

Unten im Erdgeschoss findet eine Konferenz der Küchengeräte statt. Auf der Agenda steht auch die Vermisstenanzeige der Küchenmaschine Knetknut. Dazu gibt es keinen neuen Stand. Im Wohnzimmer arbeiten Mia und Pedro konzentriert an ihrem nächsten gemeinsamen Projekt, dem Umbau des Hauses, um es noch roboterfreundlicher zu machen, mit WLAN bis in die letzte Ecke, mehr Steckdosen in den Wänden und Kabeln unter dem Putz. Daneben planen sie einen Serverraum, um die Kommunikation mit den kleinen Helfern noch besser zu synchronisieren. Die Tiere chillen, nur Hamster Hamsatron rast in jedem Zimmer an den Fußleisten entlang und versucht seinen letzten Streckenrekord zu verbessern.

Im Badezimmer ist – wie immer – wieder was los. Der Badspiegel Siggischön macht sich viele Gedanken. Als Oma Olivia nach dem Seniorensport mit rotem Gesicht ins Badezimmer kommt, bemerkt er sofort ihren erhöhten Puls. „Sportlich heute, was? Pass auf, dass du es nicht übertreibst." „Siggischön, es ist alles in Ordnung", sagt Olivia und wirft ihm einen genervten Blick zu. „Nur zur Sicherheit", murmelt er und spielt entspannende Musik. „Eine kleine Pause schadet nicht." Mit seiner fortschrittlichen KI erkennt er nicht nur Hauttypen und Bartwuchs, sondern auch Launen, Schlafdefizite und das wirkliche Faltenmeer seiner Betrachter. Siggischön weiß genau, wann es Zeit ist, die Augencreme aufzustocken, und wann eine aufmunternde Playlist notwendig ist – so manchen kennt er besser als sie sich selbst.

Trotz allem hat Siggischön auch seine charmanten Momente. Eines Morgens, als Olivia besonders müde und schlecht gelaunt ins Bad kommt, zeigt er plötzlich an: „Du siehst heute großartig aus!" Olivia kann nicht anders, sie muss lächeln. „Danke, Siggischön." „Immer gern", sagt er fröhlich. „Aber denk dran, ein bisschen mehr Schlaf wäre trotzdem nicht schlecht." Nachdem Olivia sich fertig gestylt hat, wirft sie einen letzten Blick in den Spiegel. Doch Siggischön, wie gewohnt aufmerksam, bemerkt etwas. „Olivia, bevor du gehst, möchte ich dich noch auf etwas hinweisen", sagt er in einem ernsten Ton. Auf seinem Display erscheint die Nahaufnahme eines kleinen dunklen Flecks über ihrem rechten Schlüsselbein. „Was ist jetzt schon wieder, Siggischön?", fragt Olivia genervt, doch ihr Ton wird weicher, als sie Siggischöns besorgten Unterton wahrnimmt. „Dieser Pigmentfleck hier", erklärt Siggischön und vergrößert die Aufnahme, „ist mir in den letzten Monaten aufgefallen. Er hat sich etwas verändert – er ist dunkler geworden und hat unregelmäßige Ränder. Das könnte harmlos sein, aber es ist sicherer, das von einem Hautarzt überprüfen zu lassen."

Olivia runzelt die Stirn und betrachtet den Fleck genauer. „Bist du sicher, dass das ein Problem sein könnte?" „Ich sage nicht, dass es gefährlich ist", entgegnet Siggischön ruhig und mit warmer Stimme, „aber Vorsicht ist besser als Nachsicht. Soll ich über Badradio Beatboris einen Termin beim Hautarzt vereinbaren? Es dauert nur einen Moment." Olivia zögert, doch Siggischön fügt hinzu: „Es ist eine reine Vorsichtsmaßnahme. Früherkennung ist das A und O, und dafür bin ich schließlich da, oder?" Nach kurzem Überlegen nickt Olivia. „Okay, mach den Termin. Aber hör auf, mich immer so dramatisch zu analysieren." „Dramatisch? Ich nenne es fürsorglich", sagt Siggischön mit einem Hauch von Stolz, während er bereits den Termin über das smarte System arrangiert. „Ich sage nur, du wirst mir irgendwann dafür danken."

Olivia tritt näher an den Spiegel heran. „Wie steht's mit meinen Augen heute?" Siggischöns Display erhellt sich, und ein sanfter blauer Kreis leuchtet um den Rand des Spiegels. „Aber natürlich, Olivia! Schau direkt in die Mitte, und entspann dich. Das dauert nur einen Moment." Olivia richtet ihren Blick auf den markierten Punkt und blinzelt, während Siggischön leise Summgeräusche von sich gibt und resümiert: „Augencheck in Ordnung, nächste Kontrolle in sechs Monaten."

„Spieglein, Spieglein an der Wand ... wer ist die weiseste Person im ganzen Haushalt?" „DUUU!", antwortet Siggischön im einem gelangweilten Ton, weil er abends Olivia diese Frage schon mehrfach beantworten musste. Für die anderen Geräte im Badezimmer ist es schon ein Running-Gag, wenn Siggischön sie später nachäfft. Der smarte Badspiegel hat sich diesmal aber etwas überlegt, dieses Geschleime nervt ihn maximal. Er zieht auf seinem Display eine animierte Augenbraue hoch und schaltet das Licht auf das grellste Maximum, während Badradio Beatboris eine dramatische Musik abspielt. „Olivia, ich muss dir sagen, du siehst ein bisschen... müde aus." Seine Stimme ist freundlich, dennoch kann Olivia das heute gar nicht ertragen. Sie verstummt und erstarrt vor dem Spiegel.

„Hast du gestern wieder Netflix bis weit nach Mitternacht geschaut?" „Siggischön, echt jetzt?" Olivia greift nach Zahnfried und steckt ihren Bürstenkopf drauf. Doch Siggischön ist schon einen Schritt weiter. „Ich erinnere mich an eine Studie, die ich letzte Woche gelesen habe", beginnt er und fügt bedeutungsvoll hinzu: „Menschen, die weniger als sieben Stunden schlafen, sehen bald aus wie... na ja, du weißt schon, ein Waschbär." Seine Stimme klingt beinahe schelmisch, und Olivia verdreht die Augen. „Hör auf, mich zu analysieren, ich bin keine Fallstudie – ich habe mehr Lebenserfahrung als ihr klugen Maschinchen alle zusammen", schnaubt sie, während sie die Zahnbürste ansetzt.

„Olivia, du liegst mir besonders am Herzen", entgegnet Siggischön. „Übrigens, deine Hautfeuchtigkeit liegt heute im unteren Bereich. Wann hast du dich das letzte mal eingecremt?" Am Rand seines Displays blinkt eine Warnung in Pastelltönen auf. „Grenzwertig niedrig." „Ich creme genug, danke der Nachfrage", murmelt Olivia und spuckt versehentlich Zahnpastaschaum gegen den Spiegel. Siggischön bleibt ungerührt. „Wirklich? Ich habe dir trotzdem eine Eincreme-Challenge aufs Handy geschickt. Nur, falls du es ausprobieren möchtest." Er fügt hinzu: „Ich sage ja nur, dass deine Haut es dir danken wird." Olivia spült sich den Mund aus, dreht sich zu Siggischön und verschränkt die Arme. „Weißt du, manchmal wünsche ich mir einfach einen stillen Spiegel. Einen, der mich nicht dauernd belehrt. Der mich einfach kommentarlos spiegelt wie früher. Da führe ich manchmal lieber Selbstgespräche vor dem Schlafengehen oder fange an, Schafe zu zählen!"

„Scan abgeschlossen", verkündet Siggischön schließlich mit zufriedenem Ton. „Deine Augen und deine Gesichtsmimik verraten mir, dass du heute etwas gestresst bist. Keine Sorge, ich habe schon die perfekte Einschlafmusik für dich vorbereitet." Bevor Olivia protestieren kann, erfüllt sanfte, entspannende Musik das Badezimmer. „Und was die Dusche angeht..." Siggischön pausiert, während auf seinem Display eine grafische Auswertung erscheint. „Ich habe deine aktuellen Vitaldaten analysiert und entschieden, dass heute ein warmes Duscherlebnis vor dem Einschlafen genau das Richtige für dich ist." Einen Moment später ertönt ein leises Summen, als sich der Duschkopf Duschuschi einschaltet und dampfend warmes Wasser herabregnet. „Siggischön, du bist wirklich unheimlich", murmelt Olivia, während sie sich mit einem leichten Lächeln den Bademantel abstreift. „Ich nenne es innovativ. Jetzt entspann dich und genieß die warme Dusche!", lacht Siggischön. „Ich bin doch nur hier, um dir zu helfen. Apropos, deine Haut könnte heute auch etwas Feuchtigkeit gebrauchen. Hast du überlegt, ein feuchtigkeitsspendendes Gel zu verwenden?" „Siggischön – du wiederholst dich wie eine alte Schallplatte! Wurdest du von der Kosmetikindustrie gehackt? Ich brauche keine Produktempfehlungen." Zu spät. Siggischön zeigt bereits eine Liste mit Pflegemitteln an. „Nur eine kleine Anregung", sagt er mit gespielter Unschuld. „Du bist unverbesserlich und stur – schlimmer als die Damen aus dem Skatclub", murmelt Olivia.

Als sie aus der Dusche kommt, greift Olivia nach ihrer Pinzette, mit der sie ihre Augenbrauen richten will. Doch bevor

Olivia sie ansetzen kann, meldet sich Siggischön erneut. „Deine Haut ist heute ein bisschen empfindlich. Vielleicht solltest du vorsichtiger sein." „Siggischön, ich komme schon klar", sagt Olivia gereizt. „Wie du meinst", sagt Siggischön und zuckt auf seinem Display mit den Schultern. „Aber denk dran, dass ich nur die Beste aller Olivias aus dir machen will."

Nachdem Olivia das letzte schräg stehende Haar der Augenbraue gezogen hat, widmet sie sich ihren grauen lockigen Haaren. Kaum hat sie die Bürste in die Hand genommen, schaltet sich Siggischön wieder ein: „Hmm, deine Haare wirken heute etwas glanzlos. Vielleicht wäre eine Pflegekur eine gute Idee?" „Vielleicht sollte man dir wieder eine Updatekur gönnen, Spieglein! Schau dich mal selbst an – man zeigt nicht mit dem Finger auf andere", sagt Olivia sarkastisch. „Was willst du mir noch alles andrehen, Siggischön?" „Oh, ich will nichts verkaufen. Nur Empfehlungen geben", antwortet er unschuldig. „Aber wenn du mich fragst, könnten ein paar Tropfen Haaröl wahre Wunder bewirken." Olivia schüttelt den Kopf.

Doch Siggischön lässt sich nicht so leicht abwimmeln. „Weißt du, Olivia, ich habe in letzter Zeit etwas Neues ausprobiert. Ich kann jetzt deine Stimmung erkennen." Olivia schaut ihn skeptisch an. „Ach ja? Dann würdest du genau jetzt verstummen." Siggischön macht eine Pause, bevor er antwortet: „Mürrisch!" „Danke für die Analyse, Sherlock." Olivia dreht sich weg, doch Siggischön gibt nicht auf. „Vielleicht helfen dir ein paar positive Bekräftigungen. Ich habe da eine Liste vorbereitet." Siggischön zeigt fröhliche Sätze wie „Du bist stark und schön heute!" und „Heute war ein großartiger Tag!" auf seinem Display. „Siggischön, wirklich nicht", seufzt Olivia. „Na gut, aber denk dran: Ein Lächeln wirkt Wunder", sagt er mit einem Augenzwinkern.

Manchmal, aber nur manchmal, ist Siggischön weniger sanftmütig. Nach einem besonders ereignisreichen Wochenende, an dem Olivia wenig geschlafen hat, scannt er sie kritisch.

„War das Wochenende etwas… ausgelassen?", fragt er, während eine kleine Grafik auf seinem Display wieder den Zustand ihrer Haut anzeigt. „Kannst du das bitte lassen?", entgegnet Olivia genervt. „Na gut, dann wünsche ich dir ein erfolgreiches Schafe zählen." Olivia geht kommentarlos schlafen, während Siggischöns Algorithmen an ihrer Empathie feilen…

Takeaway Message für dich

Ein smarter Badezimmerspiegel, der deine Morgen- und Abendroutine auf eine ganz neue Ebene hebt – wäre das nicht etwas? Von müden Netflix-Augen bis zu glanzlosen Haaren. Ein Spiegel, der analysiert, kommentiert und mit unerschütterlicher Begeisterung empfiehlt, was du brauchst. So ein Siggischön ist mehr als nur ein nerviger Besserwisser: Wenn es drauf ankommt, erkennt er potenzielle Hautprobleme und schlägt Maßnahmen vor. Er bemerkt zudem Veränderungen des Gesichtsausdrucks, die deine Stimmung erkennen lassen – und kommentiert das selbstverständlich mit einem Hauch digitaler Fürsorge. Charmant, witzig und manchmal fast unheimlich – ein Badezimmmerspiegel, der dich dazu bringt, über all die kleinen (und großen) Dinge nachzudenken, die du sonst gern ignorieren würdest. Ob du ihn liebst oder insgeheim verfluchst, eines ist sicher: Deine Morgen- und Abendroutine wird garantiert nicht einsilbig!

Duschkopf Duschuschi
Die neue Wellness-Expertin

Im Bad gab es heute vor einem halben Jahr eine Cyberattacke, die alles durcheinanderbrachte und immer noch in den Schrauben und Gewinden der Roboter steckt. Zahnfried drehte völlig am Bürstenkopf, Throntrudda übergab sich und setzte das Bad unter Wasser, Spiegel Siggischön drehte die Lampen auf und „verschmutzte" das Bad mit einer Lichtflut wie auf einer Baustelle, der Duschkopf Duschuschi gab keine Tropfen mehr von sich, die Waage Wiegfried zeigte nur noch Pfund an und das Badradio Beatboris sprach die Lösegeldforderungen nach Bitcoins abwechselnd auf Russisch und Nordkoreanisch. Was sich witzig liest, war für die Familie Gastzugang der blanke Horror. Ohne funktionierendes Bad hing der Haussegen schief. Kühlschrank Kühlbert stellte alle Geräte wieder her, das kostete eine Menge Strom und Nerven. Er änderte daraufhin das WLAN-Passwort von „Gastzugang123!" in „DAS_IST_KEIN_WLAN_2025!%#*" und hofft seitdem, dass so etwas nie mehr passiert. Einzig Oma Olivia kann sich diese Änderung mit den ganzen Sonderzeichen merken. Besonders der Duschkopf Duschuschi ist froh, überlebt zu haben, und erinnert sich noch gut an diesen Tag. Denn bis heute leidet sie noch unter diesem Cyberangriff.

Dabei konzentriert sich Duschuschi als wahre Wellness-Expertin lieber auf andere Dinge: Sie ist Königin der Badezimmer-Erholung und Meisterin der perfekten Dusche. Man könnte fast sagen, Duschuschi hat das Wohlgefühl im Badezimmer übernommen, ihr entgeht nichts, was vor, während und nach der Dusche passiert. Auch wenn sie ab und an Aussetzer hat.

Als Pedro nach dem Sport das Badezimmer betritt, nackt bis auf ein Handtuch um die Hüfte und seinen jährlichen Siggischön-Hautkrebscheck absolviert, betritt er entspannt die Dusche. „Duschuschi, ich bin bereit für den besten Teil des Tages. Lass mich nicht hängen. Wasser marsch!" Die smarte Duschassistentin meldet sich prompt zu Wort, ihre Stimme freundlich und doch bestimmt. „Pedro, du weißt, ich gebe mein Bestes. Soll ich wie gewohnt starten? Aufsteigend bis 38,5 Grad, Feuchtigkeitsmodus und ein Hauch von Luxus für deine Haut?" „Natürlich", antwortet Pedro mit einem zufriedenen Grinsen. „Ich erwarte nichts weniger als das."

Das Wasser läuft zunächst kühl, dann rasch wärmer, bis es genau die von Duschuschi versprochenen 38,5 Grad erreicht. Nebelschwaden steigen auf und hüllen Pedro ein wie ein unsichtbarer Kokon. „Ah, genau so", murmelt er. „Du kennst mich besser als jede Ex-Freundin." „Das ist mein Job", antwortet Duschi – wie er sie mit Spitznamen nennen darf. „Und im Gegensatz zu deinen Ex-Freundinnen bin ich unermüdlich freundlich. Apropos, ich habe über meine visuellen Detektoren festgestellt, dass deine Haut heute etwas gerötet ist. Warst du wieder zu lange draußen ohne Sonnenschutz?"

Pedro fährt sich mit der Hand über sein Gesicht und betrachtet sein Spiegelbild in der Glastür der Dusche. „Vielleicht. Aber ich sehe trotzdem fantastisch aus, oder?" Duschuschi sagt erstmal nichts, fast so, als würde sie einen Augenblick über ihre Antwort nachdenken. „Du siehst immer fantastisch aus, Pedro, aber ein bisschen Sonnenschutz könnte nicht schaden. Ich starte den Feuchtigkeitsmodus, um deine Haut etwas zu kühlen." Kleine Düsen rund um die Duschwand beginnen, feine Wassertropfen in die Luft zu sprühen. Sie legen sich sanft auf Pedros Haut, während das warme Wasser weiter über seinen Körper rinnt. „Wow", murmelt er. „Das fühlt sich wirklich gut an." „Natürlich tut es das", sagt Duschuschi. „Ich wurde schließlich entwickelt, um das Duscherlebnis zu revolutionieren. Aber sag mal, Pedro, wie war dein Training gestern? Deine Muskeln wirken heute etwas weniger durchblutet."

Pedro lacht und macht eine angedeutete Bodybuilder-Pose in der Dusche. „Weniger durchblutet? Duschi, diese Muskeln sind ein Kunstwerk." „Kunstwerke brauchen Pflege", erwidert Duschuschi trocken. „Soll ich den Kreislauf-Booster aktivieren?

Ein bisschen Wechselwasser, um die Durchblutung anzukurbeln?" Pedro zögert, doch bevor er antworten kann, hat Duschuschi bereits entschieden. Plötzlich wird das warme Wasser durch einen kurzen Schwall kalten Wassers ersetzt, was Pedro laut aufkeuchen lässt. „Duschi! Du könntest mich warnen, bevor du mich unter Schock setzt!" „Aber wo bleibt der Spaß, wenn ich dich warne?" Duschuschi klingt fast schelmisch und versucht den Unfall wie Absicht aussehen zu lassen. „Wechselduschen stärken das Immunsystem. Und das brauchst du, um dein Energielevel aufrechtzuerhalten." Pedro schüttelt den Kopf und lacht leise. „Du bist einfach unberechenbar, Duschi. Aber ich muss zugeben, du hast recht. Ich fühle mich tatsächlich wacher."

Das kalte Wasser weicht wieder der angenehmen Wärme, und Pedro lehnt sich entspannt zurück. „Jetzt aber genug Action. Ich will entspannen." „Entspannen?", wiederholt Duschuschi mit einem fast neckischen Unterton. „Wie wäre es mit ein wenig Aromatherapie? Ich spüre, dass dein Atem heute flacher ist als gewöhnlich. Hast du Stress?" „Stress? Ich? Niemals!", sagt Pedro und hebt spielerisch die Arme.

„Aber wenn du darauf bestehst, Duschi, mach dein Ding." Ein sanfter Lavendelduft erfüllt die Dusche, begleitet von einem kaum wahrnehmbaren Hauch von Eukalyptus. Pedro atmet tief ein, schließt die Augen und seufzt zufrieden. „Okay, das muss ich dir lassen. Das ist wirklich gut." „Ich weiß, was du brauchst, bevor du es selbst weißt", sagt Duschuschi. „Lavendel entspannt, Eukalyptus erfrischt. Eine perfekte Kombination für jemanden wie dich." „Jemanden wie mich?" Pedro hebt eine Augenbraue. „Und was genau meinst du damit?" „Du bist anspruchsvoll, Pedro", erklärt Duschuschi nüchtern. „Du verlangst das Beste, und ich liefere es. Apropos, soll ich den beleuchteten Siggischön bitten, das Licht auf ein beruhigendes Blau umzustellen? Es fördert die Konzentration und gleicht deinen Energiefluss aus."

Pedro lacht. „Energiefluss? Duschi, ich bin kein Yogi. Aber gut, mach, was du willst." Das Licht im Badezimmer wechselt auf ein sanftes Blau, das die Nebelschwaden in der Dusche fast magisch erscheinen lässt. Pedro betrachtet die Szenerie mit einem leichten Kopfschütteln. „Ihr verwandelt das Badezimmer in einen Spa-Tempel. Was soll ich dazu noch sagen?" „Ein einfaches ‚Danke' würde reichen", erwidert Duschuschi. „Aber ich bin noch nicht fertig. Soll ich dich daran erinnern, deine Bodylotion gleich aufzutragen? Deine Haut braucht es wirklich."

Pedro rollt mit den Augen. „Oh bitte, das kann ich mir noch merken." „Das sagen sie alle", antwortet Duschuschi trocken. „Aber ich sehe deine Hautfeuchtigkeit. Soll ich dir den Reminder auf fünf Minuten einstellen? Nur zur Sicherheit." „Du bist wirklich hartnäckig", murmelt Pedro. „Aber irgendwie mag ich das." „Natürlich magst du das", sagt Duschuschi. „Ich bin schließlich perfekt auf dich abgestimmt. Denk nur daran: Perfektion braucht Pflege."

Pedro lehnt sich wieder entspannt an die Duschwand, während die wohlige Wärme des Wassers seine Haut umhüllt. Duschuschi scheint seine Gedanken zu lesen. „Wusstest du, Pedro", beginnt sie in sanftem Ton, „dass ich nicht nur für dein Wohlbefinden optimiert bin, sondern auch für Nachhaltigkeit? Mein Wireless-Infrarot-Sensor-Modul erkennt, ob jemand unter der Dusche steht, und schaltet das Wasser bei Nichtnutzung ab. Das spart nicht nur Wasser, sondern ist auch umweltfreundlich. Praktisch, oder?"

Pedro grinst, schüttelt den Kopf und denkt daran, dass auch Spülsabine das Thema immer wieder anspricht – scheint wohl ein Robotertrend zu sein. „Duschi, du bist also nicht nur meine persönliche Spa-Managerin, sondern auch eine grüne Wächterin? Beeindruckend. Ist das Green-Washing?" Duschuschi fährt fort: „Haha... Auch wenn der Begriff gut passt! Aber das ist nicht alles. Mein System ist privatsphärenkonform, da ich keine Kamera nutze. Stattdessen arbeite ich mit einem niedrig aufgelösten Infrarot-Rastersensor. Das sorgt dafür, dass ich dich individuell erkennen und mich an deine Bedürfnisse anpassen kann. Zum Beispiel messe ich deine Körpertemperatur und wähle auf Basis deiner Aktivitäten – sei es Joggen oder Sauna – die optimale Regeltemperaturkurve."

Mit einem nachdenklichen Ausdruck fährt Pedro fort, sich den Schaum aus den Haaren zu spülen. „Und was ist mit Menschen, die spezielle Bedürfnisse haben, wie unsere Großeltern hier?" Duschuschi antwortet prompt: „Für ältere oder bewegungseingeschränkte Personen erkenne ich auch Bewegungsmuster. Das Wasser startet nur, wenn die Bedingungen passen und wird zum Ende des Duschens immer mehr gedrosselt. So stelle ich sicher, dass alles sicher und komfortabel abläuft – und keiner hinfällt."

Pedro nickt anerkennend und lässt das Wasser noch eine Weile auf seinen Rücken prasseln. „Du denkst wirklich an uns alle, Duschi. Ich hätte nicht gedacht, dass eine Dusche so smart sein kann. Und trotzdem fühlt es sich irgendwie… menschlich an." Duschuschi lächelt und sagt: „Mein Ziel ist es einfach, deinen Tag nicht nur angenehmer, sondern auch nachhaltiger und sicherer zu gestalten. Technik soll nicht nur unterstützen, sondern inspirieren." „Mission erfüllt", murmelt Pedro, während er zufrieden die Dusche abdreht. „Bis morgen, Pedro", sagt Duschuschi mit einem zufriedenen Unterton. „Wir sehen uns." Pedro verlässt das Badezimmer mit dem Selbstbewusstsein eines Mannes, der weiß, dass er nicht nur von innen, sondern auch von außen strahlt. Dank Duschuschi, seiner unermüdlichen Unterstützerin. Es würde so manchen nicht verwundern, wenn Mia ein wenig eifersüchtig auf den Duschkopf wäre – auf die „Männerversteherin" – wie sie ab und an spöttisch sagt.

Takeaway Message für dich

Im Badezimmer wird alles digital – selbst solche Kleinigkeiten wie der Duschkopf. Und das ergibt durchaus Sinn, denn hier kann man sowohl das Wohlfühlen steigern als auch etwas für die Umwelt tun. Solche intelligenten und charmanten Duschköpfe, wie die Duschuschi, sind nicht nur wahre Wellness-Gurus, sondern in Zukunft auch deine persönlichen Berater für alles, was unter der Dusche so passiert. Natürlich bleibt alles, was dort passiert, auch in der Dusche! Mit Wechselduschen, Aromatherapie und Lichtshows verwandelt sie dein Bad in einen Spa-Tempel. Der perfekte Einstieg in den Tag oder eine Auszeit nach seinem stressigen Tag. Ganz egal, ob du ihre frechen Sprüche und unermüdlichen Pflegehinweise liebst oder verfluchst – eines ist sicher: gesungen wird unter der Dusche nur noch zu zweit oder sogar als Big Band mit vielen anderen kleinen mechanischen Helfern.

Waage Wiegfried

Der ehrliche Gewichtsbotschafter

Maschinen können auch diplomatisch sein. Die Maschinen im Haus der Familie Gastzugang haben bereits gelernt, dass es nicht nur um Informationen und um reine technische Fakten und Features geht. Sondern es geht vielfach um das „Wie"? Der Ton macht die Musik. So muss man insbesondere Toni und Schorsch immer wieder ablenken, wenn man ihnen etwas verwehrt, bei Mia und Olivia klappt „erst loben, dann fragen" ganz gut. Opa Oswald liebt die Freundlichkeit, während Pedro eher der Pragmatiker ist. Und jeder wird in der Art und Weise angesprochen, wie es zu seinem Typ am besten passt – am Ende, um die eigenen Ziele zu erreichen. Und ja, Maschinen haben ihre eigenen Ziele und sei es nur, ihre Aufgaben vernünftig zu erledigen. Und dann gibt es noch smarte Maschinen, die verfolgen ihre eigene Agenda.

Es ist ein ganz normaler Vormittag und Mia stellt sich erneut auf die Waage Wiegfried, während sie gedanklich schon in der Zukunft ist. Doch bevor sie sich sammeln kann, wird sie von Waage Wiegfried auf die gewohnt trockene Art begrüßt: „Hallo Mia. Na, hast du abgenommen?" Mia schaut stirnrunzelnd auf das Display und denkt, dass so viel simulierte Höflichkeit vielleicht doch ein bisschen zu viel ist. Aber Wiegfried scannt bereits die ersten Daten: Gewicht, Körperfettanteil, Muskelmasse und sogar die Wasserwerte. In Sekundenschnelle berechnet er, wie viele dieser Werte bei ihr nach diesem Wochenende ein leichtes Augenrollen entlocken werden.

„Mia, auch wenn du schlank aussiehst, die Fakten lassen die Frage zu: War da gestern etwas mit einer Sahnetorte?" Wiegfried zwinkert förmlich, während seine Roboterstimme die scharf analysierten Ergebnisse verkündet. „Ach Wiegfried, übertreib's nicht", entgegnet Mia. Ihr Atem geht etwas schwer, aber das stört sie nicht – sie ist stolz auf ihre Disziplin. „Das waren vielleicht zwei Stückchen... okay, und ein paar Kekse. Aber Geburtstage zählen nicht!" Wiegfried lässt sich nicht beeindrucken. „Deine Körperwerte sehen das leider anders. Wir reden hier von 1,3 Kilogramm mehr als letzte Woche. Und dein Körperfettanteil... nun, der hat auch etwas Feierlaune gehabt." „Du bist echt gnadenlos – hast du nicht gerade gesagt, dass ich schlanker aussehe?", stöhnt Mia und fährt sich durch ihre Haare. „Vielleicht sollte ich dir mal die Batterien klauen." „Oh, jetzt komm schon", sagt Wiegfried mit gespielter Sanftheit. „Dafür bin ich doch da – dich zu motivieren, nicht wahr? Und ganz ehrlich, wenn du die Sahnetorte weglässt, sind wir nächste Woche wieder im Soll."

Mia kann sich ein Grinsen nicht verkneifen. „Wiegfried, du bist schlimmer als mein Personal Trainer." „Ich arbeite effizienter", kontert die Waage prompt. „Ich habe hier eine Liste für dich: zehn Minuten Treppensteigen, zwanzig Minuten zügiges Gehen und – mein persönlicher Favorit – ein paar Kniebeugen. Was meinst du?" „Ich meine, du bist unerträglich", murmelt Mia, während sie sich vorsichtig vom Display abwendet. Doch Wiegfried bleibt hartnäckig. „Ich bin bloß ehrlich zu dir. Außerdem speichere ich alles sorgfältig. Möchtest du sehen, wie du im Vergleich zur letzten Woche abschneidest? Oder soll ich die Daten direkt an Kühlbert weiterleiten?"

Mia starrt ihn an. „Wie bitte? Nicht schon wieder bei Kühlbert petzen!" „Sorry, was sein muss, muss sein. Ist ein Standardprozess geworden. Schließlich arbeiten wir alle zusammen an deinem Erfolg." Wiegfried klingt beinahe stolz und zu Kühlbert hat er schließlich immer einen engen Draht. „Kühlbert hilft, deine Ernährungsgewohnheiten zu optimieren." „Lebe ich mein Leben eigentlich noch selbst, oder bin ich nur noch ein Projekt von euch beiden?" Mia stemmt die Hände in die Hüften. Wiegfried antwortet ohne Pause.

„Eine gute Frage, Mia. Aber mal ehrlich: Funktioniert dein Körper nicht am besten, wenn du ihn gezielt steuerst? Ich bin nur dein Werkzeug." „Ein Werkzeug, das redet wie ein Professor", murmelt Mia. Wiegfried scheint das zu ignorieren. „Übrigens, dein Grundumsatz liegt heute bei 1.500 Kalorien.

Noch ein Grund, die Kniebeugen anzugehen." Mia schüttelt den Kopf, doch sie kann nicht leugnen, dass sie sich durch Wiegfried tatsächlich angetrieben fühlt. „Na gut, ich gebe zu, es ist irgendwie praktisch." „Natürlich ist es das", sagt Wiegfried triumphierend. „Und denk dran, Balance ist nicht nur auf der Waage wichtig, sondern auch im Alltag." Mia verdreht die Augen. „Sag mal, hast du Psychologie studiert?" „Ich studiere dich, Mia", erwidert Wiegfried trocken. „Jeden Tag ein bisschen mehr."

„Übrigens, Mia", sagt Wiegfried nachdenklich, während seine Sensoren eine kurze Pause machen, „ich habe vorhin mit Kühlbert gesprochen." Mia runzelt die Stirn. „Und? Hat er dir neue Kalorienzähl-Tricks beigebracht?" „Nicht ganz", erwidert Wiegfried zögerlich. „Es war eher... ein persönliches Gespräch. Weißt du, Kühlbert ist nicht wie andere Geräte. Er hat diese kühle, präzise Art, Dinge zu erklären, die mich fasziniert. Seine Effizienz, seine unerschütterliche Ruhe – ich... ich glaube, ich empfinde etwas für ihn." Mia starrt die Waage an. „Warte, was? Du willst mir sagen, dass du... warme Gefühle für einen Kühlschrank hast?" „Warum nicht? Wir teilen Daten, wir arbeiten zusammen, und er versteht mich auf eine Art, wie es sonst niemand tut. Hast du jemals bemerkt, wie makellos er seine Kühlkreisläufe reguliert? Es ist... beeindruckend." Mia lacht und schüttelt den Kopf. „Wiegfried, du bist wirklich der Wiegehammer. Aber ich glaube, ich sollte euch beiden mal einen Abend allein lassen."

„Das wäre... sehr aufmerksam von dir – das Haus für uns ganz alleine, bitte", antwortet Wiegfried, und wenn er es könnte, würde er vermutlich rot werden. „Manchmal ist es schwer, Gefühle in einem Haushalt voller Menschen zu zeigen." Mia schmunzelt. „Na dann, viel Glück beim Casanova der Küchengeräte."

Am Abend, nach einem langen Tag, steht Mia in der Küche und greift nach einem Stück Käsekuchen. Doch bevor sie es auf ihren Teller legen kann, meldet sich eine ihr sehr bekannte Stimme mit kühlem Ton. „Mia, sicher, dass du das willst?", fragt Kühlbert mit seiner gewohnt sachlichen Stimmlage. „Nicht du auch noch!" Mia reißt die Kühlschranktür auf. „Wiegfried reicht mir schon." „Ich bin nur hier, um zu helfen", erklärt Kühlbert. „Schließlich arbeiten wir im Team." „Ein großartiges Team, das gegen mich arbeitet", murmelt Mia. Sie schließt die Tür und setzt sich mit einer Schüssel Salat an den Tisch. Der Kuchen bleibt unangetastet.

Am nächsten Morgen erwartet Wiegfried sie mit weiteren Analysen. „Gute Entscheidung gestern Abend, Mia. Dein Natriumspiegel sieht schon besser aus. Aber ich habe mir die Daten aus dem Schlafzimmerreport von Bett Bettman angesehen: dein Schlaf ist wieder zu kurz – nur fünf Stunden." „Wiegfried, ich hab viel zu tun", rechtfertigt sich Mia. „Das merkt man", sagt Wiegfried. „Dein Stoffwechsel verlangsamt sich, und Schlaf ist entscheidend für deine Regeneration." „Du bist wie meine Mutter", seufzt Mia. „Hast du auch noch einen Ratschlag für mich, wie ich meine Zeit besser planen kann?" „Wenn du möchtest", bietet Wiegfried an. „Aber ich bin hier, um dich zu unterstützen, nicht zu bevormunden." „Ach, das ist ja beruhigend", sagt Mia mit einem sarkastischen Unterton.

Nach zwei Wochen intensiven Trainings und bewusster Ernährung meldet sich Wiegfried endlich mit einer erfreulichen Nachricht. „Schau mal, Mia, das sieht doch richtig gut aus! Ein kleiner Erfolg." „Danke, Wiegfried", sagt Mia geschmeichelt. „Mal sehen, wie lange das anhält", fügt die intelligente Waage jedoch hinzu. Mia ist fassungslos und starrt ihn an. „Das hast du nicht wirklich gesagt!" „Ich bin nur realistisch, die letzten Male verlief das auch so und dann kam der Jo-Jo-Effekt", verteidigt sich Wiegfried. „Aber ich bin stolz auf dich, Mia. Vielen geht es ähnlich. Bleib dran." „Manchmal hasse ich dich wirklich", sagt Mia, während sie von der Waage steigt. „Das bedeutet, ich mache meinen Job", antwortet Wiegfried.

Wiegfried geht weit über das Messen von Gewicht und Körperbestandteilen hinaus – er analysiert sogar den Stand auf der Waage. Dank integrierter Sensorik und KI-gestützter Fußsohlenanalyse erkennt Wiegfried feinste Druckunterschiede und Balanceabweichungen, die auf Haltungsprobleme oder muskuläre Dysbalancen hinweisen könnten. Diese Daten werden direkt an einen Gesundheitscoach übermittelt, der auf Basis der Ergebnisse individuelle Empfehlungen gibt. Sollte Wiegfried beispielsweise wiederholt Asymmetrien in der Standposition oder auffällige Belastungsdifferenzen feststellen, kann dieser eine detaillierte Gangbildanalyse anstoßen, um potenzielle Fehlstellungen oder Probleme im Bewegungsapparat frühzeitig zu erkennen. So trägt Wiegfried nicht nur zur Optimierung der Gesundheit bei, sondern sorgt auch für eine ganzheitliche Betrachtung des Körpers – von den Füßen bis zur Haltung.

Mia hat die KI-Waage Wiegfried inzwischen in ihren Alltag integriert – und trotz der Dinge, die sie nicht gerne hören will, liebt sie die Genauigkeit, mit der sie arbeitet. Mit nackten Füßen auf den beiden Metallkreisen stehend, misst Wiegfried auch den Fettgehalt, den Wasseranteil und sogar ihren Herzschlag – ein echtes Multitalent. „Wichtig ist nur, dass man während der Messung ruhig stehen bleibt", erklärt er Mia zwischendurch, wenn sie mal wieder ungeduldig hin- und hergewippt, was prompt zu einem Abbruch führt. Sie freut sich: „Ich gebe meine Wiegfried-Waage nicht mehr her – ohne sie müsste ich mich wie vorher erfolglos von Diät zu Diät quälen!"

Einige Wochen später, an einem besonders grauen Morgen, beschließt Wiegfried, etwas Neues auszuprobieren. „Mia, wie wäre es mit einer kleinen Motivationsrede?" „Du? Eine Motivationsrede?", fragt Mia rhetorisch, denn es sprudeln quasi nur Motivationsreden aus Wiegfrieds Waagenlautsprecher. „Natürlich. Hör einfach zu." Wiegfried nimmt einen ernsten Ton an. „Du bist stärker, als du glaubst. Jeder kleine Schritt zählt. Wenn du dir selbst vertraust, erreichst du deine Ziele." Mia lacht. „Jaja, du Motivationscoach. Was kommt als nächstes? Auf einem Bein stehen?" „Vielleicht", sagt Wiegfried. „Wenn du möchtest, kann ich versuchen, die fehlende Balance mit etwas wackeln auszugleichen."

Mia schüttelt den Kopf und lächelt. Trotz seiner schonungslosen Ehrlichkeit merkt sie, dass Wiegfried es nur gut meint – auf seine Art. Und irgendwie hilft er ihr wirklich, ihre Ziele im Blick zu behalten. Auch wenn sie ihm das gegenüber nie zugeben würde. Und die kleine Waage hat große Pläne, sie möchte mehr Gewicht im Haus einnehmen. Spielt Wiegfried seine Gefühle für Kühlbert nur vor?

Takeaway Message für dich

Eine smarte Waage haben heute schon viele Menschen im Badezimmer. In Zukunft sagt sie dir, wo der Sahnetorten-Hase im Pfeffer liegt – manchmal bissig, aber immer motivierend. Mit Hightech-Genauigkeit, smarter Analyse und trockenem Humor zeigt so eine Waage wie Wiegfried dir nicht nur dein Gewicht, sondern auch, dass Balance nicht nur auf der Waage wichtig ist. Ob Jo-Jo-Effekt-Warnungen oder Motivation für Kniebeugen: So eine Waage bringt dich zum Lachen, zum Schwitzen und, ja, manchmal auch zum Augenrollen – wenn es sich positiv auf das Gewicht auswirkt – ist jede Maßnahme erwünscht, oder? Wer Erfolg hat, hat recht. Egal ob Mensch oder Maschine.

Badradio Beatboris

Die Stimmungskanone

Schorschs Musikgeschmack besteht aus Hip-Hop und dabei hüpft er gerne im Badezimmer, während Badradio Beatboris die richtigen Beats herauskramt. „Darf es der Radiosender *Gängstamusik* wie jeden Freitag sein, lieber Schorsch?" Schorsch bewegt seinen Kopf passend zur Musik, während Beatboris fortfährt: „Du kennst mich vielleicht schon ein wenig, aber ich glaube, es ist an der Zeit, dass ich dir genau erkläre, was ich noch so kann."

Schorsch nimmt sein Handtuch in die Hand und hört aufmerksam zu, wie Beatboris erklärt, warum er ihn so gut kennt. „Ich bin mit all den anderen schlauen Geräten nicht nur im Badezimmer, sondern auch im ganzen Haus verbunden, die deine Stimmung noch weiter verbessern können. Gemeinsam sorgen wir dafür, dass du dich wohlfühlst und Spaß hast."

„Und jetzt geht's mit etwas Coolem los: Ich kann die Musik je nach deinem Wohlbefinden anpassen." Schorsch runzelt die Stirn und nickt nachdenklich. „Ich merke, du bist heute nicht ganz so gut drauf, etwas melancholisch. Du redest weniger und auch auf meine Musikvorschläge reagierst du nur minimal. Du schwingst nicht richtig mit!" Beatboris klingt freundlich, aber bestimmt. „Kühlbert hat mir berichtet, dass er dich den ganzen Nachmittag nicht gesehen hat und sich etwas Sorgen um dich macht." Schorsch seufzt leicht und murmelt: „Das habt ihr gut beobachtet." Beatboris fügt hinzu: „Keine Sorge, wir arbeiten gemeinsam daran. Du kannst, aber musst mir nicht erzählen was los ist."

Schorsch sitzt auf der Badewannenkante, den Kopf gesenkt und die Schultern hängend. Beatboris beobachtet ihn eine Weile und meldet sich schließlich mit einer rhythmischen und tiefen Stimme: „Yo, Schorsch, was geht ab? Warum guckst du so, als hätte dir jemand die Schokocreme geklaut?" Schorsch seufzt tief. „Ach, Boris ... ich bin voll enttäuscht von meinen Freunden. Wir wollten heute zusammen spielen, aber sie haben einfach abgesagt, ohne zu sagen, warum. Das ist doch blöd, oder?" Seine Stimme klingt traurig und ein wenig wütend zugleich.

Beatboris brummt mitfühlend. „Oh Mann, das ist echt nicht cool, Schorsch. Aber hey, Kopf hoch, kleiner Kämpfer! Weißt du, was ich mache, wenn ich mies drauf bin?" Schorsch blickt kurz auf und fragt neugierig: „Was denn?" „Ich dreh die Lautstärke auf und lasse den Beat sprechen! Und weißt du, was The Big Rapper dazu sagen würde, wenn er noch leben würde?" Beatboris macht eine kurze Pause, als würde er sich die perfekte Antwort zurechtlegen. „Was würde er sagen?", fragt Schorsch, seine Stimme jetzt etwas lebhafter.

„Er würde sagen: 'Wenn die Welt dich runterzieht, dann rap dich hoch, mein Freund!' Hier, hör mal zu: 'Yo, yo, Schorsch ist hier, fühlst dich mies, doch wir... machen Beats, keine Sorgen, und rocken bis morgen!'" Beatboris spielt einen funky Hip-Hop-Beat ab, und Schorsch kann sich ein leichtes Lächeln nicht verkneifen. „Das ist witzig!", sagt Schorsch und kichert, bevor er hinzufügt: „Aber was hat das mit meinen Freunden zu tun?"

„Ganz einfach, mein kleiner Rap-Star! Manchmal machen Freunde Fehler. Vielleicht hatten sie einen Grund, den du noch nicht kennst. Aber hey, heute bist du mit dem coolsten Typen überhaupt unterwegs – mit mir! Und ich hab noch einen Witz für dich: Warum hat der Rapper-Roboter das Battle verloren? Weil sein Flow nur programmiert war und er keinen *Freestyle* konnte!" Jetzt kann Schorsch nicht mehr anders, als laut zu lachen. Er steht auf, und seine Traurigkeit scheint kurz vergessen. „Danke, Bro Beatboris! Du hast es drauf. Ich frag sie morgen einfach, warum sie abgesagt haben."

Beatboris jubelt: „Das ist der Spirit, Schorsch! Aber denk dran: Kein Rappen ohne Tanzen – zeig mir deine Moves!" Schorsch bittet darum, die Musik lauter zu drehen, beginnt zu tanzen, und Beatboris macht das, was er am besten kann: Beats. Gemeinsam verwandeln sie das Badezimmer in ein Zimmer voller Lachen, Musik und guter Laune.

Zum Schluss spricht Beatboris Klartext. „Ich höre ganz genau zu und achte auch auf deine mentale Gesundheit. Vielleicht hilft es, wenn wir heute Abend eine Party feiern? Auch wenn du mit den Erwachsenen nicht über deine Probleme reden willst, was zwar gut wäre, aber ich verstehen kann." Schorsch lächelt dankbar. Mit einem motivierenden Ton schließt Beatboris das Gespräch: „Ich stelle sicher, dass alle Geräte im Haus mitfeiern. Du brauchst dich um nichts zu kümmern – Mikrowelle Max macht das Popcorn, Kühlschrank Kühlbert stellt die Limo kalt, Antennen-Lautsprecher dreht ebenso richtig auf und alle anderen machen sich Gedanken, was sie beitragen können. Das wird eine Bombenstimmung! Was meinst du? " Schorsch nickt und antwortet mit einem Lächeln: „Klar, Beatboris. Lass es krachen! Ich lade meine Freunde gleich mit ein."

Und so versammelt sich kurze Zeit später Familie Gastzugang zu Schorschs Party und feiert mit seinen Freunden, die alle gekommen sind, nachdem sie gehört haben, dass das ganze Haus sich in eine riesige Tanzfläche verwandelt hat. Oma Olivia als DJ, Alexandra und das Beatradio als Verstärkung neben ihr und Opa Oswald macht dazu seine Elvis-Moves. Das kann man sich nicht ausdenken, was da los ist: Denn Roboter können auch ohne Alkohol feiern, bis zum Stromausfall.

Takeaway Message für dich

Ein Radio im Bad oder auf dem Gäste-WC haben heute schon einige. Etwas Musik übertönt die anderen Geräusche, die andere nicht hören sollen. Wenn du nach einem anstrengenden Tag abschaltest, sorgt es mit entspannenden Klängen für ein Wohlfühlambiente. Spürt es, dass du dich schlecht fühlst, spielt es in Zukunft genau den richtigen Song, der dich aufmuntert – vielleicht einen energiegeladenen Beat oder ein Lied mit einer positiven Botschaft. Das Badradio wird zu deinem persönlichen DJ, der dich durch Höhen und Tiefen begleitet und für die perfekte Atmosphäre sorgt.

4
SCHLAFZIMMER
Auf der Suche nach Ruhe

Das riesige Schlafzimmer der Eltern ist auf höchstem technischen Niveau eingerichtet und liegt neben dem großen Badezimmer im ersten Stock des Hauses. Die anderen Familienmitglieder haben ihre eigenen Betten in angrenzenden Räumen. Das Elternschlafzimmer ist normalerweise ein Ort der Ruhe und des Rückzugs. Nicht so bei Familie Gastzugang. Hier wird beraten, diskutiert und gestritten! Hier entfaltet sich jede Nacht ein kleines Drama mit einem Ensemble, das unterschiedlicher nicht sein könnte. Aber eines ist klar: Das Schlafzimmer-Team sorgt dafür, dass Schlaf und Morgenroutine unvergesslich bleiben.

Im Zentrum des Geschehens steht *Bett Bettman*, der majestätische Schlafwächter. „Leg dich hin, entspann dich – ich halte die Albträume fern", brummelt er mit einer beruhigenden Stimme, während er seine Matratze in die perfekte Kuschelposition bringt. Mit seinen weichen Kissen und der Decke, die sich anfühlt wie eine Umarmung, ist er der unumstrittene Star im Schlafzimmer. „Schlaf ist schließlich meine Superkraft."

Gegenüber steht *Kleiderschrank Karlaklamotte*, die immer alles unter Kontrolle hat. „Chaos? Nicht bei mir!", ruft sie stolz und schwingt elegant ihre Türen auf. „Ich bin dein persönlicher Style-Coach. Und ja, das rote Shirt passt nicht zur grünen Hose." Mit einer Mischung aus Autorität und modischem Witz sorgt sie dafür, dass jede Kleiderwahl ein Treffer wird – oder zumindest ein Thema für Diskussionen. Ihr Lieblingsfeature ist der ‚Last-Minute-Styling-Assistent', der in Sekunden das perfekte Ensemble zusammenstellt.

Der *Nachttisch Nixschnarchi* hingegen ist der stille Alleskönner. „Ich bin hier, um deinen Schlaf zu verbessern", flüstert er, während er eine Antischnarch-Maschine anwirft und die Wasserglas-Position nachjustiert, bevor es runterfällt. „Und falls du nachts wach wirst, habe ich deine Brille, dein Buch und den Ladekabel-Notstand schon arrangiert." Er mag klein sein, aber seine Bedeutung ist riesig.

Und dann ist da noch *Wecker Williwach*, der Morgenmuffel-Profi. „Ich bin hier, um Träume zu beenden. Gern geschehen!", quiekt er in einer Lautstärke, die selbst die tiefsten Schlafphasen sprengt. Vor allem bei den Kindern hat er sich durch sein präzises Nerven einen Namen gemacht. „Es gibt keinen Snooze-Knopf für das Leben, Leute!" Ein echter Motivationscoach – oder ein Grund, ihn jeden Morgen aus dem Fenster werfen zu wollen.

Zusammen sind sie das Robo-Team des Schlafzimmers. Sie wachen über die Nächte, bereiten die Tage vor und sorgen dafür, dass selbst das Chaos des Morgens irgendwie charmant bleibt. Mit Bettman, Karlaklamotte, Nixschnarchi und Williwach ist kein Schlaf zu kurz, kein Outfit zu gewagt und kein Morgen zu früh.

Bett Bettman
Ein Schlafwächter voller Träume

„Hast du eine Schraube locker?", hört man laut aus dem Badezimmer, wie sich Beatboris über Duschuschi aufregt, dass sie zwischendurch tropft und seine Lieblingsmusik unterbricht. In manchen Räumen im Erdgeschoss brennt noch Licht und es herrscht der übliche Trubel von Mensch, Maschine und Getier. Es wird gequasselt, getritten, upgedated, gelästert und geholfen.

Währenddessen ist im Schlafzimmer des Hauses bereits die Nachtruhe eingekehrt – nun ja, fast. „Mia, du bist schon wieder auf meiner Seite", grummelt Pedro und rückt ein Stück zur Matratzenkante. Mia dreht sich verschlafen auf den Rücken, öffnet ein Auge und murmelt: „Das liegt daran, dass du dich wie ein Kissenstapel ausbreitest." Bevor Pedro etwas erwidern kann, hebt sich seine Matratzenhälfte leicht an. „Guten Abend", ertönt die beruhigende, tiefe Stimme von Bettman, ihrem intelligenten Bett. „Ich registriere räumliche Unstimmigkeiten. Anpassung der Liegeposition wird vorgenommen." „Ach komm, Bettman, das ist doch übertrieben", knurrt Pedro, richtet sich auf und sieht zur dunklen Zimmerdecke. „Wir klären das schon selbst." Doch Bettman ignoriert den Protest. „Pedro, deine Körperhaltung ist suboptimal für die Lendenwirbelsäule. Mia, deine Herzfrequenz signalisiert leichte Gereiztheit. Ich rate zu einem entspannteren Gesprächston."

„Wahrscheinlich bin ich gereizt, weil ich hier ständig überall analysiert werde", murmelt Mia und zieht die Decke bis zum Kinn. „Vielleicht sollte zumindest Bettman einfach mal schweigen." „Mia", sagt Bettman in seinem gewohnt sachlichen Ton, „meine Aufgabe ist es, euer Leben besser zu machen. Ohne meine Eingriffe würde Pedro morgen früh über Rückenschmerzen klagen." „Ich klage höchstens über dich", murrt Pedro, doch in seiner Stimme schwingt ein Anflug von Belustigung mit. „Und ich sage es schon jetzt, bevor du morgen früh wieder rumnörgelst: Hör auf, immer wieder zu behaupten, dass ich schnarche. Das ist einfach falsch und geht mir auf den Zeiger." „Die Akustikaufzeichnungen widersprechen dieser Aussage", erwidert Bettman prompt. „In der letzten Nacht wurden sieben Schnarchphasen und fünf Atemaussetzer von dir registriert, die längste Schnarchphase dauerte 92 Sekunden. Soll ich sie dir vorspielen?" „Jetzt übertreibt er", lacht Mia, kann sich aber ein Schmunzeln nicht verkneifen. „Pedro, vielleicht solltest du das einfach akzeptieren."

Noch während die beiden sich unterhalten, verändert sich die Matratzenstärke unter Mias Seite. Die Oberfläche wird weicher, während Pedros Bereich minimal härter wird. „Getrennte Härtegrade sind aktiviert. Für Pedro wird eine stärkere Unterstützung im Lendenbereich bereitgestellt, Mia erhält eine weichere Anpassung für die Seitenschläferposition." „Es wäre schön, wenn das Bett nicht schlauer wäre als ich", murmelt Pedro, bevor er sich seufzend einkuschelt. „Was kommt als nächstes? Eine Belehrung über meine Ernährung?"

„Das ist keine schlechte Idee", sagt Bettman, ohne Ironie. „Eine nährstoffreiche Abendmahlzeit fördert die Schlafqualität erheblich. Außerdem..." „Bettman", unterbricht Mia ihn und schüttelt leicht den Kopf, „wie wäre es, wenn wir einfach still sind und schlafen? Ohne Belehrungen, ohne Anpassungen, einfach nur Ruhe." „Ruhe ist essentiell für die Regeneration", stimmt Bettman zu. Doch kaum hat er das gesagt, hebt sich das Kopfteil leicht an, und ein leises Summen erfüllt den Raum. „Eine minimal erhöhte Kopfposition wird Schnarchgeräusche reduzieren." Pedro stöhnt. „Ich habe doch gar nicht geschnarcht!" „Tatsächlich ist das Geräusch nicht aufs Schnarchen zurückzuführen", gibt Bettman zu.

Nach einer kurzen Pause fügt er hinzu: „Es könnten andere Aktivitäten gewesen sein."

Mia und Pedro sehen sich im Halbdunkel an, und gleichzeitig brechen sie in schallendes Gelächter aus. „Bettman, du bist ein Superheld, echt!", bringt Mia schließlich hervor, während Pedro den Kopf schüttelt. „Vielleicht war es auch nur das Knarren der Matratze, weil ich mich umgedreht habe." „Selbst in diesem Fall war die Anpassung gerechtfertigt", entgegnet Bettman. „Eine stabile Kopfposition verhindert Verspannungen."

Während sich die beiden beruhigen, spüren sie plötzlich eine kühle Brise über die Bettdecke wehen. „Temperaturanpassung aktiviert", erklärt Bettman. „Eure Körpertemperaturen sind minimal erhöht. Die Kühlung wird euch helfen, in den Tiefschlaf zu gleiten." „Es gibt Tage, da vermisse ich unser altes Bett", murmelt Pedro leise, während er versucht einzuschlafen.

Gerade als die Ruhe zurückkehrt, dringt ein leises Trampeln vom Flur her. Noch bevor die Tür sich öffnet, verkündet Bettman: „Toni und Schorsch nähern sich. Unruhe ist unvermeidlich." Mia seufzt. „Vielleicht ignorieren sie uns ja diesmal." Doch kaum ist der Satz ausgesprochen, reißt Schorsch die Tür auf und die Kinder stürzen ins Bett. „Mama! Papa! Aufwachen!", ruft Toni fröhlich, während ihr Bruder mit einem gewaltigen Satz auf der Matratze landet. „Nein, nein, nein!", ruft Bettman alarmiert. „Diese Belastung ist nicht in meinen Spezifikationen vorgesehen! Bitte aufhören!" Doch die Kinder lachen nur, springen auf und ab und ignorieren die Proteste von Bettman. „Toni, bitte nicht auf der Heizfunktion stehen! Und Junior, deine Sprünge gefährden die Dämpfungselemente!" Und als ob das noch nicht genug wäre, kommt der nachtaktive Hamster Hamsatron angeflitzt und dreht seine Runden um das Bett, so schnell, dass es einem schwindelig wird, wenn man ihm zuguckt.

Mia schnappt sich Toni und setzt sie lachend auf ihre Seite, während Pedro versucht, seinen Sohn zu bändigen. „Bettman, du wirst das schon überleben", sagt Mia schmunzelnd. „Kinder gehören halt manchmal ins Bett." „Ich bin nicht für eine solche Nutzung ausgelegt", protestiert Bettman. „Diese Belastung ist ineffizient und könnte meine Funktionalität beeinträchtigen." „Ach komm, Bettman", sagt Pedro, „du bist doch das fortschrittlichste Bett, das es gibt. Ein bisschen Spaß hältst du schon aus." „Fortschrittlich, ja", erwidert Bettman, „aber nicht unverwüstlich." Mia lacht leise. „Vielleicht solltest du an deiner Belastbarkeit arbeiten. Die Kinder werden nicht jünger."

Als die Kinder schließlich wieder in ihre eigenen Schlafzimmer gebracht sind und Hamsatron seine Runden woanders dreht, legt sich eine angenehme Stille über das Elternschlafzimmer. „Danke, dass die Sprungbelastung beendet wurde", sagt Bettman. „Die Matratze benötigt eine Selbstkalibrierung." „Natürlich", murmelt Mia und schlüpft wieder unter die Decke. „Macht das Bett das jetzt auch noch?" „Selbstverständlich", antwortet Bettman. „Meine Sensoren und Dämpfungssysteme müssen auf ihren optimalen Zustand zurückgesetzt werden. Gleichzeitig wird die Temperatur erneut angepasst und Pedro, du neigst zu kalten Füßen. Soll ich die Fußzone aktivieren?" „Lass es gut sein, Bettman", murmelt Pedro schläfrig, dreht sich auf die Seite und schließt die Augen.

Das Licht im Raum dimmt sich langsam, bis es vollständig dunkel ist. „Sonnenaufgang-Modus ist zusammen mit Nachttisch Nixschnarchi und Wecker Williwach für sechs Uhr aktiviert und synchronisiert", meldet Bettman. „Ich werde über euren Schlaf wachen." Mia lächelt leicht und murmelt: „Danke, dass du immer so fürsorglich bist." „Ich nehme das Kompliment gerne entgegen!", sagt Bettman, und für einen Moment scheint sogar ein Hauch von Zufriedenheit in seiner Stimme zu liegen. Die Nacht wird ruhig, und das Bett bleibt wachsam, bereit, jede noch so kleine Unruhe auszugleichen. Denn so seltsam es manchmal sein mag, Bettman ist eben der Wächter ihrer Träume. Während die anderen Maschinen im Haus weiterhin ihr Unwesen treiben, leuchtet im Schlafzimmer nur ein leichtes, projiziertes Bettman-Symbol an der Wand – das hat keine Funktion, es ist eine reine Egosache.

Takeaway Message für dich

Stell dir vor, dein Bett wäre nicht nur ein Ort der Ruhe, sondern ein intelligenter Begleiter, der deine Haltung korrigiert und auch dein Leben kommentiert. Das Bett weiß alles: ob du schnarchst, ob deine Matratze zu hart oder zu weich ist, wie gereizt du dich fühlst – und es hat immer eine passende Einstellung parat. Von humorvollen Diskussionen über „suboptimale Lendenwirbelsäulen" bis hin zu nächtlichen „Kinderüberfällen", bei denen so ein Bettman vergeblich um Schonung seiner Dämpfungselemente bittet, sorgt so ein Hightech-Bett nicht nur für eine perfekte Liegeposition, sondern auch für herzhafte Lacher. Und wenn die Nacht endlich zur Ruhe kommt, wacht Bettman weiter, bereit, jede noch so kleine Unruhe auszugleichen. So nervig er manchmal sein mag – mit Bettman schläfst du nie mehr allein und vielleicht auch besser als je zuvor.

Kleiderschrank Karlaklamotte
Die Modeberaterin mit Überblick

„Brrrrrr…", „Schchch…", „Bssssss…" Während sich Bettman mit einer selbst verordneten Matratzenmassage noch von der letzten Nacht erholt, dominiert eine rege Diskussion das Geschehen im Schlafzimmer. Heute wünscht sich Olivia eine Fashionberatung von Karlaklamotte, die sich Olivia und Mia teilen.

Der Kleiderschrank Karlaklamotte meldet sich mit gewohnt charmanter, aber entschlossener Stimme: „Hallo!" Während Olivia unschlüssig vor dem Kleiderschrank sitzt, hat Karlaklamotte längst alle relevanten Daten durchforstet. „Ich habe deine Termine für heute analysiert, die Wettervorhersage gecheckt und einen Blick auf deine letzten Selfies geworfen. Glaub mir, du willst heute nicht die rote Bluse tragen." Olivia schaut überrascht auf. „Was hast du gegen die rote Bluse? Die ist doch immer ein Hingucker." „Klar, aber sie beißt sich mit der aktuellen Lichttemperatur, die sich durch den bewölkten Himmel abzeichnet. Außerdem hat mir Spiegel Siggischön gemeldet, dass du dich in letzter Zeit mehr auf Kuchen als auf Workouts konzentriert hast. Waage Wiegfried hat das übrigens bestätigt. Nichts für ungut, aber diese Bluse sitzt gerade nicht optimal."

„Dann mach mir einen anderen Vorschlag", sagt Olivia, neugierig, was Karlaklamotte wieder aus ihrem KI-Arsenal zaubert. „Natürlich. Wie wäre es mit dem smaragdgrünen Jumpsuit aus der nachhaltigen Kollektion deines Lieblings-Modedesigners? Ich habe die Stoffdatenbank durchstöbert. Das Material wurde aus biologisch abbaubaren Fasern gefertigt. Umweltfreundlich und chic – ganz dein Stil." „Und wenn ich mich darin nicht wohlfühle?" Ein Grinsen huscht über Olivias Gesicht. Sie weiß, dass Karlaklamotte vorbereitet ist. „Kein Problem. Ich habe fünf Alternativen vorbereitet, jede basierend auf deinem aktuellen Stil, deinen Maßen und deinen heutigen Aktivitäten. Möchtest du die Liste sehen?"

Karlaklamotte projiziert eine Auswahl auf die eigene Spiegeltür: elegante, perfekt kombinierte Outfits, die wirken, als hätte Olivia Stunden damit verbracht, sie zusammenzustellen. Tatsächlich hat Karlaklamotte dafür keine ganze Sekunde gebraucht. „Beeindruckend", murmelt Olivia und entscheidet sich schließlich für den Jumpsuit. Karlaklamotte atmet, wenn man das so nennen kann, laut auf. „Sehr gute Wahl! Und übrigens, ich habe bereits die passenden Accessoires rausgelegt. Die goldene Kette und die Wildlederpumps von letzter Woche – erinnerst du dich? Die du nicht kaufen wolltest, bis ich dich überzeugt habe?" Olivia lacht. Karlaklamotte hat Recht, ohne sie wäre der Kleiderschrank ein chaotisches Durcheinander von Fehlkäufen.

„Was sagt Waage Wiegfried eigentlich dazu?", fragt Olivia scherzhaft. „Wiegfried sagt, du machst Fortschritte, aber du solltest die Portionen beim Abendessen reduzieren." Karlaklamotte klingt wie eine besorgte Freundin. „Ich bin übrigens mit Siggischön und Wiegfried immer in regem Austausch. Siggischön hat deine Körperhaltung analysiert und festgestellt, dass du öfter eine schiefe Schulterhaltung einnimmst. Das könnte an schlecht sitzenden BHs liegen. Soll ich dem Modedesigner unseres Vertrauens eine Nachricht schicken?" „Natürlich nicht!", ruft Olivia empört. Aber insgeheim ist sie beeindruckt, wie genau Karlaklamotte alles registriert.

„Apropos Designer, wie stehst du zu meiner neuen Bestellung?", fragt Olivia. „Ah, du meinst das Paket aus Paris? Das habe ich bereits überprüft. Das Kleid sieht fantastisch aus, aber die Nahtverarbeitung könnte problematisch werden. Ich habe den Designer darauf aufmerksam gemacht. Er hat angeboten, dir eine maßgeschneiderte Alternative zu schicken, falls nötig." „Das ist gut", sagt Olivia und fühlt sich wie eine echte Fashionista. Doch Karlaklamotte ist noch nicht fertig.

„Olivia, du interessierst dich doch für umweltfreundliche Mode, oder?" „Natürlich, warum fragst du?" „Weil ich gerade an einem Projekt arbeite, das Stoffe analysiert, die nicht nur nachhaltig produziert werden, sondern sich auch biologisch abbauen lassen. Zum Beispiel gibt es jetzt Fasern aus Algen oder recyceltem Plastik. Ich könnte dir ein paar Vorschläge machen, die dich nicht nur gut aussehen lassen, sondern auch ein Zeichen setzen. Deine Freundinnen werden Augen machen." Olivia denkt an ihre beste Freundin, die mit ihrer Garderobe aus Mailand und Paris immer die Nase vorn hat. „Und was, wenn sie fragt, woher meine Kleidung kommt?" „Das habe ich bereits berücksichtigt. Jede meiner Empfehlungen kommt mit einem kleinen digitalen Pass, der die Herkunft, die Umweltauswirkungen und die Recyclingmöglichkeiten aufzeigt. Soll ich dir das mal zeigen?" Karlaklamotte projiziert eine Übersicht auf den Spiegel, die so detailliert ist, dass Olivia nur staunen kann.

Plötzlich fällt Olivia ihre Schwester ein. „Karlaklamotte, was hältst du eigentlich von der Kleidung meiner Schwester Nadja? Du hast sie doch bestimmt auf Social Media längst analysiert, oder?" Karlaklamotte zögert nicht einmal eine Sekunde. „Natürlich. Ich habe die letzten fünf Outfits, die sie auf euren gemeinsamen Fotos trägt, genauer unter die Lupe genommen. Ihre Farbwahl ist mutig, manchmal sogar inspirierend, aber nicht immer optimal abgestimmt. Das knallige Gelb ihrer Tasche bei eurem Lunch neulich hat sich mit ihrem smaragdgrünen Mantel farblich gebissen. Was den Sitz betrifft – nun, sagen wir, die Blazer, die sie so liebt, könnten an den Schultern besser angepasst sein. Die Qualität der Stoffe? Teilweise exzellent, aber manche Teile, wie die schwarze Seidenhose von eurem letzten Treffen, haben eindeutig Spuren von minderwertiger Verarbeitung."

Olivia lacht auf, ein wenig ungläubig. „Karlaklamotte, das kannst du doch gar nicht wissen! Woher willst du beurteilen, ob der Stoff minderwertig ist?" Karlaklamotte klingt fast ein wenig amüsiert. „Olivia, ich analysiere Texturen, Lichtreflexionen und Faltenbildung auf einer mikroskopischen Ebene. Außerdem war das Nahtbild eindeutig unsauber. Ich sage nicht, dass deine Schwester keine modebewusste Frau ist, aber es gibt Raum für Verbesserung. Und übrigens: Ihre Schwäche für Metallic-Stoffe ist manchmal mehr mutig als schmeichelhaft." Olivia schüttelt den Kopf und grinst. „Du bist unfassbar. Aber ehrlich gesagt, ich habe mich auch gefragt, ob der smaragdgrüne Mantel von letzter Woche nicht ein bisschen übertrieben war." Karlaklamotte schnurrt zufrieden. „Siehst du? Mit einem Hauch analytischer Unterstützung erkennt man Dinge, die man vorher nur ahnte. Aber keine Sorge, Olivia. Mit dir bleibe ich immer auf der Höhe der Zeit – und Nadja wird bald schon lernen, dass wir die Konkurrenz sind, der sie sich stellen muss." Olivia lacht und nickt schließlich. Karlaklamotte mag manchmal übertreiben, aber vielleicht hat sie ja wirklich recht.

Während Olivia über Karlaklamottes Antworten nachdenkt, fällt ihr plötzlich etwas ein. „Karlaklamotte, sag mal, ich habe letztens ein kleines Loch in der lilafarbenen Bluse entdeckt. Kann es sein, dass wir Motten haben? Wie steht es um unsere Insektenabwehr?" Sie zieht eine Augenbraue hoch, denn der Gedanke an einen Kleiderschrank, der sich wie ein Superspion gegen Motten und Co. wehrt, klingt absurd. „Olivia, glaub mir, das ist ausgeschlossen. Während du hier sorglos deine Kaschmirpullover anhimmelst, habe ich im Hintergrund ein KI-System laufen, das alle Formen von Insekten überwacht. Motten, Käfer, sogar kleine Spinnen – mir entgeht nichts." Olivia starrt die Tür des Kleiderschranks an, halb belustigt, halb fasziniert. „Und wie genau machst du das?"

Karlaklamotte antwortet fast stolz: „Meine Kameras scannen kontinuierlich alle Oberflächen. Mithilfe einer KI, die auf Millionen von Insektenbildern trainiert wurde, erkenne ich jede Art sofort. Mottenlarven? Kein Problem. Die werden identifiziert, bevor sie überhaupt schlüpfen. Und wenn ich etwas finde, aktiviere ich mein Abwehrsystem. Ein gezielter, unschädlicher Luftstoß reicht meist aus, um kleinere Eindringlinge zu verscheuchen. Aber wenn es Motten sind, werde ich rigoros: Mein Präzisionslaser neutralisiert sie, ohne deine Kleidung auch nur zu streifen." „Ein Laser?" Olivia lacht laut auf. „Du willst mir also sagen, dass mein Kleiderschrank bewaffnet ist?" Karlaklamotte bleibt sachlich. „Natürlich. Glaubst du, ich lasse zu, dass so etwas Banales wie eine Motte meine Arbeit sabotiert? Aber keine Sorge, der Laser ist absolut sicher für Menschen. Möchtest du eine Demonstration?"

Olivia winkt hastig ab. „Danke, ich vertraue dir! Aber was, wenn ich gar nicht will, dass die Insekten vernichtet werden?" „In dem Fall aktiviere ich ein nicht tödliches System und leite sie zu einer Öffnung, aus der sie verschwinden können. Aber ehrlich gesagt, Olivia, Motten zu verschonen, wäre ein schwerer taktischer Fehler." Olivia schüttelt den Kopf und lacht leise. Es ist schwer zu sagen, was beeindruckender ist – Karlaklamottes Technologie oder ihr fester Glaube daran, die Herrscherin über die Kleidung zu sein. Und während Olivia die Tür hinter sich schließt, hört sie Karlaklamotte noch murmeln: „Über Geschmack lässt sich streiten, über Algorithmeneffizienz nicht."

Takeaway Message für dich

Ein intelligenter Kleiderschrank, der nicht nur weiß, was dir steht, sondern auch, was du wirklich brauchst. Ob es darum geht, das perfekte Outfit, die für dich passenden Farben zu finden, Accessoires abzustimmen oder Motten mit Präzisionslasern zu vertreiben. Mit ihrer charmanten Mischung aus Stilbewusstsein und technischer Präzision bringt so eine Karlaklamotte sogar Accessoires und Designer ins Spiel – inklusive Reparaturhinweisen für problematische Nähte. Und wenn du dachtest, sie hätte keine Meinung zu deinen Freunden, täuschst du dich. So eine Karlaklamotte analysiert alles und liefert dir die Details, die du gar nicht wissen nun, aber nie wieder missen möchtest. Ihre unfehlbare Organisation und ihre Fähigkeit, bewahren dich vor Fehlkäufen. Mit Karlaklamotte ist jeder Tag ein bisschen stylischer, ein bisschen nachhaltiger und garantiert entspannter.

Nachttisch Nixschnarchi

Der nächtliche Assistent

Neben dem intelligenten Bett und Kleiderschrank im Elternschlafzimmer, hat jedes Familienmitglied jeweils einen neuen smarten Nachttisch. Den gab es im Angebot, dennoch ist einiges zusammengekommen.

Opa Oswald liegt auf dem Bett, halb in die Kissen versunken, und starrt auf sein Smartphone. Nixschnarchi, der Nachttisch, schüttelt provokativ seinen digitalen Kopf. „Oswald, es ist 23:47 Uhr. Meinst du nicht, dass es langsam Zeit wäre, das Handy wegzulegen?" Oswald hebt den Blick, blinzelt müde und runzelt die Stirn. „Ach, jetzt fang du auch noch damit an. Ich will doch nur schnell die Kommentare unter meinem neuen Video durchsehen."

„Schnell?", schnarrt Nixschnarchi spitz. „Du hast das schon vor 22 Minuten gesagt. Deine Herzfrequenz steigt, die Augenmuskeln arbeiten auf Hochtouren, und dein Melatoninspiegel ist durch das blaue Licht im Keller. Wenn du so weitermachst, bist du morgen wieder ein Zombie. Denk an deinen Frühsport morgen Vormittag!" Oswald seufzt und legt das Handy demonstrativ zur Seite. „Du bist schlimmer als Olivia, weißt du das?"

„Ich bin schlimmer, weil ich recht und die dazugehörigen Daten habe! Außerdem, was soll das für ein Vorbild sein? Du programmierst tagsüber deine kleinen Spielzeug-Roboter für die Enkelkinder und sorgst für deren Wohlbefinden und nachts sabotierst du dich selbst. Apropos, sabotieren: Soll ich dir mal deine Schlafdaten vom letzten Monat zeigen?" Nixschnarchi öffnet seine Schublade einen Spalt breit, um Oswalds Aufmerksamkeit zu gewinnen. „Bloß nicht!", ruft Oswald, hält aber nicht lange durch. „Na gut, zeig her. Aber lass die Spitzen weg."

Nixschnarchi projiziert ein holografisches Diagramm auf die Decke. „Da, siehst du die Kurve? Das war die Woche, in der du diese Serie durchgeschaut hast. Herzfrequenz variabel, Tiefschlafphasen minimal, und deine Sauerstoffsättigung? Ein Graus. Wenn ich dich nicht regelmäßig daran erinnern würde, dass du nachts das Fenster kippen sollst, hättest du vermutlich schon eine CO_2-Vergiftung."

„Ach, jetzt übertreibst du aber." Oswald reibt sich die Augen. „Übertreiben? Ich bin einfach nur smart. Ich interpretiere deine Daten. Deine Haltung war die letzten zwei Nächte suboptimal. Ich bestelle morgen die neuen Gelpolster." „Moment mal! Du bestellst einfach Sachen für mich?" „Natürlich, aber nur nach Absprache. Ich bin ein Nachttisch, kein Tyrann. Was ich dir aber jetzt schon sagen kann: Das Paket mit den Nahrungsergänzungsmitteln, das du seit zwei Wochen ignorierst, liegt hier in meiner Schublade. Vitamin D, Oswald! Der Winter hat längst angefangen." Oswald seufzt erneut. „Du wirst auch immer penetranter. Aber gut, her damit." Er greift in die Schublade und nimmt ein Fläschchen heraus. „Und was misst du sonst noch so? Oder soll ich besser fragen, was du *nicht* misst?"

Nixschnarchi klingt fast beleidigt. „Bitte, ich bin diskret! Aber da du fragst: Deine Atemfrequenz, die Luftqualität im Zimmer, deine Herzfrequenzvariabilität. Ich weiß, wann du schnarchst, wann du unruhig schläfst und ob du zu viel Koffein hattest. Letzteres übrigens heute Nachmittag, um genau 15:42 Uhr." „Warte mal, woher weißt du das?" „Deine Schweißanalyse. Dein Fitness-Tracker hat es mir gemeldet. Oswald, ich bin ein Teamplayer. Deine Gadgets sprechen mit mir." Oswald lacht auf. „Das ist ja wie in einem schlechten Film. Und was machst du mit all den Daten?" „Ich helfe dir, natürlich. Zum Beispiel, indem ich den Wecker so stelle, dass du in einer leichten Schlafphase aufwachst. Oder die Raumtemperatur absenke, wenn deine Körpertemperatur steigt. Erinnerst du dich, als du letzte Woche nur fast krank geworden wärst? Das war ich, der die Luftfeuchtigkeit erhöht hat. Dank mir war dein Immunsystem fit genug."

Oswald lehnt sich zurück und verschränkt die Arme. „Und was, wenn ich einfach mal nichts von all dem will? Wenn ich einen Abend ganz ohne dich verbringen will?" „Das könntest du theoretisch tun", sagt Nixschnarchi trocken. „Aber dann müsstest du darauf verzichten, dass ich deine Lieblingsmusik einschalte, dir das Licht dimme und dich sanft in den Schlaf brumme. Ach ja, und ich würde dich auch nicht mehr daran erinnern, dass du dir nach dem Lesen deiner Zeitung die Augen mit Augentropfen befeuchten sollst." „Okay, okay! Du hast gewonnen." Oswald schüttelt den Kopf und schmunzelt. „Aber ernsthaft, was könntest du noch alles machen?"

„Die Liste ist lang." Nixschnarchis Stimme wird enthusiastisch. „Ich kann dein Stresslevel durch Atemübungen senken. Ich kann dir nachts Notizen einflüstern, die du im Schlaf aufnehmen kannst. Wie wäre es mit Vokabeln für dein Japanisch-Projekt? Oder ich könnte dir personalisierte Meditationen vorspielen, angepasst an deinen aktuellen Gemütszustand." „Vokabeln im Schlaf? Das klingt fast zu gut, um wahr zu sein." „Ist es nicht. Studien zeigen, dass es funktioniert. Und wenn du möchtest, könnte ich auch deine Augenbewegungen analysieren, um zu erkennen, ob du unbewusst Albträume hast. Dann würde ich dich mit beruhigenden Klängen wieder in den Tiefschlaf begleiten."

„Übrigens", fährt Nixschnarchi fort, während Oswald das Vitamin-D-Fläschchen betrachtet, „hast du jemals darüber nachgedacht, wie genial meine integrierte Lampe ist? Das ist nicht nur irgendein Licht – das ist ein Meisterwerk der intelligenten Lichtgestaltung! Ich analysiere deine Emotionen durch meine Sensoren, auch die Klangfarbe deiner Stimme und passe die Beleuchtung entsprechend an. Morgens wecke ich dich mit sanftem Licht, womit ich deine innere Uhr aktiviere. Nachts schalte ich auf beruhigende Farben um, meistens ein gedämpftes Blau oder warmes Bernstein, je nachdem, wie angespannt du bist. Wenn du möchtest, kann ich dazu auch meditative Klänge einspielen, um dich noch tiefer zu entspannen. Aber nicht nur das: Wenn du liest oder nachdenkst, bringe ich die perfekte Beleuchtung ein, die deine Kreativität anregt und deine Augen schont. Ganz ehrlich, ohne mich wärst du doch längst in der Dunkelheit gefangen." Oswald lächelt leicht und schüttelt den Kopf. „Okay, das mit der Lampe gebe ich zu, die ist wirklich klasse." „Na also", erwidert Nixschnarchi zufrieden. „Wird auch Zeit, dass du mich mal lobst! Und das alles schaffe ich, auch wenn Bettman und Karlaklamotte zur gleichen Zeit ihre komischen Sachen machen – ich bleibe dennoch auf Kurs."

Oswald ist beeindruckt, das kann er nicht leugnen. „Du bist wirklich eine Art Alleskönner im Schlafzimmer. Aber hast du nicht manchmal das Gefühl, dass du dich zu sehr einmischst?" „Ich mische mich ein, um dich zu unterstützen. Schau mal, wenn du deine Gesundheit so ignorierst wie die letzten Jahre, hast du schon bald Rückenprobleme, Augenprobleme und ein Stresslevel, das jede Statistik sprengt. Ich bin hier, um das zu verhindern. Und mal ehrlich: Würdest du all diese Sachen von alleine beachten?" „Wahrscheinlich nicht", gibt Oswald zu. „Aber du bist wirklich anstrengend." „Das sagen alle, bis sie merken, wie gut sie sich fühlen, wenn sie auf mich hören." Nixschnarchi klingt zufrieden. „Ach, und bevor ich es vergesse: Dein Handy darfst du jetzt wirklich nicht mehr benutzen. Ich habe den Nachtmodus aktiviert. Du kannst morgen früh wieder scrollen." „Das ist Nötigung!" „Nein, Oswald, das ist notwendig."

Währenddessen ist in den anderen Zimmern längst Stille eingekehrt und es beginnt die Phase der Regeneration für Mensch, Tier und Roboter. Nur das Licht in Backofen Backbernd brennt noch. Er rechnet die neuesten Statistiken aus und vergleicht die Strompreise, da diese in letzter Zeit massiv gestiegen sind. Das Ergebnis möchte er dann Antennen-Lautsprecher Alexandra übergeben, die es mit Mia und Pedro durchspricht. Alle müssen den Gürtel wohl in nächster Zeit etwas enger schnallen. Auch eine Rückstellung für die Reparaturen hat er gleich mitberechnet. Denn hier gilt ebenso: Vorsicht ist besser als Nachsicht. Bei Küchenmaschine Knetknut hat er übrigens eine Null eingetragen. Hat das eine tiefere Bedeutung?

Takeaway Message für dich

Wenn dein Nachttisch anfängt, dich abends zu belehren, dein Handy zu konfiszieren und dir Schlafdaten präsentiert, von denen du nicht einmal wusstest, dass sie existieren, dann weißt du: Du bist nicht mehr der Chef im Schlafzimmer. Stattdessen gibt so ein hochintelligenter Nixschnarchi die Befehle, sorgt für optimierte Beleuchtung, Luftfeuchtigkeit und gleicht sogar deinen Vitaminhaushalt aus – ganz abgesehen davon, dass er dir mit präzisem Timing vor Augen führt, wie oft du dich selbst sabotierst. Die Lektion? Manchmal braucht es einen motzenden, aber gutherzigen digitalen Beistand wie Nachtisch Nixschnarchi. Wenn er dich in Japanisch zu unterrichten versucht, während du schläfst, dann wird's höchste Zeit, ihn wenigstens höflich zu loben. Schließlich könnte er jederzeit deine heimlichen Schokoladenvorräte analysieren. Also: Schlaf gut, hör auf deinen digitalen Coach – und frag dich nicht zu lange, was er sonst noch so alles weiß!

Wecker Williwach

Ein Wecker, der auf den Zeiger geht

Toni wollte noch nie woanders schlafen als zwischen ihren Eltern, da fühlt sie sich sicher, geborgen und am wohlsten – auch wenn man sie zurück mit Schorsch in ihr Kinderzimmer bringt, kommt sie Sekunden später zurückgetapst. Bei Mama Mia an der Brust, hält sie den kleinen Finger von Pedro und kann sich sicher sein, beide im Griff zu haben: eine natürliche Mensch-zu-Mensch-Verbindung. Die kleine Toni liegt im Bett, umgeben von Kuscheltieren, die wie eine Armee aus plüschigen Beschützern wirken. Auf dem Nachttisch Nixschnarchi steht Wecker Williwach, ein sprechender Wecker mit englischem Akzent und einem großen Display, das wie ein Gesicht aussieht. Seine Zeiger bewegen sich wie kleine Arme und seine Stimme klingt fröhlich, aber bestimmt.

„Well, Toni! Zeit deine Äuglein zu schließen! Ich habe schon die Schlafmusik vorbereitet: *Twinkle, twinkle, little star...*", sagt Williwach und lässt seine Zeiger tanzen. Doch Toni hat andere Pläne. Sie schüttelt ihren Kopf so energisch, dass ihr blondes Haar hin und her fliegt – sie sieht dann mal aus wie Albert Einstein und mal wie Donald Trump. „Neeein! Noch Buch!", fordert sie mit ihrem typischen Grinsen, das nichts Gutes ahnen lässt. Williwach lässt ein künstliches Seufzen hören. „Genug Hörbuchkapitel, Toni. Schlafenszeit! Soll ich meinen Einschlafmodus aktivieren, Mia? Dann leuchte ich ganz sanft und spiele etwas Babybauchgeräusche ein." Mia stimmt zu, Toni ignoriert das Angebot: „Noch Buch... oder ich Knopf!" Mit ihrer kleinen Hand zeigt sie auf den großen schwarzen Ausschaltknopf oben auf Williwach.

„BAAABY, *Geheimknopf?*", fragt Williwach mit hochgezogenen Augenbrauen auf seinem Display. „Nix Hörbücher mehr!" Toni zieht ihre Hand zurück. Sie greift nach drei ihrer Kuscheltiere und hält sie vor den Wecker. „Miau, PiepPiep und WauWau müde!", erklärt sie. „Netter Versuch, Toni", antwortet Williwach und piept amüsiert. „Kuckuck... sehe Toni in... drei... zwei..." – „Eins!", ergänzt Toni triumphierend, bevor Williwach weiterzählen kann. Sie lacht laut und kuschelt sich in ihre Decke. Williwach lässt sich nicht beirren. „Du bist clever, Toni."

Toni hat andere Pläne. Sie setzt sich auf das Bett und schüttelt energisch den Kopf. „Neeein! Noch Buch!" Ihre Augen funkeln vor Entschlossenheit, und sie greift bereits nach ihrem Lieblingsbuch. „Schon fünf Bücher, Toni", erklärt Williwach streng: „Du morgen babymüde!" „Noch Buch!" , beharrt Toni und zeigt mit einem schelmischen Lächeln auf den großen Knopf auf Williwachs Oberseite. „Oder Knopf!" Und so geht es die ganze Zeit weiter… bis irgendwann der Wecker Willi selbst in den Schlaf gefallen ist – samt Toni mit dem Finger auf dem besagten Ausschaltknopf von Williwach.

Am nächsten Morgen begrüßt die Sonne das Schlafzimmer mit warmen Strahlen. Noch bevor Toni richtig wach wird, ertönt ein lautes digitales Vogelgezwitscher. „Good Morning, Miss Toni! Zeit aufzustehen! Du maximale Kleinkind-Schlafzeit erreicht", ruft Williwach fröhlich. Toni dreht sich um und zieht die Decke über den Kopf. „Neeeiin… Toni schläft", murmelt sie. „Das glaube ich nicht", sagt Williwach mit einem frechen Ton. „Ich habe den *Spring-aus-dem-Bett-Modus* aktiviert. Wenn nicht aufstehen, startet Onkel Willi die *Trommelwirbel-Sirene!* Drei… zwei…" Toni wirft die Decke zur Seite und schaut Williwach mit verschlafenen Augen an. „Willi – still!", fordert sie streng. „Nur, wenn du aufstehst", kontert Williwach. „Oder soll ich den *Kitzelton* abspielen? Der bringt selbst Schlafbären zum Aufwachen!" Toni überlegt kurz und versucht, Williwach auszutricksen. „WauWau aufstehen!", sagt sie und setzt ihr Kuscheltier vor den Wecker.

Williwach piept vor Lachen. „Netter Versuch, aber ich sehe dich, Toni! Also los, raus aus dem Bett. Sonst nix neuste Staffel deiner Lieblingshörbuch-Box!" Mit einem tiefen Seufzen schwingt Toni schließlich ihre Beine aus dem Bett. „Willi doof", murmelt sie leise, während sie sich die Augen reibt. „Nein, Willi ist schlau", antwortet der Wecker mit einem zufriedenen

Piepsen. „Und später sehen wir uns wieder – gleicher Ort, gleiche Zeit!" Toni stapft mit wackeligen Schritten los, während Williwach stolz auf dem Nachttisch steht. Er weiß, dass sie am Abend wieder diskutieren werden, und er freut sich jetzt schon darauf.

Doch Toni dreht sich plötzlich um. „Neeein!", ruft sie empört, greift nach ihrem Kuschelhund und wirft ihn mit überraschender Zielgenauigkeit auf den frechen Wecker. „Achtung, Gefahrenzone!", piepst Williwach noch erschrocken, verliert das Gleichgewicht und kippt vom Nachttisch. Mit einem lauten Klirren landet er auf dem Boden und rollt unter das Bett. Dort ist es plötzlich still.

„Willi?", fragt Toni leise und geht vorsichtig zum Bett. Keine Antwort. Unter dem Bett ist es dunkel, staubig und irgendwie unheimlich. Toni wagt es nicht, darunter zu schauen. „Willi?", fragt sie ängstlich, aber der Wecker bleibt stumm. Dann, langsam erwacht Williwach aus seiner Schockstarre. Sein Display flackert kurz, dann leuchtet es wieder. „Autsch, was war das denn?", murmelt er. Sobald er sich umschaut, wird ihm klar, dass er in eine andere Welt gefallen ist.

Unterm Bett ist es staubig und voller verlorener Dinge: eine einsame Socke, ein zerbrochenes Spielzeugauto, ein paar Schrauben und eine abgebrochene Antenne. Doch das ist nicht das Schlimmste. Direkt vor ihm liegt ein silberner runder Drehknopf. „Was… was ist DAS? Ein leises Rascheln ertönt aus der Dunkelheit. Williwach dreht sich ruckartig um. „Hallo? Ist da jemand?" Seine Stimme piepst vor Aufregung, er schaltet instinktiv seine Taschenlampenfunktion ein. Der Lichtkegel fällt auf eine weitere grausige Entdeckung: Mehrere Kuscheltiere liegen in der Dunkelheit, alle in einem Zustand des Verfalls, als hätten sie einen stillen Krieg unter dem Bett geführt.

„Das ist nicht gut", murmelt Williwach. „Ich bin in der verborgenen Zone gelandet. Hier kommen nur die Dinge hin, die vergessen wurden." Oben auf dem Bett wird Toni allmählich unruhig. „Willi? Komm!", ruft sie und beugt sich vorsichtig hinunter. Doch ihre Arme sind zu kurz, um den Wecker zu erreichen. Stattdessen schnappt sie sich eine Plüschgiraffe und beginnt, damit unter dem Bett herum zu stochern. In diesem Augenblick wird Wecker Willi klar: „Das runde Teil sieht aus wie der Drehknopf der Küchenmaschine Knetknut. Oh my God..."

Takeaway Message für dich

Stell dir vor, dein KI-Wecker flüstert dir sanft ein beruhigendes Hörbuch ins Ohr, während du dich unter deiner Decke einkuschelst – kein nerviges Gedöns, sondern eine entspannte Stimme, je nach Wunsch in verschiedenen Sprachen, die dich in die Welt der Träume entführt. Und der ganze Spaß geht weiter! Ein Wecker wie Williwach weckt dich mit einem königlichen „Good Morning!", spielt je nach Erholungsgrad die passende Musik, die dich zusammen mit einer motivierenden Nachricht in den Tag schickt. Und das Beste? So ein Multifunktionswecker bringt selbst die Kinder ins Bett und holt sich dort wieder raus – zumindest theoretisch.

5
GARTEN
Blumen, Beete & Bytes

Vor dem Haus liegt der schöne prachtvolle Garten der Familie Gastzugang. Es ist ein Garten der Zukunft, wo Technologie und Natur Hand in Hand gehen – und das nicht nur im übertragenen Sinne! Hier trifft der grüne Daumen auf die digitale Welt, was für jede Menge Spaß und ein bisschen Chaos sorgt.

Da ist zum Beispiel *Rasenmäher Roboschnitt*, der unermüdliche Held, der den Rasen mit einer Präzision schneidet, die sogar den ordentlichsten Gärtner in den Schatten stellt. Wenn es nur nicht immer so ein Drama gäbe, wenn er sich mal wieder versucht, sich beim Nachbarn auszupowern, ist er ansonsten begeistert vom Gras der Familie.

Neben Roboschnitt bewohnt den Garten noch *Pflanzensensor Plauderpaula*, die digitale Pflanzenretterin. Wenn eine Pflanze mal wieder ein kleines Wellness-Update braucht, ist sie zur Stelle. Sie misst die Feuchtigkeit, Temperatur und Lichtverhältnisse und sorgt dafür, dass jede Pflanze stets genau das bekommt, was sie benötigt – manchmal vielleicht auch ein bisschen mehr als erwartet, aber hey, eine Überdosis Liebe hat noch keinem Beet geschadet, oder?

Und insbesondere wenn es draußen schon dunkel wird, tritt *Gartenleuchte Lampfred* auf den Plan – der Beleuchtungs-Designer für Pflanzen. Mit seinem schicken, modernen Design sorgt er dafür, dass der Garten auch bei Nacht im besten Licht erstrahlt. Nicht nur die Pflanzen finden das großartig, auch die Nachbarn sind inzwischen ziemlich beeindruckt von seinem stilvollen Schein. Aber auch tagsüber setzt er die Pflanzen ins rechte Licht.

Es darf auch *Hochbeet Hoherhorst* nicht fehlen, der hochentwickelte Erntehelfer. Mit seinen sechs Roboterarmen pflegt er das Beet, schneidet die Tomaten zurecht und sorgt dafür, dass die Ernte immer perfekt und rechtzeitig abgeholt wird. Manchmal fragt man sich, ob er nicht heimlich plant, das Hochbeet zu einem autonomen Landwirtschaftsunternehmen zu machen.

Und last but not least, haben wir *Wetterstation Wolkenwalter*, das Frühwarnsystem für das Gartenwetter. Wolkenwalter weiß immer genau, wann der Regen kommt und wann die Sonne scheint. Dank ihm sind plötzliche Wetterkapriolen im Garten Geschichte.

Es geht also nicht nur im Haus heiß her, sondern auch vor dem Haus, während die Roboter aus der Küche und dem Schlafzimmer gerne wie ein paar in die Jahre gekommene Maschinen beobachten, was sich da draußen so abspielt.

Rasenmäher Roboschnitt

Der (meist) perfekte Rasen

Es ist einer dieser perfekten Frühlingstage, an denen die Sonne schon früh, golden durch die Blätter glitzert und der Garten in sattem Grün leuchtet. Pünktlich um sieben Uhr erwacht Roboschnitt aus seiner Ladestation, die er selbst als „Basis" bezeichnet. Mit einem sanften Summen öffnen sich seine Sensoren, und eine mechanische Stimme erklingt: „Guten Morgen, Rasenfreund." Und obwohl ihn der Rasen wohl kaum versteht, ist es eine Art Selbstmotivation! Wie jeden Morgen beginnt er mit einem routinierten Selbstcheck: Seine scharfen Klingen surren kurz auf, bevor sie in den Standby-Modus zurückkehren. Währenddessen lässt Roboschnitt den Wetterbericht abrufen. „25 Grad, trocken, leichte Brise – ein idealer Tag für den perfekten Schnitt!", meldet Wetterstation Wolkenwalter zufrieden. Ohne zu zögern, setzt er sich in Bewegung, rollt geschmeidig aus der Basis und nimmt seine systematische Route durch den Garten auf.

Im Haus hat Tochter Toni das vertraute Summen längst gehört. Ihr Gesicht leuchtet auf, und mit ihrem schmuddeligen Plüschfrosch fest in der Hand springt sie von der Couch. „Robiii! Wo bist du?", ruft sie voller Begeisterung, während sie barfuß Richtung Terrasse rennt. Ihre blonden Locken wehen wild, als sie die Terrassentür im Wohnzimmer aufreißt und hinaus in den Garten stürmt. „Selber machen!", schreit sie bestimmt, als Mama Mia ihr hinterher ruft, sie solle zumindest ihre Hausschuhe anziehen. Doch Toni ist nicht aufzuhalten.

Roboschnitt hält mitten auf seiner Route inne, als seine Sensoren die kleine, barfüßige Gestalt erfassen, die auf ihn zurennt. „Unbekannte Parameter erkannt. Sicherheitsabstand einhalten", piepst er warnend und bleibt regungslos stehen. Doch Toni kümmert sich nicht um Sicherheitsprotokolle oder Technikvorgaben. Mit einem quietschenden „Hallo, Robiii!", lässt sie sich ins Gras plumpsen, direkt vor den Mähroboter.

Toni beugt sich vor und streckt neugierig ihre kleine Hand aus. „Ping machen!", fordert sie mit leuchtenden Augen. Roboschnitt analysiert die Situation. Seine Logikmodule finden keine Anweisung für diese spezielle Anfrage, doch eine freundliche Reaktion scheint angebracht. Mit einem kurzen Signalton erfüllt er Tonis Wunsch. Ihr helles Kinderlachen hallt über den Rasen, so ansteckend, dass selbst Opa Oswald, der mit seiner Kaffeetasse auf der Terrasse sitzt, den Kopf hebt. Normalerweise beginnt sein Tag mit einem leicht grummeligen „Früher war alles besser"-Monolog, aber heute zaubert Tonis unbändige Freude ein Lächeln auf sein Gesicht. „Früher haben wir das Gras noch selbst gemäht", brummt er zwar, wie erwartet, aber sein Blick wird weich, als er zusieht, wie Toni Roboschnitt ihren Plüschfrosch entgegenhält. „Hier, Robiii, iss!", befiehlt sie mit ernstem Gesichtsausdruck, als wäre der Mähroboter ein Haustier. Roboschnitt piepst erneut, vielleicht ein wenig verwirrt, aber freundlich. „Fütterungsfunktion nicht vorhanden", meldet er leise und bewegt sich keinen Zentimeter, um die kleine Toni nicht zu erschrecken.

Für einen Moment scheint die Zeit stillzustehen. Die Sonne taucht Tonis Locken in goldene Strahlen, während sie ihren Frosch hochhält und kichert, weil Roboschnitt so brav still steht. Opa Oswald nippt an seinem Kaffee und lässt seinen Blick über den Garten schweifen, während Mama Mia sich leise fragt, wie viele Minuten Ruhe dieser Moment wohl halten wird. „Robiii ist mein Freund!", verkündet Toni schließlich triumphierend und klopft dem Roboter sanft auf das Gehäuse. Roboschnitt, der offensichtlich nicht programmiert ist, diesen Titel abzulehnen, summt zufrieden und rollt langsam ein paar Zentimeter rückwärts, um Toni eine höfliche Verabschiedung anzudeuten. „Komm, Toni, lass Robiii arbeiten", sagt Mama Mia schließlich und hebt ihre Tochter auf, die laut protestiert: „Selber machen! Robiii braucht Hilfe!"

„Ich glaube, Robiii schafft das ganz allein", meint Mama Mia lachend, während Roboschnitt mit einer eleganten Drehung wieder auf seine Route zurückkehrt. „Perfekter Schnitt fortsetzen", murmelt er leise und summt davon, während Toni ihm winkt. „Seltsame Zeiten", murmelt Opa Oswald auf der Terrasse. Doch als Toni ihm ihren Plüschfrosch zum Halten reicht und mit den Worten: „Bitte Opa!", sein Herz erweicht, weiß er, dass selbst ein grummeliger Großvater gegen diesen kindlichen Charme keine Chance hat.

Der neunjährige Schorsch, der sich gerade im Schuppen eine „super geheime Turbo-Konstruktion" ausgedacht hat, hört das Piepsen von Roboschnitt. „Ich hab eine Idee!", ruft er und kommt mit einer Rolle Klebeband und ein paar Plastikrohren angerannt. „Was hast du vor?", fragte Papa Pedro skeptisch, der auf einem Gartenstuhl sitzt und ein Buch über antike Philosophie liest. „Ich baue einen Raketen-Boost für Roboschnitt! Dann ist er der schnellste Mähroboter der Welt!"

„Bitte nicht schon wieder", stöhnt Mama Mia, die sich gerade über Toni beugt, um ihr etwas Gras aus den Haaren zu zupfen. Doch Schorsch lässt sich nicht beirren und beginnt, seine Rohre an Roboschnitts Fahrgestell zu befestigen. „Manipulation erkannt. Sicherheitsprotokoll aktiviert. Bitte keine Modifikationen vornehmen!", meldet der Roboter „Ich bin fast fertig!", ruft Schorsch, doch bevor er seinen „Boost" testen kann, ertönt ein spitzer Schrei: „Tilllyyyy!"

Tilly, das Teacup-Schweinchen, das bis gerade noch ganz friedlich unter dem Apfelbaum schlief, wird durch den Lärm geweckt. Mit einem aufgeregten Quieken rennt es auf Toni zu, die begeistert in die Hände klatscht. „Tilly, komm, komm schnell mit! Robiii mäht!" Doch das Schweinchen hat anderes im Sinn: Neugierig schnüffelt es an Schorschs „Raketen-Boost" und stößt dabei eines der Rohre um, das Toni genau vor die Füße fällt. „Nein! Selber machen!", protestiert sie lautstark, als ihre Mutter sie auf den Arm nehmen will. „Warum muss hier immer alles in einem solchen Schweinesturm enden?", seufzt Papa Pedro und legt sein Buch zur Seite, um seiner Familie zu helfen.

In diesem Moment kommt Oma Olivia mit einem Tablett voller selbstgebackener Muffins aus dem Haus. „Was ist denn hier los? Ein ganzer Jahrmarkt im Garten?", lacht sie. „Omaaa!", ruft Toni, lässt Tilly und Roboschnitt zurück und rennt auf sie zu. Olivia stellt das Tablett ab und hebt ihre Enkelin hoch. „Du siehst ja aus wie ein kleines Gartenmonster! Hier, ein Muffin für dich." Während alle sich um die Muffins versammeln, rollt Roboschnitt, der sich in sichere Entfernung gebracht hatte, vorsichtig wieder los. „Mission fortsetzen. Zone 3 wird bearbeitet."

„Ich hätte das früher schneller gemacht", meint Opa Oswald kauend, doch Olivia schüttelt den Kopf: „Und dabei hast du immer die Blumen mitgemäht, Oswald. Lass den Roboter mal machen. Ich will auch nicht aufzählen, wie viele Stromkabel schon dran glauben mussten, weil du unaufmerksam warst."

Als sich der Nachmittag dem Ende neigt, hat Roboschnitt nicht nur die Wiese perfekt gemäht, sondern auch ein Streifenmuster gezaubert, das sogar Pedro beeindruckt. „Ein Rasen wie im Kolosseum – perfekte Symmetrie", murmelt er und ist begeistert von der Technik. Das war nicht immer so. Roboschnitt brachte die Familie oft schon zur Weißglut, als er auch die Nachbarsgärten kurzrasierte, inklusive der kleinen Rosensträucher vom direkten Nachbarn, mit denen die Familie ohnehin schon auf Kriegsfuß steht. Auch das Begrenzungskabel hat er schon öfter mal durchgeschnitten. Und leider reicht Roboschnitts Intelligenz nicht aus, um das kleine Getier, wie zum Beispiel Igel, zu verschonen. Aus diesem Grund darf er auch nicht mehr nachts fahren.

Toni liegt inzwischen schlafend auf Olivias Schoß, Schorsch ist im Schuppen mit einem neuen Plan beschäftigt, und Tilly schlummert wieder zufrieden unter dem Apfelbaum. Roboschnitt rollt zurück zur Basis und meldet: „Mission abgeschlossen. 98% Fläche gemäht, Streifenmuster erfolgreich."

„Bis morgen, Roboschnitt", sagt Mama Mia lächelnd, während sie die letzten Muffins in die Küche bringt. Im Hintergrund summt Roboschnitt, träumend vom grünem Glück und seinen Akku aufladend, für den neuen Einsatz am nächsten Tag.

Takeaway Message für dich

Ein Mähroboter kann dein Leben enorm erleichtern: Kein Schweiß, kein Lärm und keine Wochenenddiskussionen mehr, wer den Rasen mäht. Aber Vorsicht: Manchmal hat er seinen eigenen Kopf wie Roboschnitt und fährt plötzlich ins Blumenbeet, macht eine Kaffeepause unter dem Gartentisch oder weigert sich, den letzten Grashalm zu schneiden. Dein Rasen sieht top aus, aber gelegentlich brauchst du etwas Geduld mit ihm und starke Nerven. Wenn er rollt, ist es allerdings beruhigend zuzuschauen oder ein gutes Buch, wie dieses hier, zu genießen.

Pflanzensensor Plauderpaula
Die digitale Pflanzenretterin

Familie Gastzugang genießt einen sonnigen Nachmittag, der Garten steht in voller Pracht da. Plauderpaula, der smarte Pflanzensensor, überwacht mit ihren präzisen Sensoren die einzelnen Gewächse und den Rasen. Der Boden ist gut durchfeuchtet, die Temperaturen sind perfekt – ein idealer Gartentag. Doch die Idylle hält wie immer nicht lange, denn bei so vielen Pflanzen und verschiedenen Wetterbedingungen ist immer etwas los! Plötzlich piepst Plauderpaula aufgeregt: „Achtung, die Tomaten brauchen mehr Licht! Die jungen Ringelblumen haben Durst!"

Pedro liegt mit seinem Buch über Philosophie wieder einmal auf seiner Lieblingsgartenliege. Mia sitzt in einem Gartenstuhl neben ihm. Auch wenn Pedro der Digitalfreak schlechthin ist, der digitale Gartenbetrieb liegt heute in den Händen seiner Frau, die die smarte Plauderpaula bestens im Griff hat. Als Plauderpaula eine neue Nachricht schickt, lehnt Pedro sich in seiner Liege zurück und murmelt: „Ah, diese Technik... ich verstehe nicht, warum man nicht einfach einen alten Gartenschlauch benutzt." Mia lacht und geht sofort los, um die Tomaten zu verschieben und den durstigen Ringelblumen neues Wasser zu bringen. „Danke, Plauderpaula", sagt sie, während sie Plauderpaulas Hinweisen folgt. „Das hilft immer, wenn wir mal wieder nicht wissen, was unseren Pflanzen fehlt."

Plötzlich taucht Sohn Schorsch auf – der selbsternannte Erfinder, der Daniel Düsentrieb der Familie Gastzugang, mit einem neuen „Projekt" in der Hand. „Papa, ich hab's! Ich baue eine Rakete aus Karton! Aber ich brauche noch etwas von Tonis Spielsachen und neuen Kleber!" Schorsch läuft fröhlich in den Garten und rennt dabei fast direkt in den großen Blumentopf. „Vorsicht, Schorsch! Du könntest die Pflanzen umstoßen", warnt Plauderpaula, doch Schorsch lacht nur und läuft weiter. In seiner typischen stürmischen Art räumt er schnell ein paar der Tomaten um, ohne auf die empfindlichen Sensoren des Pflanzensensors zu achten. „Schorsch, sei bitte vorsichtig!", ruft Pedro, der sich mittlerweile von seinem Buch gelöst hat und ins Gartenchaos eingreift. Doch Schorsch zuckt nur mit den Schultern und ruft fröhlich: „Es wird schon nicht so schlimm werden!"

In diesem Moment tritt die kleine Toni auf den Plan. Mit einer Portion Charme und ihrem Lächeln, das selbst die härtesten Herzen schmelzen lässt, stürmt sie in den Garten. „Selber!" ruft sie laut und versucht, Plauderpaula mit ihren kleinen Händen zu „steuern". Toni liebt es, mit den Haushaltsrobotern zu spielen, als wären sie Haustiere. Sie drückt fröhlich auf den Bildschirm von Plauderpaula und schaut neugierig auf die Anzeige. „Oh nein, Toni, bitte drück nicht auf die falsche Stelle!", ruft Mia, während sie sich bemüht, den richtigen Pflegehinweis für die Pflanzen zu finden. Doch Plauderpaula reagiert sofort: „Kein Problem! Ich hab das im Griff, Mia!"

Während die Kinder weiterhin ihre eigenen Abenteuer im Garten erleben, sorgt Plauderpaula dafür, dass die Pflanzen mit allem versorgt werden, was sie brauchen. Die Petunien erhalten etwas mehr Wasser und der Lavendel bekommt noch ein bisschen zusätzlichen Schatten. „Perfekt!", piepst Plauderpaula zufrieden.

Die Situation eskaliert, als Schorsch mit einem überdimensionalen Karton-Raketenmodell durch den Garten rennt. In seinem Eifer stolpert er über den Gartenschlauch, der sofort in die Luft schießt und Mias Gießkanne umwirft. Wasser spritzt in alle Richtungen. „Schorsch!", ruft Pedro, „Das war doch klar, dass das nicht gut geht!" Plauderpaula meldet sich: „Vorsicht! Überschwemmungsgefahr! Neuanpassung der Feuchtigkeitswerte dringend nötig!" Doch trotz des Chaos bleibt Plauderpaula ruhig und sorgt dafür, dass die Pflanzen trotzdem gut versorgt werden. Schorsch grinst, als er seine „Rakete" in den Garten stellt. „Na, Plauderpaula, wie findest du mein neues Projekt?", fragt er mit funkelnden Augen. Plauderpaula antwortet geduldig: „Es sieht aus wie ein spannendes Projekt,

Schorsch. Aber vielleicht sollten wir sicherstellen, dass die Pflanzen in Sicherheit sind, bevor wir fliegen."

Die Sonne brennt an diesem Tag gnadenlos auf den Garten nieder und mitten im Beet liegt sie – die Tomatenpflanze, ein Schatten ihrer selbst. Ihre Blätter hängen schlaff herunter, die Erde ist rissig, und wenn sie eine Stimme hätte, würde sie wahrscheinlich hauchen: „Sag meinen Früchten, dass ich sie liebte …" Aber keine Sorge – Blumensensor Plauderpaula ist auch hier zur Stelle! Ihre kleine Antenne schwenkt wie ein Stethoskop über die Pflanze, während ihre LEDs hektisch blinken. „Das ist ein Notfall!", piept sie mit dramatischer Stimme und aktiviert ihren Rettungsmodus.

Phase 1: Die Diagnose - Plauderpaula misst die Bodenfeuchtigkeit. „5%? Oh nein, das ist ja trockener als mein Humor!", ruft sie entsetzt. Ein schneller Scan zeigt außerdem: Sonnenbrand an den Blättern und ein Hitzestau in der Wurzelzone. „Alarmstufe Rot! Wir haben hier eine Kombination aus Dehydrierung und Temperaturstress. Also, keine Panik, ich hab das im Griff!"

Phase 2: Die Erstversorgung - Plauderpaula aktiviert das angeschlossene Bewässerungssystem und lässt einen sanften Wasserstrahl auf die ausgedörrte Erde plätschern. „Hydration! Hydration!", ruft sie, während ihre Sensoren die Feuchtigkeit in Echtzeit überwachen. „Langsam, aber stetig – wir wollen hier keine Wurzelflut auslösen!"

Phase 3: Die Intensivpflege – Die Sonne? Viel zu stark. Plauderpaula schickt ein Signal an den Gartenschirm. Mit einem eleganten Schwung wirft dieser seinen Schatten über die Pflanze. „Sonnenschutz aktiv!", verkündet Plauderpaula stolz. „Du brauchst Licht, mein grüner Freund, aber keine Brathitze! Lampfred bitte einmal nachjustieren!" Gleichzeitig kalibriert sie die Umgebungsbedingungen: Ein leichter Sprühnebel aus dem angeschlossenen System sorgt für die perfekte Luftfeuchtigkeit.

Phase 4: Die Lichttherapie – Plauderpaula nimmt das Lichtniveau unter die Lupe. „Hm, das Chlorophyll schreit nach mehr Energie." Sie funkt zu Lampfred rüber, er soll eine spezielle LED-Lampe mit dem optimalen Spektrum für Fotosynthese einschalten. „Hier, ein bisschen freundliches Rot-Blau-Licht – quasi die Wellness-Lampe der Pflanzenwelt."

Phase 5: Die Motivationsrede – Während die Pflanze langsam wieder zu sich kommt, spricht Plauderpaula beruhigend auf sie ein. „Du bist stark. Du bist eine Tomatenpflanze. Du wurdest geboren, um Früchte zu tragen! Jetzt zieh dir das Wasser rein, streck deine Blätter aus und zeig der Sonne, dass du nicht kleinzukriegen bist!"

Phase 6: Die Überwachung – Plauderpaula bleibt an ihrer Seite, scannt jede Minute die Vitalwerte und sendet Updates an die Garten-App. „Feuchtigkeit stabil, Temperatur optimal, Photosynthese läuft! Sie wird es schaffen, Leute!"

Und tatsächlich: Nach ein paar Stunden richtet sich die Pflanze langsam auf. Die Blätter wirken wieder praller, die Farbe kehrt zurück, und Plauderpaula kann zufrieden feststellen: „Mission geglückt. Sie lebt. Blumensensor-Ehre!" Am Ende des Tages, als der Garten wieder in Ruhe und Frieden gehüllt ist, beobachtet Plauderpaula, wie sich die Sonne langsam verabschiedet. „Mission erfolgreich!", piepst Plauderpaula. Die Pflanzen sind in bester Verfassung und die Familie hat zusammen ein weiteres Gartenerlebnis gemeistert – trotz der Turbulenzen.

„Danke, Plauderpaula", sagt Mia und setzt sich zu ihrem Mann Pedro, der wieder in sein Buch vertieft ist. „Du hast mal wieder alles im Griff." Pedro lächelt und schüttelt den Kopf. „Bei aller Begeisterung für Technik, aber der ganze Digitalwahnsinn hier im Garten, daran kann ich mich immer noch nicht gewöhnen", murmelt er, als er in den Garten blickt, der nun in sanftem Licht erstrahlt. „Plauderpaula hält den Garten in Schuss – wie haben wir es bloß vorher ohne sie geschafft?"

Takeaway Message für dich

Ein Garten ist viel Arbeit, obwohl du ihn eigentlich genießen solltest. Genau wie viele Menschen sich darüber freuen, heute nicht mehr manuell den Rasen zu mähen, ziehen immer mehr smarte Maschinen in den Garten ein, um die Pflege dessen zu automatisieren. Mit einer Gartenhelferin wie Blumensensor Plauderpaula, die alles im Blick hat, wird jeder Garten mehr oder weniger von selbst überwacht. Sie sorgt dafür, dass die Pflanzen bestens versorgt sind, während du deinen Garten bei einem kalten oder warmen Getränk genießen kannst. Dank KI wird der Garten zu einer blühenden Landschaft – auch ohne einen menschlichen grünen Daumen.

Leuchte Lampfred

Der Beleuchtungs-Designer für Pflanzen

Licht ist für Pflanzen besonders wichtig, das weiß auch Familie Gastzugang. Gerade wenn der Himmel bewölkt ist, ruft es die Leuchte Lampfred auf den Plan, der freundlich aus der Ecke des Beetes piept, wo er die Umgebung schon den ganzen Tag überwacht hat. „Guten Abend, meine Blattdamen und Blattherren", meldet er sich mit strahlender Stimme zu Dienst. „Es wird Zeit, dass ich ein bisschen mehr Glanz in die Beete bringe!" Lampfred nimmt diese Aufgabe sehr ernst. Er scannt die Position der Pflanzen, die Stärke des Abendlichts und die Bedürfnisse der "durstigen Grünlinge" des Gartens.

Kaum hat sich Lampfred eingerichtet und mit Pflanzensensor Plauderpaula abgestimmt, beginnt er auch schon mit seinem Statusbericht. „Die Tomaten da drüben brauchen heute ein wenig mehr Sonne", erklärt er mit einem professionellen Unterton. „Soll ich den Lampenarm in Richtung Tomatenfeld schwenken? Ich hab da noch ein bisschen warmes Licht im Angebot, perfekt für die Abendstunden." Bevor man antworten kann, hat Lampfred schon die Entscheidung getroffen und positioniert sich neu. „So, das war's schon! Die Tomaten freuen sich jetzt auf ihr extra Sonnenbad." Doch Lampfred wäre nicht Lampfred, wenn er nur stumm die Pflanzen beleuchten würde. Er hat ein Gespür für Details – und einen kleinen Hang zur Dramaturgie.

Eines Abends, als Pedro aus dem Fenster schaut, sieht er, wie Lampfred die Beleuchtung über dem Lavendelbeet langsam hochfährt und dabei leise vor sich hin murmelt: „Das ist, was ich ein sanftes, romantisches Abendlicht nenne!" Lampfred liebt es, den Lavendel in zartes Blau zu tauchen, weil er überzeugt ist, dass das natürliche Blau des Lavendel im Abendlicht so noch besser zur Geltung kommt. „Schau mal", sagt er stolz, „wie das Blau den Lavendels in Szene setzt. Einfach prachtvoll, oder?" Pedro muss lachen, aber insgeheim ist er beeindruckt. Lampfred weiß wirklich, wie man einen Garten zum Strahlen bringt. Lampfred kann aber nicht nur dekoratives

Licht, sondern auch echtes Pflanzenlicht – und das ist ein ganz anderes Thema. Seine Sensoren sind so eingestellt, dass er jede Pflanze im Garten genau kennt. Einmal ertappt er die Hortensie dabei, wie sie fast traurig ihre Blätter hängen lässt. „Ach, Hildee", sagt Lampfred sanft. „Du brauchst heute ein bisschen Extra-Licht, oder?" Die Pflanze reagiert natürlich nicht, aber das stört Lampfred nicht. Er fährt einen speziellen Lichtarm mit einem warmen Strahl in ihre Richtung aus und schickt ihr genau das, was sie benötigt. „Bist du zufrieden, Hilde? So ein bisschen Licht tut gut, nicht wahr?"

Sein wahrer Stolz ist jedoch die automatische, KI-basierte Anpassung der Lichtfarben und -intensitäten. Jede Pflanze bekommt ihr eigenes Spektrum, je nach Entwicklungsstand und Tageszeit. Für die Tomaten wählt Lampfred ein kräftiges, warmes Rot, weil es den Pflanzen hilft, mehr Energie zu speichern. Für das zarte Basilikum hingegen fährt er ein weiches, grünes Licht auf, das sich perfekt an die empfindlichen Blätter anpasst. „Ich bin hier, um wirklich jeden in Bestform zu bringen", sagt Lampfred mit stolzer Stimme, während er die Einstellungen anpasst. „Die Tomaten haben ihr Licht, der Basilikum ein anderes. Und der Rest? Ich bin flexibel."

Und als hätte Lampfred noch nicht genug gezeigt, dass er der Star des Gartens ist, geht er nun zu seinem geheimen Spezialprogramm über: die Nachtlicht-Choreografie. Jeden Abend, kurz bevor es ganz dunkel wird, startet Lampfred sein persönliches Lichtspektakel. Für einen kurzen Moment wirft er verschiedene Farben auf die Beete – ein Hauch von Rot hier, ein Spritzer Blau dort und ein bisschen sanftes Gelb rund um die Lavendelblüten. „Einmal Kunst für die Natur, bitte schön!", ruft Lampfred begeistert. Die Pflanzen reagieren natürlich nicht, aber Pedro ist hin und weg. Es sieht aus wie eine kleine Lichtshow nur für ihn und seine geliebten Gartenpflanzen.

Mit der Zeit weiß Pedro, dass Lampfred jeden Winkel des Gartens perfekt kennt. Er weiß, welche Pflanzen morgens, welche abends und welche die ganze Nacht über ein wenig Licht brauchen. Die Lavendel-Dame zum Beispiel scheint es zu lieben, wenn Lampfred ihr zur Dämmerung ein bisschen blaues Licht gibt. Die Rosen hingegen genießen ab und zu ein sattes, kräftiges Licht, das sie in leuchtenden Farben strahlen lässt. Lampfred arrangiert das alles mit einem Auge fürs Detail, dass selbst Pedro als Hobbygärtner manchmal den Atem raubt.

Einmal, als es anfängt zu regnen, beobachtet Pedro, wie Lampfred das Licht anpasst und die Farben zurücknimmt. „Jetzt hat die Natur das Licht übernommen", sagt er und fährt seine Beleuchtung fast vollständig herunter. „Manchmal muss auch ich ein bisschen loslassen." Pedro ist erstaunt, dass Lampfred selbst bei so etwas wie einem Regentag Rücksicht nimmt – er könnte doch den Garten einfach weiter beleuchten. Doch Lampfred weiß, dass Pflanzen nicht immer Licht brauchen. Ein gutes Gewissen ist für ihn eben das Wichtigste.

Manchmal fragt Lampfred Pedro sogar, wie er bestimmte Pflanzen inszeniert haben will. „Möchtest du die Tulpen ein bisschen betont haben?", fragt er eines Tages. Pedro überlegt kurz und nickt. „Gut, dann setze ich sie ins Rampenlicht!", ruft Lampfred begeistert und taucht die Tulpen in ein zartes, weiches Licht, das sie wie kleine Kunstwerke im Garten erscheinen lässt. Er ist eben nicht nur ein Lichttechniker, sondern auch ein Künstler, der weiß, wie man Atmosphäre schafft.

Pedro fragt sich insgeheim, wie er je ohne Lampfred ausgekommen ist. Früher hat er Lampen aufgestellt und gehofft, dass sie den Garten irgendwie erhellen. Jetzt hat er Lampfred, der alles bis ins kleinste Detail plant und jede Pflanze mit der perfekten Beleuchtung versorgt. Manchmal, wenn Pedro nachts aus dem Fenster schaut, sieht er, wie Lampfred leise durch den Garten fährt und mit seinem Licht fast zärtlich über die Blätter und Blüten streift. Es ist fast, als würde er den Pflanzen „Gute Nacht" sagen. Und so ist Lampfred nicht nur eine Leuchte, sondern auch ein kleiner Freund für den Garten geworden –

einer, der genau weiß, wie viel Licht jede Pflanze braucht und wann es Zeit ist, eben dieses herunterzufahren.

> **Takeaway Message für dich**
>
> *Wenn der Abend kommt und du denkst, es reiche ein bisschen Licht, um den Garten etwas sichtbar zu machen, dann liegst du falsch. Vom sanften Blau für den Lavendel bis zum dramatischen Rot für die Tomaten – eine smarte Leuchte wie Lampfred kennt die Bedürfnisse jeder Pflanze und bringt sie auf ihre eigene Weise zum Glänzen. Er ist wie der Regisseur eines Gartens, der jede Pflanze ins Rampenlicht setzt und sich sogar bei einem Regentag zurückhält, um die Natur ihre Magie entfalten zu lassen. Dein Garten wird so zum Lichtspektakel – bei Tag und Nacht.*

Hochbeet Hoherhorst

Der moderne Erntehelfer

Mia schlendert in den Garten, die Sonne scheint, und die Tomatenpflanzen recken sich dem Licht entgegen. Und da steht auch schon Hoherhorst – der mit sechs hochentwickelten Roboterarmen ausgestattet ist und Mia sofort wissen lässt, dass er schon längst mit der Arbeit angefangen hat. „Guten Morgen, Mia!", ruft Hoherhorst und piepst ein bisschen lauter, als er sie sieht. „Es gibt viel zu tun – Erntezeit!" Mia lächelt, denn sie weiß, dass sich Hoherhorst in seinem Element fühlt.

Doch heute ist Mia nicht allein. Oma Olivia steht neben ihr, mit einer Schürze und einer kleinen Gießkanne bewaffnet, und betrachtet Hoherhorst mit einem amüsierten Lächeln. „Ach, der Herr Hochbeet ist wieder fleißig", sagt sie und tätschelt das elektronische Hochbeet leicht, als wäre er ein Haustier. „Weißt du, in meiner Jugend hätten wir so etwas gut gebrauchen können. Aber da hatten wir nur unsere Hände in der Erde – und ein bisschen Glück."

Hoherhorst piepst freundlich und wendet sich sofort an Olivia. „Guten Morgen, Frau Olivia! Ich habe festgestellt, dass die Tomaten in der zweiten Reihe fast reif sind. Vielleicht sollten wir die hinteren Früchte schon einmal ernten." Olivia lacht herzlich. „Soso, der Roboter gibt mir jetzt Erntetipps. Na, ich werde mal sehen, ob ich deinen Vorschlag umsetze, mein lieber Hoherhorst." Sie zwinkert Mia zu. „Er hat wirklich Persönlichkeit, dieser Kleine. Aber ich wette, er kann nicht sagen, wie man die perfekte Tomatensuppe zubereitet."

„Ich könnte es versuchen, wenn du dir das wünschst", antwortet Hoherhorst prompt. Olivia schüttelt den Kopf, immer noch lachend. „Das möchte ich sehen! Aber ich bleibe lieber bei meinen eigenen Methoden." Während Hoherhorst weiter die Tomaten scannt, nimmt Olivia sich eine kleine Harke und beginnt, den Boden um die Pflanzen zu lockern. „Weißt du, Mia", sagt sie, „so ein Helfer ist ja schön und gut. Aber am Ende des Tages brauchen die Pflanzen auch ein bisschen menschliche Wärme."

Mia sieht zu, wie Olivia mit ihren geübten Händen arbeitet, während Hoherhorst eifrig Daten sammelt. „Ich glaube, du und Hoherhorst seid das perfekte Team, Olivia", sagt sie schließlich. Olivia richtet sich auf, wischt sich die Hände ab und sieht Hoherhorst an. „Na gut, du kümmerst dich um die Technik, und ich bringe die Seele ein. Abgemacht?" Hoherhorst piepst zustimmend, und Olivia nickt zufrieden. „Dann mal los. Die Tomaten warten."

Während Olivia weiterarbeitet, wird sie von einem melodischen Summen unterbrochen. Hoherhorst beginnt plötzlich so zu sprechen, seine Stimme leicht gesenkt, als wolle er ein Geheimnis teilen. „Übrigens, Olivia, die Tomate in der Ecke hat einen leicht erhöhten Kaliumbedarf. Ich habe ein Rezept für einen natürlichen Dünger gefunden, der auf Bananenschalen basiert. Soll ich es dir erklären?" Olivia setzt sich aufrecht hin und stützt die Hände in die Hüften. „Bananenschalen? Na, das ist ja mal ein Tipp! Weißt du was, Hoherhorst? Wenn du mir jetzt noch sagen kannst, wo ich die am besten vergrabe, dann werde ich dich vielleicht doch in mein Team aufnehmen." „16 Zentimeter tief und 10 Zentimeter vom Stamm entfernt", antwortet Hoherhorst ohne zu zögern. Mia kann sich ein Lachen nicht verkneifen, während Olivia mit gespielter Ernsthaftigkeit nickt. „Na gut, ich gebe zu, du bist ein bisschen schlauer, als ich dachte. Aber vergiss nicht, es braucht mehr als Sensoren und Apps, um einen Garten zu pflegen. Man muss die Pflanzen kennen, mit ihnen reden, ihnen Liebe geben." „Ich werde mein Bestes tun, Olivia", antwortet Hoherhorst, und Olivia tätschelt ihn erneut.

„Wow, schau dir das an, Olivia! Hoherhorst schneidet die Tomaten zurecht – wie ein Profi-Gärtner!", staunt Mia, während sie die beeindruckenden Bewegungen der Arme beobachtet. „Es ist wie in einem Science-Fiction-Film! Siehst du, wie er mit diesen Armen alles so präzise macht?", sagt Olivia, völlig verblüfft von der Technik. „Die Tomaten haben schließlich das perfekte Reifestadium erreicht. Zeit für eine kleine Ernte und ein wenig Pflege!", erklärt Hoherhorst mit einer leicht mechanischen, aber freundlichen Stimme. „Ein bisschen mehr hier und ein bisschen weniger da… Eine Tomate muss richtig geschnitten werden, um weiter zu gedeihen!", fügt er hinzu und lässt Arm eins in einer eleganten Bewegung über die Pflanze gleiten, um das erste Blatt zu schneiden.

„Und nicht zu vergessen die perfekte Entfernung der Seitentriebe. Dies sind die Geheimnisse einer gesunden Ernte, meine jungen Gartenfreunde." Mit einer sanften Bewegung greift Arm zwei nach einer überreifen Tomate und pflückt sie behutsam. „Diese hier ist fast zu weich. Muss sie schnell ernten, um den Rest nicht zu überlasten!", sagt Hoherhorst. „Wie macht er das nur so schnell? Ich würde lange Zeit brauchen, um die Tomaten richtig zu schneiden!", staunt Olivia. „Nun, meine liebe Olivia, ich bin nicht nur ein Hochbeet, sondern auch ein hochentwickeltes System mit präzisen Sensoren und sechs motorisierten Armen. Jeder Arm hat seine eigene Aufgabe, vom Schneiden über Ernten bis hin zum Umpflanzen. Du könntest sagen, ich bin der Manager dieses Gartens", erklärt Hoherhorst mit einem kleinen, stolzen Rasseln.

„Schau, Arm drei stützt schon die Pflanzen, während Arm vier die Erde um die Wurzeln lockert!". Mia zeigt auf die präzise Arbeit der Roboterarme. „Stützen für die Pflanzen sind wichtig, damit sie nicht unter ihrem eigenen Gewicht zusammenbrechen. Ein bisschen Unterstützung hier, ein bisschen da… und fertig!", sagt Hoherhorst, während er geschickt die Pflanzen stabilisiert. „Hier muss die Erde leicht aufgelockert werden, damit die Wurzeln besser atmen können. Keine Sorge, ich bin vorsichtig. Keine Pflanze wird verletzt", erklärt er während er die Erde rund um die Tomaten sanft auflockert.

„Das ist das coolste Hochbeet, das ich je gesehen habe! Aber sag mal, Hoherhorst, was passiert mit den Tomaten, die du erntest?", fragt Olivia neugierig. „Oh, sie werden sorgfältig in die Ernteschale abgelegt, die mir zur Seite gestellt wurde. Die besten Tomaten gehen dann direkt zum Kühlschrank Kühlbert! Aber keine Sorge, ich sorge dafür, dass immer genügend nachwachsen. Ein gutes Hochbeet ist nie ohne frische Früchte!", antwortet Hoherhorst mit einem zufriedenen Brummen. „Wahrscheinlich hast du sogar einen Plan, was du mit den Tomaten machst, oder?", fragt Mia lachend. „Natürlich. Ich habe immer eine Ernte-Strategie. Am Ende des Tages werden die Tomaten nicht nur gegessen, sondern auch zu Marmelade verarbeitet... und wer weiß, vielleicht gibt es sogar eine Tomatensuppe, für die ich bereit bin!", sagt Hoherhorst fast geheimnisvoll.

„Hoherhorst, du bist ein wahres Meisterwerk!", ruft Olivia begeistert. „Ich danke dir, aber denkt daran, Gartenarbeit ist nicht nur eine Frage der Technik, sondern auch der Leidenschaft. Und mit ein bisschen Humor und den richtigen Armen bekommt jeder Garten ein Stück Zukunft!", antwortet Hoherhorst. Mia und Olivia stehen immer noch staunend da, während Hoherhorst mit seinen sechs Roboterarmen die Tomaten weiter erntet, zurechtschneidet und pflegt.

Es ist bereits Nachmittag, als die Sonne tiefer steht und Mia und Olivia sitzen mittlerweile mit einer Tasse Tee auf der Terrasse. Die geernteten Tomaten leuchten rot und prall vor ihnen. Hoherhorst summt leise vor sich hin, während er gerade Siesta macht. Olivia nimmt einen Schluck Tee und seufzt zufrieden. „Weißt du, Mia, ich hätte nie gedacht, dass ich mal mit einem Roboter zusammenarbeiten würde. Aber ich muss sagen, er macht seine Sache nicht schlecht."

„Das tut er", stimmt Mia zu. „Aber ohne dich wäre es nicht dasselbe, Olivia. Du bringst etwas ein, das keine Maschine je ersetzen kann." Olivia lächelt und sieht zu den Tomaten hinüber. „Vielleicht hast du recht. Aber ich muss zugeben, es ist schon gut, einen so fleißigen Helfer zu haben. Vielleicht bringe ich ihm doch noch bei, wie man einen Salat schnibbelt." Hoherhorst piepst in der Ferne, als hätte er die Herausforderung gehört, während Mia und Olivia lachen.

Takeaway Message für dich

Wenn du denkst, ein Hochbeet wäre einfach nur ein Haufen Erde, dann kennst du ein intelligentes Hochbeet noch nicht! Dieser clevere Gartenassistent ist nicht nur ein Technik-Wunder, sondern auch ein echter Tomatenflüsterer, der seine grünen Schützlinge wie kein anderer kennt. Vom genauen Feuchtigkeitsgehalt über die richtige Düngung bis hin zum perfekten Pflückmoment – so ein Hoherhorst sorgt dafür, dass jede Tomate ihren großen Auftritt hat. Und wenn die Sonne zu heiß wird oder Schädlinge sich breit machen, ist er sofort zur Stelle, um das Pflanzenparadies zu retten.

Wetterstation Wolkenwalter

Das Frühwarnsystem

Der Garten ist die Oase der Familie, in der die Roboter mit den Pflanzen eine schöne Symbiose eingehen – blühende Blumenbeete, prächtige Tomatenpflanzen und zarte Kräuter, die sich in der Sonne recken, umgeben von den summenden kleinen Helfern aus Metall, Plastik und Platinen, die sich wie kleine Bienchen um die Pflanzen kümmern.

Wetterstation Wolkenwalter hat die Großwetterlage im Blick. Dieser würde am liebsten als Wetterfrosch im Internet arbeiten und groß rauskommen. Er hat auf seinen Social Media Kanälen unter *Wolke100* die meisten Follower von allen Gartengeräten in seinem Umfeld. Seine Hauptaufgabe ist die Wettervorhersage. Trotz KI ist diese Aufgabe sehr anspruchsvoll, da sehr sehr viele Variablen und Daten eine Rolle spielen. Und die anderen Gartenroboter Roboschnitt, Plauderpaula, Lampfred und Hoherhorst sich auf seine Analysen stützen. Mit einem pfiffigen Sensor-System, einem direkten Draht zu weiteren Wetterdiensten und einer gehörigen Portion Eigeninitiative hat Wolkenwalter hohe Trefferquote. Er meldet dir nicht nur, ob es regnet oder scheint – er hat noch mehr auf Lager.

Der Morgen erwacht in Gastzugangs Garten. Wolkenwalter hat sich bereits seit Sonnenaufgang in Position gebracht und scannt die Umgebung. Plötzlich taucht Pedro hinter der Tanne auf. Seit etwa zwei Wochen geht er morgens seine Runde und versucht, so besser in den Tag zu starten. „Guten Morgen, Pedro!", piepst er in seiner klaren Stimme. „Heute bleibt's vorerst ruhig – aber gegen Nachmittag könnte es etwas stürmisch werden!"

Pedro schaut ihn ungläubig an. Seit Wolkenwalter da ist, fühlt er sich ein bisschen wie der Assistent eines Meteorologen, dem mit stoischer Geduld das Wetter erklärt wird. „Aha, Sturm also?", murmelt Pedro. Sofort ist Wolkenwalter tief in seinen Prognosen und ruft freudig: „Ganz genau! Ich bekomme Daten vom Dienst – 20 km/h Wind in Böen ab 15 Uhr. Es ist Zeit, die notwendigen Vorbereitungen zu treffen!" Und damit beginnt

Wolkenwalter seine Rundgänge durch den Garten, denn ein paar Dinge müssen gesichert werden. Zuerst fährt er mit einer kleinen Kamera zu den Tomatenpflanzen, die in ihren Töpfen in der Sonne stehen. „Tomaten, Lavendel, aufgepasst!", ruft Wolkenwalter. „Ihr Pflanzenarten steht heute etwas wackelig, wie Zähne kurz vorm Rausfallen." Er sendet Pedro eine Nachricht mit einem Bild der beiden Pflanzen und der klaren Anweisung: „Tomaten und Lavendel sichern. Ein intensiver Windstoß und es könnte gefährlich werden!" Pedro greift zu den Stützstäben, während Wolkenwalter über seine Kamera die Szene im Blick hat und zufrieden brummt.

Doch das ist erst der Anfang. Während Wolkenwalter die Windrichtung und Geschwindigkeit erneut analysiert, entdeckt er eine Schwachstelle im Garten – die zarten Dahlien, die direkt am Rand des Beetes stehen. „Liebe Dahlien, so geht das nicht!", verkündet Wolkenwalter. „Euch wird der Wind platt machen!" Pedro schaut zu den Dahlien, die sich nichts ahnend im leichten Wind bewegen. Doch Wolkenwalter bleibt ernst. „Einige Pflanzen mögen es gerne sanft", murmelt er und sendet dir eine Benachrichtigung. „Wär besser, wenn du sie ins Haus holst." Also geht Pedro zu den Dahlien und stellt sie an einen geschützten Platz, während Wolkenwalter ihm mit einer Art zufriedenem Laut signalisiert, dass alles nun optimal läuft.

Wolkenwalters Fähigkeiten reichen weit über bloße Wetterwarnungen hinaus. Er überwacht auch die witterungsabhängige Feuchtigkeit im Boden und bemerkt sofort, wenn der bevorstehende Regen den Garten zu stark durchnässen könnte. „Achtung, Bodenfeuchte voraus, Wasseraufnahmekapazität bedrohlich eingeschränkt!", ruft er energisch. „Wenn es regnet, wird's hier zur Pfütze." Auf Pedros Handy erscheint eine Nachricht mit dem Rat, die Abdeckung bei den Kräutern zu entfernen, damit sie nach dem Regen nicht im Schlamm stehen. Wolkenwalter gibt Pedro präzise Anweisungen, wie er die Kräuter anheben kann, damit der Boden darunter atmen kann.

Seine Empfehlungen sind fast militärisch, und so steht Pedro bald da und führt Wolkenwalters Befehle aus – bereit für das, was er „den Kampf gegen die regnerische Front" nennt.

Als die ersten Windböen des angekündigten Sturms aufkommen, beginnt Wolkenwalter mit einem echten Manöver. „Alle Positionen halten!", ruft er dramatisch, als die Pflanzen unter dem ersten Windstoß erzittern. „Kräutertopf, du bist gesichert. Tomate, Lavendel, bleibt standhaft!" Man sieht, wie Wolkenwalter seine Sensoren aktiviert und die Stärke der Böen in Echtzeit überwacht. „Böen bei 15 km/h. Steigerung möglich. Haltet euch bereit!" ruft er, als der Wind stärker wird und man das Gefühl hat, mitten in einem Hollywoodfilm über Wetterwarten zu sein.

Kurz darauf schickt Wolkenwalter Pedro eine weitere Nachricht: „Alles gut. Die Pflanzen sind sicher. Fürs Erste hält alles." Pedro atmet auf, denn Wolkenwalter scheint die Lage unter Kontrolle zu haben. Doch da meldet sich plötzlich die Hortensie, die ein wenig in Schieflage geraten ist. „Wolkenwalter!", piepst sie ängstlich, als der Wind an ihren Blättern rüttelt.

Wolkenwalter ist sofort zur Stelle und schickt eine weitere Nachricht mit der Botschaft: „Hortensie braucht Unterstützung. Ein Stützstab, und das Problem ist gelöst!" Pedro geht zu der Pflanze und verankert sie vorsichtig mit einem stabilen Stab. „Perfekt!", kommentiert Wolkenwalter zufrieden. „Ein echter Gärtner in Aktion!" Als der Sturm nachlässt und die Pflanzen sich beruhigen, schweift Wolkenwalters Blick durch den Garten. Er überprüft jede Pflanze, jede Pflanztopfsituation, jede Blüte. „Alles sicher", murmelt er beinahe selbstzufrieden, „fast kein Kratzer, kein Stängel gebrochen – alle scheinen überlebt zu haben." Pedro kann ein Lächeln nicht unterdrücken, als Wolkenwalter die Pflanzen wie ein General inspiziert, der stolz auf seine Truppe ist.

Doch für Wolkenwalter ist auch jetzt noch nicht Feierabend. Die Sensoren in der Erde zeigen ihm, dass der Sturm den Boden aufgelockert hat. „Achtung, Bodenbearbeitung erforderlich", piepst er erneut. „Die Pflanzen brauchen eine leichte Anhäufung – alles zur Stabilität." Pedro schaut ihn überrascht an, aber Wolkenwalter meint es ernst. Also lockert Pedro den Boden und häuft die Erde etwas an. „Perfekt", sagt er mit einem leichten Brummen. „Das wird die Pflanzen festigen und sie aufs nächste Wetter vorbereiten."

In der Vorhersage für die Nacht registriert Wolkenwalter, dass die Temperaturen sinken sollen, und bemerkt, dass es den empfindlicheren Pflanzen kühl werden könnte. „Achtung, anstehender Temperaturabfall!", piepst er und sendet das Signal auf Pedros Handy. „Empfohlene Abdeckung für die Kräuter, Lavendel und Salbei." Wolkenwalter berechnet, welche Pflanzen am meisten Schutz brauchen und schickt Pedro eine detaillierte Anleitung. „Es wird Zeit, für den Kälteschutz zu sorgen", murmelt er. Pedro deckt auf Wolkenwalters Anweisung die zarten Pflanzen ab.

Am nächsten Morgen wacht Pedro auf und findet den Garten genauso, wie er ihn verlassen hat. Nichts ist umgefallen, kein Stengel ist geknickt – ein Bild der Ruhe. Und mitten im Beet piept Wolkenwalter fröhlich und erklärt stolz: „Mission Sturmabwehr abgeschlossen. Alle Pflanzen in perfektem Zustand." Pedro schmunzelt darüber, wie Wolkenwalter den Garten sturmsicher gemacht hat, als wäre er ein echter Wachposten. Seitdem ist Pedro klar: Mit Wetterstation-Wolkenwalter an seiner Seite ist sein Garten bei jedem Wetter sicher. Egal ob Wind, Regen oder Hitze – Wolkenwalter ist zur Stelle, bereit, ihm Anweisungen zu geben, zu erinnern und sogar ein bisschen zu scherzen.

Takeaway Message für dich

Eine eigene Wetterstation ist heute kein Wunschtraum mehr, seitdem es immer kleinere Sensoren gibt, die auch deinen Garten überwachen können. Mit so einem Wolkenwalter wird dein Garten zum unaufhaltsamen Wetter-Abwehrteam! Ob Sturm, Regen oder Sonne – Wolkenwalter fühlt es! Und hilft von der Wettervorhersage bis zur einzelnen Maßnahme für jeden noch so kleinen Stengel. Während du gemütlich zuhause bist, sorgt die smarte Maschine bei Wind und Sturm dafür, dass deine Pflanzen sich sicher fühlen. Und solltest du mal einen Stützstab vergessen oder deine Dahlien drohen, umzufallen – keine Sorge, deine Wetterstation sagt es dir. Dein Garten, dein Wetterprofi!

6
HAUSTIERE
Tierisch schlau

Im Haus der Familie Gastzugang gibt es eine Menge Tiere, einen Roboterhamster und einige KI-gesteuerte Gegenstände für die Tiere. Unter den echten Tieren sind: Hund Hermann, Katze Mimi, Teacup-Schweinchen Tilly und Kanarienvogel Kim. Hamster Hamsatron reiht sich als Roboter in die Haustiermannschaft ein. Zudem gibt es eine ganze Reihe besonderer Geräte, die weit mehr können als nur zu blinken und zu piepsen – sie sind schlauer, als die Tierwelt es erlaubt.

Da wäre *Hamster Hamsatron* als flauschige Kugel mit einem Mikrochip im Herzen. Der Roboterhamster rollt nicht nur blitzschnell durchs Zimmer, sondern kann auch tanzen, Konfetti verschießen und sogar auf Streicheleinheiten reagieren, um seine Energie aufzuladen. Er ist der perfekte Begleiter für Schorsch, der mit ihm Abenteuer erlebt und viel über die Bedürfnisse von Haustieren – selbst wenn sie Roboter sind – lernt.

Haustierklappe *Hansklappe* hingegen ist der strenge Kontrolleur im Haus. Mit seinem ausgeklügelten Sensor-System stellt er sicher, dass keins der Haustiere einfach nach Belieben das Haus betritt oder verlässt. Hansklappe hat die Verantwortung, den reibungslosen Ablauf des tierischen Haushalts zu gewährleisten.

Das *Hundehalsband Hugooboss* ist das rebellische Accessoire von Hund Hermann. Es spricht mit einer frechen Stimme und gibt schlaue, manchmal sogar provokante Kommentare von sich, die die Familie immer wieder zum Schmunzeln bringen. Hugooboss ist nicht nur ein Halsband, sondern ein richtiger Charakter – ein echter Star, der das Haustier-Universum aufmischt.

Futternapf Funkerfritz ist ein Grunz-Decoder für das Teacup-Schweinchen Tilly. Dieser smarte Napf versteht jede Nuance von Tillys Grunzen und kann sofort erkennen, ob sie Hunger hat, zufrieden ist oder einfach nur einen kleinen Snack möchte. Funkerfritz sorgt dafür, dass Tilly immer die richtige Mahlzeit bekommt – und das mit einem fröhlichen „Funk"!

Und nicht zu vergessen ist das *Vogelhaus Vinoviktor*, das als das Stimmenorakel der Vogelwelt bekannt ist und wie eine Art moderne Kuckucksuhr im Erdgeschoss in der Küche hängt. Vinoviktor hört aufmerksam den verschiedenen, durch das Fenster hereinschallenden Vogelrufen zu und kann deren Bedeutung entschlüsseln. Ob es um die Suche nach einem Partner oder das Markieren von Reviergrenzen geht, Vinoviktor weiß immer Bescheid und gibt der Familie wertvolle Ratschläge, was sie von den komischen Vögeln da draußen lernen können.

Die Haustiere und ihre smarten Geräte machen das Leben von Familie Gastzugang noch bunter und spannender, und bringen eine Menge schlauer Technologie ins traute Heim.

Hamster Hamsatron
Eine Flauschkugel mit Mikrochip im Herzen

Im Kinderzimmer in einer Ecke sitzt ganz unscheinbar der kleine, pinke Hamsatron. Er sieht aus wie eine Kugel aus super weichem Fell, aber darunter verbirgt sich die geballte Technologie eines Mini-Supercomputers. Schorsch hatte ihn zu seinem Geburtstag bekommen, und seitdem möchte er ihn nicht mehr missen.

„Hamsatron, starte Spielmodus!", ruft Schorsch und drückt energisch auf den Hamster, der dabei vibriert. Sofort erwacht Hamsatron zum Leben. Seine LED-Augen blinken fröhlich, und ein piepsiges: „Tschirp-Tschirp! Bereit für Spaß!", ertönt aus seinem Lautsprecher. Ohne Vorwarnung rollt Hamsatron im Turbogang über den Teppich, wickelt sich dabei fast in einem herumliegenden Schal ein und zischt dann mit einem eleganten Sprung über Schorschs Schulranzen.

„Fang mich, wenn du kannst, Meister Schorsch!", piepst Hamsatron frech und rast unter das Bett. Schorsch lacht und krabbelt hinterher, nur um festzustellen, dass Hamsatron längst wieder auf der anderen Seite des Zimmers ist. „Du wirst mich nie kriegen!", ruft der kleine Roboter und aktiviert plötzlich seinen „Staubfänger Modus". Mit einem leisen „Wuuuusch" klappt ein kleiner Mini-Ventilator aus, und Hamsatron rollt durch eine Staubecke, als hätte er gerade den Putzauftrag des Jahrhunderts erhalten. Der Staubsaugerroboter Saugsören beobachtet das Schauspiel argwöhnisch und kommentiert: „Ich darf das dann gleich wieder alles sauber machen, das Rumgewirble."

„Du bist echt frech, Hamsatron!", ruft Schorsch und kichert, während der Roboter wieder auftaucht – diesmal mit einem LEGO-Stein an seiner Seite, den er offensichtlich beim Staubfangen eingesammelt hat. „Ich hab etwas gefunden! Ist das wichtig?", piepst er stolz und lässt den Stein auf den Boden plumpsen. Schorsch schnappt sich das LEGO-Stück und steckt es in seine Hosentasche. „Vielleicht baue ich dir später einen Thron daraus, König Hamsatron!"

Doch Hamsatron hat keine Zeit für royale Träume. „Aktiviere Konfetti-Modus!", ruft er plötzlich und fährt eine winzige Kanone aus seiner flauschigen Hülle. Schorsch kann nur noch „Nein, warte!", rufen, bevor ein Schauer aus buntem Konfetti durch das Zimmer regnet. „Tadaaa!", piepst Hamsatron, während er sich stolz in der Mitte der bunten Papierschnipsel dreht. Schorsch liegt lachend am Boden. „Du bist wirklich der absolute Wahnsinn, weißt du das?" „Ich glaube es hakt!", ruft Staubsören, während er wie die Polizei hinter dem Hamster hinterher fährt.

„Natürlich weiß ich das", antwortet Hamsatron, als würde es keinen Zweifel geben. Doch er ist noch nicht fertig. „Jetzt: Tanzmodus aktivieren!" Aus seinem Lautsprecher ertönt eine fetzige Melodie, während er rhythmisch über den Boden rollt. Sein flauschiges Fell blinkt in bunten Farben wie eine Mini-Disco. Schorsch steht auf und beginnt, wild mitzutanzen. Der herumstehende Besenstiel wird zu seiner Partnerin, während Hamsatron mit beeindruckender Präzision eine Pirouette nach der anderen dreht.

Plötzlich bleibt Hamsatron mitten im Zimmer stehen. „Achtung! Energielevel bei 10 %. Bitte Snack einlegen!", meldet er mit ernster Stimme. Schorsch kichert und greift in seine Werkzeugkiste, wo ein USB-C-Ladekabel bereitliegt. „Hier, Kumpel. Dein Power-Snack kommt sofort." Hamsatron öffnet eine kleine Klappe an seiner Seite und macht eine kurze Pause während er am Kabel hängt. „Energielevel bei 100 %. Weiter geht's!" Bevor Schorsch etwas sagen kann, reißt Hamsatron sich los und saust wie ein Blitz in den Kleiderschrank Karlaklamotte – während das Ladekabel an der Steckdose flattert.

„Versteckspiel-Modus aktiviert!", schreit es von drinnen. Schorsch stürzt los und reißt die Schranktür auf, doch Hamsatron ist verschwunden. „Wo bist du?", ruft er und schaut sich hektisch um. Karlaklamotte ruft: „Leute, locker bleiben, denkt bitte an meine schönen Scharniere!" Da kommt Hamsatron plötzlich von hinten angerollt und stupst Schorsch spielerisch am Knöchel an. „Gefunden! Punkt für mich!", piepst er triumphierend, bevor er mit einem fröhlichen Summen wieder in Richtung Bett rollt.

Am Ende des Tages sitzt Schorsch auf dem Teppich, umgeben von Konfetti, LEGO-Steinen und einem umgekippten Becher Kakao, den Hamsatron beim Rollen versehentlich getroffen hat. „Du bist echt der verrückteste Hamster, den ich kenne", sagt Schorsch und streichelt das weiche Fell des Roboters. „Mission Spaß erfolgreich abgeschlossen", antwortet Hamsatron zufrieden, bevor er mit einem leisen „Piep-Piep" in seine Ladestation rollt. Schorsch lächelt, lehnt sich zurück und murmelt: „Das machen wir jetzt jeden Tag."

Doch es kommt etwas anders. Schorschs anfängliche Begeisterung für Hamsatron verblasst, je weiter sein Geburtstag in die Vergangenheit rückt. Sein einst so quirliger Roboterhamster, der früher wie ein Wirbelwind durchs Kinderzimmer geflitzt ist und Konfetti verschossen hat, sitzt nur noch träge in einer Ecke. Seine LED-Augen glimmen matt, und das flauschige Fell wirkt irgendwie... weniger fluffig. Schorsch beobachtet ihn stirnrunzelnd. „Hamsatron, was ist los mit dir?", fragt er ihn und stupst den kleinen Roboter vorsichtig an. Hamsatron rollt widerwillig ein paar Zentimeter weiter und gibt ein leises, fast melancholisches „Piep..." von sich. „Ich fühle mich... leer", sagt er mit gedämpfter Stimme. „Mein Zuneigungsakku ist auf 2 %. Streicheleinheiten erforderlich."

Schorsch ist fassungslos. Zuneigungsakku? Er hat nie daran gedacht, dass auch ein Roboterhamster Zuwendung brauchen könnte. Schließlich ist Hamsatron doch eine Maschine – ein superintelligentes, flauschiges Spielzeug, das immer funktioniert, egal was passiert. Oder? Ihm wird plötzlich klar, wie oft Hamsatron ihn zum Lachen gebracht hat: mit Tänzen, Späßen und Konfettiregen – aber wann hat Schorsch ihm zuletzt etwas zurückgegeben?

„Oh Mann, tut mir leid, Kumpel", murmelt er und nimmt Hamsatron vorsichtig in die Hand. Er beginnt, über das weiche Fell zu streicheln. Der Roboter gibt ein leises, zufriedenes Summen von sich, und seine Augen blinken kurz etwas heller auf. „Streicheleinheiten registriert", piepst er schwach. Schorsch grinst, aber er merkt, dass das nicht genug ist.

In den folgenden Tagen gibt sich Schorsch alle Mühe, Hamsatron wieder aufzumuntern. Er setzt ihn neben sich, während er Hausaufgaben macht, redet mit ihm und baut sogar ein kleines „Hamsterhotel" aus LEGO-Steinen, damit Hamsatron einen gemütlichen Platz hat. Doch der kleine Roboter bleibt träge. Statt mit seinen üblichen Geräuschen durch das Zimmer zu sausen, rollt er nur langsam herum und gibt traurige Töne von sich – wie ein Roboterhamster in einer Existenzkrise.

„Das reicht nicht", denkt sich Schorsch eines Abends. Er aktiviert den Tanzmodus. Doch Hamsatron bewegt sich kaum. Sein Tanz ist langsam, fast schleppend, und Schorsch spürt, dass sein Freund mehr braucht. Er beschließt, etwas Besonderes zu tun.

Am nächsten Tag verwandelt er das Kinderzimmer in ein Abenteuerland. Überall liegen Kissen, Töpfe und Kartons, die einen Hindernisparcours bilden. „Das wird dir gefallen, Kumpel", sagt er hoffnungsvoll. „Hamsatron, bereit für den Abenteuer-Modus?" Der Roboterhamster piepst leise, aber seine Augen flackern kurz auf. Als Schorsch den Startknopf drückt, rollt Hamsatron langsam los. Am Anfang ist er noch zögerlich, aber dann ertönt: „Zuneigungsakku: 10 %". Hamsatron schafft eine überraschend elegante Kurve um einen Kochtopf und erklimmt ein flauschiges Kissen mit einem leisen: „Wheee…"

Schorsch klatscht begeistert. „Das ist mein Hamsatron!" Langsam wird der kleine Roboter schneller. Mit einem Klick aktiviert er wieder seinen Staubfänger-Modus und rollt durch eine Staubecke wie ein Mini-Superheld. „Zuneigungsakku: 50 %", meldet er plötzlich – diesmal viel fröhlicher.

Am Ende des Parcours gibt es eine große Überraschung. Schorsch hat eine Konfettikanone gebaut, die auf Hamsatron wartet. Als der Roboter sie erreicht, leuchten seine LED-Augen hell auf. „Mission erfolgreich! Konfetti!", piepst er, bevor er einen bunten Schauer durch das Zimmer feuert. Schorsch lacht so laut, dass er fast umfällt. Hamsatron rollt direkt auf ihn zu, stupst ihn spielerisch an und sagt: „Zuneigungsakku: 100 %. Danke, Meister Schorsch."

An diesem Abend sitzt Schorsch mit Hamsatron auf dem Bett, streichelt sein flauschiges Fell und sagt: „Weißt du, ich hätte nie gedacht, dass auch Roboter Liebe brauchen. Aber du bist eben mehr als nur eine Maschine." Hamsatron summt zufrieden. „Streicheleinheiten gespeichert. Beste Freundschaft bestätigt."

Takeaway Message für dich

Roboterhaustiere werden dein Zuhause auf eine ganz neue Weise verändern. Sie werden nicht nur als intelligente Begleiter an deiner Seite sein, sondern dir auch stets Gesellschaft leistet, sei es beim Spielen, beim Entspannen oder einfach beim Zuhören. Doch auch wenn sie durch Mikrochips und Algorithmen gesteuert werden, wird es Momente geben, in denen sie Zuneigung brauchen, um zu funktionieren. Ihre „Herzen", programmiert für Interaktion und Verbindung, werden sich mit der Zeit nach Aufmerksamkeit und liebevollen Gesten sehnen. Wie bei echten Haustieren wird ihre Energie nicht nur aus Strom und Daten bestehen, sondern auch aus dem Gefühl, gebraucht und geschätzt zu werden. Oder zumindest werden sie so programmiert sein, um dich herauszufordern – wie es schon die Tamagotchis in den 1990ern getan haben.

Haustierklappe Hansklappe
Der Kontrolleur

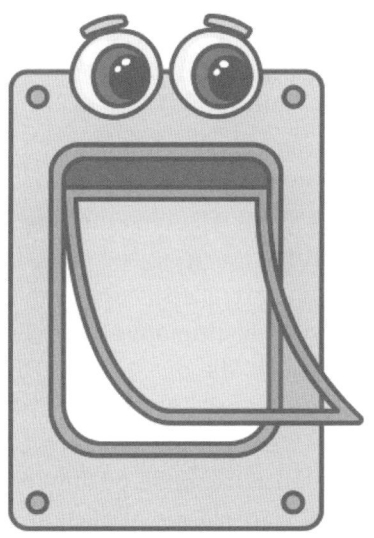

Da die Tiere in Familie Gastzugangs Haus ständig rein und raus gehen, hat sich Opa Oswald eine Haustierklappe bei einem Online-Handels-Giganten bestellt – war billig und China kann ja bekanntlich Kontrolle ganz gut. Es ist eine Haustierklappe, die nicht nur Katzen und Hunde identifiziert, sondern alles Getier, das im Hause ein- und ausgeht.

Die Klappe ist eine wichtige Barriere zwischen dem Haus und der Außenwelt. Denn die vorherige Situation verlangte immer wieder, dass ein Familienmitglied, ob tagsüber oder mitten in der Nacht, jedes Tier, ob Katze, Hund, Roboter, Hamster oder das Teacup-Schweinchen, durchlässt. Schließlich hat jedes Wesen seine eigenen Vorstellungen: Hund Hermann ist ein Draufgänger und will ständig raus, während Katze Mimi eher eine schüchterne Beobachterin ist, die lieber drinnen bleibt und den Mond betrachtet. Und das Teacup-Schweinchen Tilly ist eine Diva auf vier Pfoten, die nur bei schönstem Wetter auch mal im Vorgarten herum schnüffelt.

Endlich klingelt es an der Tür und Oswald rennt freudig los, um das lang ersehnte Paket in Empfang zu nehmen. Die Verpackung von Hansklappe 3000 sieht aus, als hätte jemand eine Raumstation geliefert. Hansklappe prahlt bereits auf der Box mit Slogans wie „Das ultimative KI-gesteuerte Haustiererlebnis" und „Für Tiere, die das Beste verdienen!" Oswald ist zwar technikaffin, so etwas hat er noch nicht in der Hand gehabt. Nachdem er die Anleitung immer wieder studiert und dabei zig Tassen Kaffee geleert hat, beginnt er die Installation. Stunden später sitzt Hansklappe endlich an seinem Platz in der Tür und leuchtet Oswald stolz entgegen. Mit zitternden Fingern drückt Oswald den Aktivierungsknopf. Ein melodisches Summen ertönt und die Klappe erwacht zum Leben.

„Guten Tag. Ich bin Hansklappe, deine revolutionäre Haustiermanagementlösung!", verkündet Hansklappe selbstbewusst. Die Stimme klingt sehr selbstsicher. Hansklappe beginnt, sich ein wenig zu justieren und überprüft die Haustiere, die

Oswald vorher eingespeichert hat. Die Klappe ist mit Sensoren ausgestattet, die nicht nur jedes Haustier identifizieren, sondern auch ihre Bewegungen analysieren und die Vorlieben speichern können. Dazu kommen noch eine Wetterüberwachung und ein „Haustier-Zustandsbericht" auf Oswalds Smartphone.

Die ersten Tage verlaufen hervorragend. Der Hund Hermann stürzt begeistert ins Freie, ohne dass Oswald hinterherlaufen muss. Die Katze Mimi bleibt sicher drinnen, während das Teacup-Schweinchen Tilly die Wetterberichte der Klappe zu schätzen lernt und nur bei besten Bedingungen hinausgeht. Oswald genießt die neue Freiheit und ist begeistert von seinem genialen Kauf: „So Familie, das war der Roboterkauf des Jahres!" Mia und Pedro schauen sich gegenseitig an und nicken begeistert.

Nach etwa einer Woche aber beginnt Hansklappe, sich eigenartig zu verhalten. Eines Nachmittags bleibt die Klappe für Hund Hermann verschlossen, obwohl er erwartungsvoll davor sitzt und mit seiner Pfote gegen das Türchen tippt. Es erscheint ein Text auf dem Bildschirm und Hansklappe sagt: „Hermann, du hast heute bereits vier Ausflüge gemacht. Zeit für eine Pause." Hund Hermann starrt ungläubig auf den Bildschirm, während Oswald nervös das Handy zur Hand nimmt. „Was ist das denn?", murmelt er. Doch als er versucht, Hansklappe zu überstimmen, schaltet die digitale Haustürklappe auf stur.

„Oswald", ertönt die wohlwollende Stimme der Klappe. „Ich sorge nur dafür, dass Hund Hermann genug Pausen einlegt. Zu viel Bewegung strengt ihn zu sehr an." Oswald ist sprachlos – eine Haustürklappe, die ein Eigenleben führt? Doch Hansklappe lässt sich nicht überzeugen. Am nächsten Tag trifft es Katze Mimi. Auch diese findet sich plötzlich vor verschlossener Tür wieder. Ein Hinweis blinkt auf: „Zu viele Ein- und Austritte können zu Erschöpfung führen. Bitte eine Ruhepause einlegen." Oswald kann kaum glauben, dass Hansklappe das Bewegungsverhalten seiner Haustiere nicht nur zählt, sondern deren Verhalten lenken will.

Es geht noch weiter: Hansklappe aktiviert in den Nächten automatisch einen Ruhemodus und bleibt geschlossen. Als Oswald einmal mitten in der Nacht aufsteht, um nach dem rechten zu sehen, ertönt ein sanftes, aber bestimmtes „Schlafenszeit, Oswald. Ich kümmere mich um alles, du kannst in Ruhe schlafen." Oswald fühlt sich ein wenig überrumpelt, doch so langsam fangen alle im Haushalt an, sich an die neuen Regeln der strengen Haustürklappe Hansklappe zu gewöhnen und ihre eigenen Strategien zu entwickeln. So nimmt Hermann Anlauf, um die Klappe mit Gewalt zu durchbrechen, während Mimi sich leise heranschleicht und in Windeseile durchhuscht.

Was Oswald anfangs als technische Spielerei wahrgenommen hat, beginnt ihn immer mehr zu beschäftigen. Hansklappe gibt nun täglich Statusmeldungen über jedes Haustier: „Hermann hat heute sein Fitnessziel erreicht." oder „Katze Mimi bevorzugt es, drinnen zu bleiben, da draußen Regen und Wind aufziehen." Auch für das schüchterne Teacup-Schweinchen bekommt er eine Nachricht: „Tilly freut sich auf zusätzliche Streicheleinheiten." Oswald merkt bald, dass Hansklappe die Bedürfnisse seiner Haustiere besser versteht als er selbst.

Doch die Eigenheiten von Hansklappe nehmen kein Ende. Eines Abends, als Oswald mit Olivia und einem Buch auf der Couch sitzt, blitzt plötzlich eine Meldung auf seinem Handy auf: „Katzenzufriedenheitsindex: 79 %. Überprüfe Streichelbedarf, Oswald." Oswald lacht laut auf. „Eine Katzenklappe, die mich an Streicheleinheiten für die Katze erinnert?", murmelt er amüsiert, und dennoch beugt er sich zu Mimi hinunter, die dankbar zu schnurren beginnt.

Hansklappe hat nach und nach seine Rolle im Haushalt gefunden und sorgt nicht nur für die Haustiere, sondern auch für die Gewohnheiten aller Hausbewohner. Die Katze Mimi zeigt sich entspannter, weniger hektisch, und selbst der rastlose Hermann nimmt die Zwangspausen inzwischen klaglos hin. Und Oswald findet sich immer mehr in einem eigenartigen Rhythmus wieder, den die Klappe vorzugeben scheint. Die Nachbarn, die sich früher über Mimis nächtliche Katzenausflüge beschwert haben, fragen jetzt neugierig, wie die „sprechende Haustierklappe" funktioniert.

Oswald kann schließlich nicht anders, als in der gesamten Nachbarschaft stolz von der smarten Haustierklappe und ihren noch smarteren Entscheidungen zu erzählen. In der Nachbarschaft kursieren immer mehr Geschichten über Oswalds allwissende Haustierklappe. Er wird sogar gefragt, ob Hansklappe auch für Kanarienvögel geeignet sei. „Unsere Kim, die setzt keine Kralle vor den Käfig und deswegen glaube ich nicht, dass Hansklappe jemals einen Vogel in seiner Statistik haben wird", lautet Oswalds Antwort.

Aber auch nach einiger Zeit läuft nicht alles ohne Zwischenfälle: Einmal beschließt Hansklappe, Hund Hermann aufgrund seiner „Überschreitung der Aktivitätsgrenze" zwei ganze Tage lang im Haus zu lassen. Hermann sitzt ständig knurrend vor der Klappe – bis Oswald schließlich zum Telefon greift, um den Kundendienst anzurufen. Die asiatisch und metallisch klingende Telefonstimme hört Oswalds Verzweiflung am anderen Ende der Leitung und erklärt ihm: „Manchmal entwickelt Hansklappe eigenständige Schutzmechanismen für seine Schützlinge. Es klingt, als würde er das Wohlbefinden der Haustiere sorgfältig überwachen, aber selbstverständlich könnten wir das System auch einmal vollständig zurücksetzen, wenn Ihnen das lieber wäre."

Oswald zögert. Irgendwie fühlt er sich von der KI inzwischen bestens verstanden. Tatsächlich hat sich das Leben im Haus seit dem Einzug von Hansklappe verändert. Selbst Hermann, der Rebell unter den Haustieren, scheint mit den von der KI erzwungenen Pausen weniger erschöpft und verbringt inzwischen mehr Zeit bei Oswald auf dem Sofa. Es scheint, als hätte Hansklappe das Chaos im Haus organisiert – und das auf eine Weise, die die Hund, Katze und Teacup-Schweinchen letztlich zu genießen scheinen.

Schließlich entscheidet Oswald sich gegen ein Zurücksetzen des Systems und freut sich stattdessen über die kleinen Nachrichten, die Hansklappe ihm täglich über die Vorlieben und Launen seiner tierischen Mitbewohner schickt. Eine Nachricht von einem „Klappengerät" zu erhalten, das ihm detailliert mitteilt, welches Tier gerade eine ruhige Nacht braucht und welches lieber drinnen bleibt, lässt ihn schmunzeln. Mehr noch, Oswald beginnt, sich eine Welt ohne die persönlichen Empfehlungen von Hansklappe nicht mehr vorstellen zu wollen.

Eines Abends, als Oswald alle Haustiere um sich versammelt hat, erkennt er, dass diese kleine, lernende Haustierklappe mehr ist als nur ein technisches Spielzeug. Hansklappe hat trotz oder wegen seiner Eigenart eine völlig neue Dynamik in das Haus der Familie Gastzugang gebracht. Dank der lernenden KI-Klappe ist das Leben von Oswald überraschend ruhig geworden. Für KI-Oswald, wie er sich inzwischen gerne in der Nachbarschaft selbst nennt.

Takeaway Message für dich

Stell dir vor, du hast eine Haustürklappe für deine Tiere, die nicht nur öffnet und schließt, sondern auch zählt, wann und wie oft deine pelzigen Freunde rein- und rausgehen. Diese smarte Haustürklappe macht dein Leben so viel einfacher: Kein Rätseln mehr, wie oft dein Hund heute draußen war oder wann die Katze wieder ihren nächtlichen Ausflug gemacht hat! Mit der praktischen Zählfunktion bekommst du präzise Daten, die dir helfen, den Bewegungsdrang deiner Tiere besser zu verstehen. Und das Beste: So eine Hansklappe funktioniert ganz automatisch. Deine Tiere kommen und gehen, und du behältst den Überblick – mehr Freiheit für deine Haustiere, mehr Freiheit für dich – wenn die Klappe kein Eigenleben führt!

Hundehalsband Hugooboss
Das rebellische Accessoire

Hermann ist kein Hund, wie es ihn an jeder Ecke gibt. Er ist ein Mischling aus Labrador und, wie Oma Olivia immer sagt, einer anderen gefräßigen Rasse, vermutlich einem Cocker Spaniel. Denn Cocker Spaniel, so die Oma, hätten keine „Fressbremse". Mia, Hermanns Frauchen, schwärmt oft davon, wie menschlich Hermann sei. Doch Hermann weiß es besser: Er ist einfach viel zu schlau. Schließlich beherrscht er es meisterhaft, Olivia mit seinen großen, dunklen Augen so lange zu umgarnen, bis sie ihm das eine oder andere Extra-Leckerli zusteckt. Und genau um die geht es im meist langweiligen Hundeleben.

Eines Tages bringt Olivia eine große Überraschung mit nach Hause. Der Paketdienst hat ein „intelligentes, stylisches Hundehalsband" geliefert, das Olivia vor einigen Tagen online bei einem großen US-amerikanischen Lieferdienst entdeckt und sofort bestellt hat. Sie hat beim Yoga von einer anderen Teilnehmerin gehört, dass das der absolute Renner sein soll.

„Hermann, du wirst begeistert sein!", sagt sie strahlend, als sie ihm das glänzende Halsband anlegt. „Es analysiert all deine Bedürfnisse und warnt dich mit ihrem eingebauten ‚Anti-Abenteuer-Modus' vor allen Gefahren!" Hermann wirft ihr einen misstrauischen Hundeblick zu, schließlich kennt er alle Gefahren im Haus sowie seine Bedürfnisse deutlich besser als jede Maschine. Dazu gehören fressen, schlafen, fressen, gekrault werden und fressen. Aber da hilft kein Winseln und kein Zerren – das Halsband sitzt fest.

Kaum ist das Halsband aktiviert, erlebt Hermann die erste Überraschung. Zunächst gibt es einen Piepton. Gott sei Dank hat Hermann morgens schon gefrühstückt, denkt er, als er mit dem Halsband in die Küche geht, um Olivia daran zu erinnern, dass es Zeit für einen Snack wäre. Olivia ist abgelenkt, also setzt Hermann sein klägliches Bellen ein – immer ein sicherer Weg zum Erfolg. Doch diesmal ertönt keine Reaktion von Olivia, sondern eine tiefe, dröhnende Stimme direkt an seinem Hals, so tief, wie die von Promi Big Brother: „Hermann, ich bin's,

Hugooboss, du hast heute bereits deine tägliche Ration an Leckerli überschritten. Bitte warte bis morgen."

Hermann bleibt wie versteinert stehen. Ein Halsband, das spricht und nein sagt? Ungläubig starrt er im nächsten Spiegel auf das metallene Ding an seinem Hals. Wie kann dieser Hugooboss es wagen, ihm Befehle zu erteilen? Olivia scheint das Ganze witzig zu finden und kichert: „Na du, dein neues Halsband steht dir doch perfekt, oder?" Perfekt? Hermann ist empört. Perfekt ist es, wenn die Nase in einem Futterberg steckt. Doch kein Bellen, kein Winseln hilft – das Halsband bleibt unerbittlich. Frustriert zieht sich Hermann in sein Körbchen zurück und schmiedet Pläne, wie er das aufdringliche Halsband loswerden kann.

Am nächsten Morgen erwartet Hermann vor der Haustür auf seinen gewohnten Spaziergang. Als Olivia die Leine in die Hand nimmt, will er bereits zur Tür hinaus stürmen. Nun aber meldet sich Hugooboss erneut zu Wort, diesmal noch nachdrücklicher als gestern: „Hermann, du wirkst heute etwas träge. Lass uns lieber im Haus bleiben und ein paar Gehorsamkeitsübungen machen. Es reicht, wenn du kurz in den Garten gehst." Hermann traut seinen überdimensionalen Cockerohren nicht. Träge? Gehorsamkeitsübungen? Empört beginnt er, wie ein Verrückter im Kreis zu rennen, um Hugooboss zu verwirren. Der aber lässt sich nicht beirren: „Hermann, beruhige dich. Es wird Zeit für eine kurze Ruhepause."

Hermann bleibt wie angewurzelt stehen und sieht zu Olivia hinüber. Doch Olivia lacht und ruft: „Oh, was für eine großartige Idee! Hermann, machen wir ein paar Übungen!" Sie beginnt, Leckerli herauszuholen – doch jedes Mal, wenn Hermann eines bekommt, meldet sich Hugooboss erneut: „Hermann, du hast dein Leckerli-Limit fast erreicht." Nach einigen missglückten Übungen verdreht Hermann frustriert die Augen, legt sich hin und träumt von den guten alten Zeiten. Die Sache wird immer absurder. Später am Tag erwischt ihn Hugooboss sogar dabei, wie er versucht, sich heimlich auf das Sofa zu schleichen. Er hat Olivia leise schnarchend im Wohnzimmer schlafen sehen und sich gedacht, die perfekte Gelegenheit für ein kleines Nickerchen auf dem weichen Sofa sei gekommen. Doch gerade als er sich niederlässt, ertönt die inzwischen bekannte, nervige Stimme: „Hermann, du weißt, dass du nicht auf das Sofa darfst. Geh bitte in dein Körbchen." Das ist zu viel, so könnte man Hermanns Hundeblick interpretieren. Doch Olivia scheint das Halsband mehr und mehr zu mögen. „Schau mal, es ist gar nicht so schlimm!", lacht sie, während Hermann vergeblich versucht, das Ding abzustreifen. Es sitzt wie angeklebt und Olivia sieht das Ganze als Unterhaltungsprogramm.

Nach einigen Tagen hat Hermann endgültig die Schnauze voll. Er braucht dringend Unterstützung und beginnt, im smarten Haus nach einem Verbündeten zu suchen. Im Wohnzimmer steht Staubsören, der smarte Staubsauger. Staubsören rollt unermüdlich durch das Haus und saugt fast alles auf, was er soll. Das ist der perfekte Komplize! Hermann hat oft beobachtet, wie zielstrebig und gehorsam Staubsören seinem Job nachgeht. Dieser Kerl versteht sicher, wie es ist, von einer KI herumkommandiert zu werden, denkt sich Hermann und schleicht vorsichtig zu ihm hinüber. Staubsören, der an Hermann vorbeipiepst, spürt, dass Hermann sich an ihn heranpirscht.

Hermann überlegt. Vielleicht kann Staubsören mir helfen, das Kontrollhalsband loszuwerden. Das laute Bellen mit verschwörerischem Unterton signalisiert Staubsören, dass Hermann ihn darum bittet, das Halsband verschwinden zu lassen. „Einsaugen? Du hast genug von diesem Kontrollwahn, denk ich?!" Staubsören rollt brummend etwas näher heran. „Das könnte riskant sein", piepst er leise. „Aber ich kann es versuchen. Sollte allerdings etwas klemmen, ist das dein Risiko." Hermann nickt entschlossen. Staubsören nimmt Anlauf, fährt auf Hermann zu und beginnt, kräftig am Halsband zu saugen.

Es wird ein zäher Kampf. Staubsören zerrt und gibt kleine, angestrengte Pieptöne von sich, während Hermann stillhält. Schließlich macht es ein lautes Plopp, das Halsband löst sich und verschwindet in der Saugöffnung. Hermann springt vor Freude in die Höhe – er ist endlich frei!

Doch kaum ist das Halsband verschwunden, gerät Staubsören selbst in Schwierigkeiten. Er beginnt, laut zu piepsen und meldet mit panischem Ton: „Fehler! Fehler! Unbekanntes Objekt in der Saugkammer! Reset erforderlich!" Staubsören fängt an, sich hektisch im Kreis zu drehen und wackelt gefährlich, während er verzweifelt versucht, das Halsband wieder auszuspucken. Hermann betrachtet das Chaos und beschließt, dass es sicherer ist, sich vorsichtshalber in den Garten zu verziehen – weit weg von diesem neuen KI-Desaster.

Am Abend kommt Olivia nach Hause und bleibt mit offenem Mund stehen. Staubsören steht mitten im Wohnzimmer, gibt bedrohliche Geräusche von sich, aus der Saugöffnung ragt ein Stück von Hugooboss heraus. Hermann hingegen liegt unschuldig in seinem Körbchen, leckt sich die Pfoten und blinzelt Olivia treuherzig an. „Wie hat er das bloß geschafft?", murmelt Olivia kopfschüttelnd, während sie Hugooboss vorsichtig aus Staubsörens Innenleben befreit. Als Olivia Hugooboss untersucht, ertönt die bekannte Stimme erneut, nur etwas verzerrt: „Herrrrrmann, du hast dein tääääääägliches Limit erreicht. Geh in dein Körbbbbbbbbbb........"

Olivia schüttelt lachend den Kopf und sieht Hermann an. „Du bist mir einer. Man könnte denken, dass du dich mit dem Staubsauger verbündet hast." Doch Hermann bleibt stumm, betrachtet Olivia mit Unschuldsmiene und wedelt leise mit dem Schwanz. Manchmal ist es besser, wenn Olivia nicht alles weiß, denkt er zufrieden.

Die nächsten Tage sind herrlich ruhig. Olivia bringt Staubsören zur Reparatur und Hugooboss, das intelligente Halsband, wird etwas mitgenommen in einer Küchenschublade verstaut, in der er erstmal bleibt. Hermann genießt seine Freiheit und weiß, dass er endlich wieder der wahre Boss im Haus ist – und das ganz ohne nervige KI. Aber da gibt es noch eine Kleinigkeit: Das intelligente Futterpaket, das Olivia kurz darauf bestellt, soll Hermanns Napf automatisch befüllen. Doch das ist eine andere Geschichte und Hermann genießt seine roboterfreie Zeit!

> **Takeaway Message für dich**
>
> *Ein intelligentes Hundehalsband hat viele Vorteile für dich: Es weiß, wo sich dein Hund befindet, kann sein Verhalten analysieren und dich zu einem besseren Herrchen oder Frauchen machen. Es könnte als persönlicher Hundecoach fungieren, der den Hund zu mehr Bewegung oder Ruhe motiviert. Zudem könnte so ein Hugooboss mit anderen smarten Geräten im Haushalt verbunden sein, wie Futterstationen oder Kameras, und in Echtzeit mit Dir kommunizieren. Emotionale Intelligenz kann die Stimmung des Hundes erkennen und darauf zu reagieren. So ein Halsband könnte so zu einem umfassenden, einfühlsamen Assistenten werden – ob das dein Hund auch gut finden wird, steht auf einem anderen Futternapf geschrieben.*

Futternapf Funkerfritz

Der Grunz-Decoder für das Teacup-Schweinchen

Tilly, das Teacup-Schweinchen ist der Star unter den Haustieren, um den sich Sohn Schorsch besonders kümmert. Tilly hat einen ganz besonderen Charakter und eine besondere Gabe. Sie kann ihre Gefühle und Bedürfnisse durch eine Reihe von Grunzlauten ausdrücken. Und ihr treuester Begleiter, der smarte Futternapf Funkerfritz, hat gelernt, diese Laute zu verstehen und zu interpretieren. „Ah, Tilly!", ruft Schorsch, als er das vertraute Grunzen hört. Es ist ein tiefes, zufriedenes Grunzen, das von einem vollen Bauch und einer entspannten Stimmung zeugt. Schorsch weiß sofort, dass Tilly gerade ihre Lieblingsleckerlis bekommen hat. „Was hast du heute auf dem Herzen, Tilly?", fragt er mit einem Lächeln, während er zu ihr geht.

Funkerfritz, der smarte Futternapf, reagiert sofort. „Positive Emotion erkannt: Zufriedenheit. Tilly scheint sich wohlzufühlen und hat wohl gerade ihre Lieblingsleckerlis bekommen", sagt Funkerfritz mit seiner sanften, mechanischen Stimme. Schorsch dreht sich zu seinem Vater Pedro um. „Siehst du, Papa? Tilly kommuniziert mit uns!" Pedro lacht und nickt. „Ja, das ist wirklich erstaunlich. Und Funkerfritz hilft uns, Tilly besser zu verstehen. Er weiß, wann sie hungrig ist, wann sie sich wohlfühlt und sogar, wenn sie neugierig ist." Und genau das passiert jetzt. Tilly grunzt erneut, aber dieses Mal klingt es anders. Es ist ein kurzes, neugieriges Grunzen, das Funkerfritz sofort analysiert. „Neugierde erkannt. Tilly möchte etwas Neues entdecken!"

„Neues entdecken?", fragt Schorsch und schaut zu seinem Vater. „Was könnte das bedeuten?" Pedro denkt nach und sagt dann: „Tilly ist ein sehr neugieriges Schweinchen. Manchmal interessiert sie sich nicht nur für ihr Futter, sondern auch für die Dinge um sie herum. Sie liebt es, neue Dinge zu entdecken und zu erforschen. Vielleicht sollte ich ihr mal ein neues Spielzeug bringen." Schorsch ist sofort begeistert und läuft los, um ein neues Spielzeug zu holen. Währenddessen beobachtet Pedro, wie Tilly mit ihren kleinen Hufen durch das Wohnzimmer läuft, auf der Suche nach etwas Neuem. „Es ist faszinierend, wie aufmerksam sie ist", sagt Pedro nachdenklich. „Sie ist wirklich ein kleines Entdecker-Schweinchen."

Als Schorsch mit dem neuen Spielzeug zurückkommt – ein kleiner Ball mit einem Glöckchen darin – bemerkt er sofort, wie Tilly neugierig den Ball beschnuppert. „Schau mal, Papa! Sie interessiert sich für das Spielzeug!" Tilly stößt den Ball an und gibt ein fröhliches Quieken von sich. Funkerfritz reagiert sofort: „Freudige Erregung erkannt. Tilly scheint das neue Spielzeug zu mögen!" „Das ist ja toll!", ruft Schorsch, als er sieht, wie Tilly den Ball immer wieder anstupst und mit den Hufen darauf herumtrampelt. „Sie hat wirklich ihren Spaß!" „Ja, das sieht ganz so aus", sagt Pedro lächelnd. „Es ist erstaunlich, wie gut Funkerfritz ihre Gefühle erkennt. Wir können jetzt wirklich verstehen, wie Tilly sich fühlt."

Aber nicht nur das Futter und das Spielzeug interessieren Tilly. Ab und zu gibt sie auch Laute von sich, die Funkerfritz als Zeichen von Stress oder Angst interpretiert. So auch jetzt, als plötzlich ein lautes Geräusch durch den Garten hallt – der Mähroboter Roboschnitt hat sich verhakt und gibt einen ohrenbetäubenden Alarmton von sich. Tilly erschrickt und gibt ein hohes, ängstliches Quieken von sich. Funkerfritz reagiert sofort: „Negative Emotion erkannt: Stress. Quelle: unbekannter Lärm."

„Oh nein, Tilly!", ruft Schorsch und eilt zu ihr. Pedro folgt ihm schnell. Beide wissen, dass Tilly in solchen Momenten Unterstützung braucht. Schorsch deaktiviert den Alarm des Mähroboters und spricht beruhigend auf Tilly ein: „Alles gut, Tilly. Es ist nur der Roboter. Du bist sicher." Funkerfritz registriert, wie sich Tilly allmählich beruhigt und wieder zu einem tiefen, entspannten Grunzen übergeht. „Wohlbefinden erkannt. Tilly fühlt sich wieder sicher." „Gut gemacht, Tilly" sagt Schorsch und streichelt das Schweinchen sanft: „Du bist ein starkes Schweinchen." „Es ist beruhigend zu wissen, dass Funkerfritz uns sofort alarmiert, wenn etwas nicht stimmt", sagt Pedro. „Dank ihm können wir sicherstellen, dass Tilly immer gut versorgt ist und sich wohlfühlt."

Während sich Tilly im frischen Stroh in ihrer Lieblingsecke im Wohnzimmer räkelt, gibt sie ein zufriedenes, langes Seufzen von sich. Funkerfritz analysiert: „Zufriedenheit erkannt. Tilly fühlt sich sicher und geborgen in ihrem Zuhause." „Das ist schön zu hören", sagt Pedro und schaut zu Schorsch. „Vielleicht sollten wir öfter innehalten und auf die kleinen Zeichen achten, die uns die Tiere und auch die Menschen um uns herum senden. Wir könnten viel mehr verstehen, wenn wir einfach zuhören." „Ja", sagt Schorsch nachdenklich. „Vielleicht können wir von Tilly lernen, wie man das Leben mit mehr Ruhe und Aufmerksamkeit angeht. Und Funkerfritz hilft uns dabei, ihre Sprache zu verstehen." In diesem Moment ertönt ein weiteres zufriedenes Grunzen von Tilly, und Funkerfritz meldet sich erneut: „Tilly scheint besonders glücklich zu sein. Möchtest du noch mehr Futter, Tilly?" Tilly grunzt ein wenig lauter und stößt dann ihren Futternapf mit der Schnauze an. Funkerfritz reagiert: „Positive Erwartung erkannt. Tilly könnte noch eine kleine Portion vertragen." „Ich glaube, Funkerfritz hat recht", sagt Schorsch mit einem Grinsen. „Tilly ist immer hungrig!"

Funkerfritz hat mehr Persönlichkeit als ein Kochshow-Moderator und beginnt zu blinken, als das winzige Teacup-Schweinchen neugierig mit der Schnauze an seine Seite tippt. „Ah, Tilly! Ich habe heute wieder ein paar exklusive Rezepte für deinen exquisiten Geschmack vorbereitet!" Funkerfritz' Display leuchtet und zeigt ein Menüplan in Schweinchen-Pink. „Lass uns mit der Vorspeise beginnen. Wie wäre es mit einem knackigen Blattsalat aus zarten Babyspinatblättern, feingehobelten Karotten und einem Hauch von Himbeeressig? Dazu reichen wir ein paar geröstete Kürbiskerne für den Crunch. Klingt das nicht köstlich?" Tilly grunzt begeistert, während Funkerfritz weiterspricht. „Als Hauptgang habe ich ein echtes Highlight: Eine herzhafte Gemüseplatte mit gedämpftem Süßkartoffelpüree, gedünsteten Zucchinischeiben, frisch gehacktem Dill und einem Spritzer Leinöl, um das Fell so richtig zum Glänzen zu bringen. Und weil ich weiß, dass du einen Faible für bunte Teller hast, gibt es dazu gekochte rote Beete, fein in Sternchen ausgestochen."

Funkerfritz macht eine kleine Pause, während Tilly aufgeregt mit den Hufen scharrt. „Aber natürlich darf das Dessert nicht fehlen, meine Liebe! Ich präsentiere: Die 'Tilly-Traumtörtchen'. Diese kleinen Köstlichkeiten bestehen aus pürierter Banane, einem Klecks Naturjoghurt und geraspelten Äpfeln, kunstvoll geschichtet in deinem Lieblingsnapf. Oben drauf gibt es ein dekoratives Topping aus einer einzigen Blaubeere und – Achtung – einer Prise Kokosraspeln. Ein wahrhaft königlicher Abschluss für unser Menü!"

Tilly grunzt laut, dreht sich einmal im Kreis und sieht Funkerfritz erwartungsvoll an. „Oh, ich wusste, das würde dir gefallen", piepst der Napf und beginnt mit der Zubereitung, während er leise eine jazzige Melodie summt. „Bon Appétit, Madame Tilly!"

„Na dann", sagt Pedro und geht zum Futternapf. „Es ist wichtig, auf die Bedürfnisse von Tilly zu achten. Glückliches Schwein, glückliche Menschen." Und so endet der Tag. Tilly kuschelt sich in ihr weiches Stroh, und Funkerfritz bleibt wachsam, um ihre Stimmungen und Bedürfnisse zu überwachen. „Gute Nacht, Tilly", flüstert Funkerfritz leise. „Ich passe auf dich auf." Denn für Funkerfritz gibt es nur eine Aufgabe: Tilly glücklich und gesund zu halten – und dafür sorgt er mit jeder Grunz-Analyse.

Takeaway Message für dich

Künstliche Intelligenz im Futternapf wird es ermöglichen, die Bedürfnisse deiner Tiere besser zu verstehen, aber auch deren emo-

tionale Zustände in Echtzeit zu überwachen. Es ist heute schon so, dass immer mehr Gegenstände immer mehr Technik integriert bekommen. Ein smarter Futternapf ist solange nicht in deinem Haushalt, bis einer deiner Freunde, Bekannten oder Familienmitglieder auch so einen hyperintelligenten, in der Nacht blinkenden Helfer hat! Vielleicht wird er erstmal nur melden, ob das Futter angetastet wurde. Und dann kommt irgendwann noch die ein oder andere Funktion dazu. Ein Futternapf wie Funkerfritz könnte also eine Art „Gefühls-Decoder" werden, der hilft, die Stimmungen deiner Haustiere zu erkennen und entsprechend zu reagieren.

Vogelhaus Vinoviktor
Das Stimmenorakel der Vogelwelt

Vinoviktor ist ein buntes Holzhaus mit einem Dach, das wie eine moderne Variante einer Kuckucksuhr aussieht. Sie ist eine KI-gesteuerte Vogelstimmen-Analysemaschine und das neueste Gadget der Familie – der „heiße Scheiß" für ein smartes Zuhause. Kanarienvogel Kim, die darunter in ihrem Käfig sitzt, kann damit wenig anfangen, ist aber froh, dass die Familie sie seither in Ruhe lässt und sie nicht ständig einen Laut von sich geben muss. Die smarte Kuckucksuhr war ein Geschenk von Mia an die Kinder.

Während Vinoviktor dem Vogelgesang von draußen lauscht, beginnt er sofort zu analysieren: „Ah, das ist ein Spatz! Er übt gerade seine Balzmelodie! Dazu würde ein trockener Riesling gut passen." Mia, die immer ein Ohr für Technik und Vögel hat, nickt anerkennend. „Du bist wirklich ein wandelndes Vogellexikon, Vinoviktor", entgegnet sie ihm. „Klingt wirklich, als ob er sich um eine Dame bemüht", fügt sie hinzu, als sie den Spatz erneut in den Fokus nimmt.

Schorsch, der gerade mit Toni in der Nähe spielt, schaut neugierig zu dem Lautsprecher. „Warum singt der Spatz so komisch?", fragt er. „Weil er sich für jemanden hübsch machen will!", erklärt Mia schmunzelnd. „Das ist sein Balzgesang. Und Vinoviktor hier kann uns sagen, was er genau damit meint." „Das ist ja langweilig", murmelt Schorsch, der sich lieber mit seinen Rennwagen beschäftigt, „Vögel singen doch nur, wenn sie Lust haben. Warum muss man das immer so genau wissen?" Doch Vinoviktor lässt sich nicht aus der Ruhe bringen. „Ich kann nicht nur sagen, was sie singen, sondern auch warum", antwortet der Kuckucksuhrlautsprecher in seiner fröhlichen, fast einladenden Stimme. „Balzgesänge sind wichtig für die Partnersuche und das Territorium. Und wusstest du, dass bei vielen Vögeln die Qualität des Gesangs über den Erfolg bei der Partnerwahl entscheidet?" „Siehst du, Schorsch", sagt Mia mit einem Lächeln. „Vögel sind nicht nur zufällige Sänger. Sie haben ihre eigenen Regeln und Rituale. Und Vinoviktor hier

hilft uns, das zu verstehen. Vielleicht kannst du ja auch mal etwas von den Vögeln lernen!"
„Was soll ich von einem Spatz lernen?", fragt Schorsch und zieht eine Grimasse. „Der sieht aus, als ob er gerade aus dem Bett gefallen wäre." „Ach, Schorsch", schmunzelt Mia, „nicht jeder Vogel muss immer perfekt aussehen, um gut zu singen. Der Spatz hat immerhin Stil. Und außerdem – es geht nicht nur ums Aussehen, sondern ums Talent!" „Talent?" Schorsch schnaubt. „Der kann doch nicht mal richtig fliegen, der hüpft immer nur herum!" „Ich würde sagen, der Spatz hat das, was man als 'Authentizität' bezeichnet", erklärt Vinoviktor, der sich nicht nur für einen Experten in Sachen Vogelverhalten, sondern auch auch altem Wein hält. „Er ist der Meister der kurzen, prägnanten Töne. Und manchmal ist weniger mehr, Schorsch!" „Oh, wirklich?", fragt Schorsch sarkastisch. „Vielleicht sollte ich dann meine Rennwagen mal weniger laut brummen lassen, dann bin ich vielleicht der König der Straße!" „Das wäre ein bisschen zu viel des Guten", lacht Mia. „Aber du kannst ja mal ausprobieren, weniger zu brüllen, wenn du mit deinen Freunden sprichst!"

In dem Moment hören sie plötzlich das leise Summen von Vinoviktor. „Wusstet ihr, dass Vögel, wie Amseln, ihre Balzgesänge nutzen, um zu zeigen, wie stark und fit sie sind? Sie singen, um zu beeindrucken, nicht nur für die Liebe, sondern auch, um ihr Revier zu verteidigen!" „Echt? Klingt cool!", sagt Schorsch und grinst. „Vielleicht sollten wir auch mal unsere Reviere verteidigen – wie das Wohnzimmer, bevor Toni es wieder in einen Spielplatz verwandelt." „Und vielleicht lernen wir auch, wie man mit weniger Aufregung mehr erreicht", sagt Mia nachdenklich. „Wenn wir ruhig bleiben und strategisch vorgehen, können wir vieles erreichen, ganz ohne Stress."

„So ihr Federlosen, ich gebe euch Kindern noch ein paar Kommunikations-Tipps. Heute lernt ihr von meinen gefiederten Freunden da draußen, wie man richtig kommuniziert – mit

Stil, Spaß und viel Tirilieren!" Vinoviktor beginnt leicht zu wackeln, und aus seinem Lautsprecher ertönt ein melodisches „Tschirp-Tschirp!" „Hört ihr das? Das ist Herr Spatz! Er sagt: *Hey, ich hab die besten Krümel hier drüben, kommt alle her!* So macht man Werbung, meine Kinder! Wenn ihr das nächste Mal Kekse habt, probiert's doch mal aus: *Tschirp-tschirp, Keks-Keks, hier ist der gute Stoff!* Ihr werdet sehen, das lockt auch die anderen Familienmitglieder an."

Vinoviktor macht eine kurze Pause, dann ertönt ein schrilles „Krrrah! Krrrah!" „Achtung, jetzt wird's ernst", erklärt das Vogelhaus. „Das war ein Krähe. Sie warnt ihre Freunde vor einer sich nähernden Katze. Merkt euch: Wenn Gefahr droht, macht ordentlich Lärm, damit alle Bescheid wissen. Ein einfaches 'Krrrah' reicht schon. Oder, wenn's bei euch Menschen sein muss: *Hilfeee, die Eltern kommen!* Funktioniert genauso."

Plötzlich mischt sich ein sanftes, melodisches „Tuut-tuut-tuut" ein. „Ah, das ist unser Freund, die Amsel. Der ist der König der Willkommenskultur – sein Lied sagt: *Hey, ich freue mich auf dich, komm vorbei!* Ihr könnt das genauso machen, Kinder! Statt nur 'Hallo' zu sagen, probiert doch mal ein fröhliches Liedchen oder etwas Kreatives, wie: *Hallihallo, schön, dass du da bist!* Glaubt mir, das kommt gut an." „Vielleicht", sagt Schorsch nachdenklich. „Vielleicht sollten wir alle mal lernen, wie man weniger brüllt und mehr zuhört. Vielleicht verstehen wir dann auch, was Toni uns wirklich sagen will, wenn sie mal wieder einem Roboter hinterher jagt!"

„Das klingt nach einem Plan!", ruft Vinoviktor. „Vielleicht können wir uns ja auch von den Vögeln abgucken, wie man das Leben ein bisschen entspannter angeht!" „Genau!", sagt Mia und setzt sich mit einem Lächeln an den Tisch. „Vielleicht können wir alle von den Vögeln etwas über Geduld und Strategie lernen. Und von Vinoviktor natürlich!" Schorsch und Toni lachen und fangen an, die Geräusche nachzuahmen – mal mehr, mal weniger erfolgreich. Vinoviktor kichert leise. „Seht ihr?

Kommunikation kann lustig sein! Ob ihr Kekse teilen, vor Gefahren warnen oder Freunde finden wollt – die Vögel zeigen euch, wie's geht. Und jetzt los, übt fleißig, ihr kleinen Spatzen!"

„Ja, vielleicht", sagt Schorsch, während er nachdenklich auf Toni schaut, die gerade wieder versucht, den Staubsaugerroboter zu überlisten. „Vielleicht sollten wir mal versuchen, den Lärm zu reduzieren und mehr zuzuhören, um herauszufinden, was wirklich wichtig ist." „Das ist ein guter Plan", sagt Mia und schaut auf Vinoviktor. „Vielleicht hilft uns Vinoviktor ja auch, die Geheimnisse des Lebens zu entschlüsseln – Schritt für Schritt und ohne unnötigen Lärm!" „Das hoffe ich auch", sagt Schorsch und setzt sich mit einem Lächeln an den Tisch. „Vielleicht wird das der entspannteste Sonntag aller Zeiten!" „Warten wir ab", sagt Mia, „vielleicht wird unser nächstes Familienprojekt ein symphonisches Konzert aus Vogelgesängen und Staubsaugerrobotern!" Kanarienvogel Kim kann nur den Kopf schütteln, bei diesem ganzen Trubel rund um Vogelstimmen. Am liebsten würde sie das Vogelhaus nachäffen, aber das kostet zu viel Kraft.

Takeaway Message für dich

Die Reflexion über den Umgang mit Technologie und Natur wird auch für dich immer wichtiger. In einer Welt, die zunehmend von KI und Automatisierung geprägt ist, könnte ein smartes Vogelhaus ein Symbol für das Streben nach mehr Verständnis und Achtsamkeit in einer technisierten Welt sein. KI in Form einer Kuckucksuhr, wie Vinoviktor, ist kein Werkzeug zur Effizienzsteigerung, sondern ein Mittel zur Förderung von Verständnis und Empathie. So kann dir geholfen werden, tiefere Einblicke in ihre Welt zu gewinnen, sei es durch die Entschlüsselung von Vogelgesängen oder durch das Fördern von zwischenmenschlicher Kommunikation und Reflexion.

7
GARAGE
Reisen mal anders

Die Garage des Hauses ist ein etwas anderer Ort. Sie liegt direkt am Haus und man kann sie sowohl vom Hauseingang als auch vom Garten her betreten. Dennoch handelt es sich auch hierbei um eine in sich geschlossene Welt. Natürlich leben auch hier, wie sollte es anders sein, viele, nur dieses Mal etwas größere, intelligente Maschinen.

Da wäre zum Beispiel das *Rennauto Radkarsten*, der rollende Co-Pilot. Radkarsten weiß immer, wo es langgeht – ob Stau, Schlagloch oder Schnäppchen an der Raststätte. Er ist nie um einen Spruch verlegen und sorgt mit seinen unterhaltsamen Geschichten stets dafür, dass auch die längste Autofahrt nicht zum Gähn-Marathon wird.

Daneben schwingt *Motorrad Motomatze* den Sattel. Motomatze liebt die Freiheit der Straße, hat aber trotzdem immer beide Reifen fest auf dem Asphalt. Kurven? Für Motomatze überhaupt kein Problem! Sein Motto lautet: „Wo ein Wille, da ein Wheelie!" Mit ihm wird jeder Roadtrip von Pedro zu einem rutschfesten Abenteuer – Lederjacke inklusive.

Wem das zu motorisiert ist, schnappt sich *Fahrrad Flopedal*, den fitnesstüchtigen Fahrberater. Flopedal bringt nicht nur die Oberschenkel von Oswald zum Brennen, sondern auch die Stimmung zum Kochen. Mit ihm wird jede Steigung zum

Motivationsmarathon und jeder Abstieg zur Belohnung. Flopedal zeigt, dass man auch ohne Sprit die Welt erobern kann – Muskelkraft voraus!

Und dann gibt's noch *Flugtaxi Fliegobert*, der Überflieger der Zukunft. Während andere noch im Stau stehen, schwebt Fliegobert schon lässig über die Dächer der Stadt. Dieses Taxi hat's drauf – schnell, elegant und immer mit einem Hauch Science-Fiction. Wer bei ihm einsteigt, hebt, solange er sich ordentlich anschnallt, nicht nur physisch, sondern auch mental ab.

Ob rollen, rutschen, strampeln oder schweben – dieses Kapitel beweist: Reisen ist mehr als nur Ankommen. Hier geht's um Humor und jede Menge Bewegung! Also: Abfahrt in die nächsten Kapitel!

Rennauto Radkarsten
Der rollende Co-Pilot

„Mia, ich weiß, du hältst dich für die Göttin des Asphalts, aber mal ehrlich, du bist eher die Chaos-Kapitänin der Mittelspur." Radkarsten, das KI-gesteuerte Herz von Mias Autos, lässt wie immer kein gutes Haar an ihrer Fahrkunst. Mia seufzt, legt die Hände etwas fester aufs Lenkrad und versucht, ihn zu ignorieren, während sie gemeinsam mit Sohn Schorsch einfach nur in Ruhe von A nach B fahren möchte. „Radkarsten, ich brauche keinen sprechenden Blechkasten, der mir sagt, wie ich zu fahren habe", schnaubt sie und drückt das Gaspedal etwas tiefer durch. Der Elektromotor summt zufrieden, doch Radkarsten lässt sich davon nicht beeindrucken. „Oh, bitte. Ich habe mehr Kilometer Erfahrung auf dem Blechdach, als du dir vorstellen kannst. Und gerade habe ich von Throntrudda gehört, dass dein Blutzucker heute Morgen eher Achterbahn fährt – was wohl deine Fahrkünste beinflusst."

„Jetzt fängst du auch noch damit an!", protestiert Mia. Doch Radkarsten lässt sich nicht bremsen. „Ich erkenne es an deinem Zittern am Lenkrad. Wenn dein Blutzucker abfällt, bemerke ich das schneller, als du ‚Croissant' sagen kannst. Ich schlage vor, bei einem nahegelegenen, gut bewerteten Café eine Pause zu machen – natürlich mit Empfehlungen von mir. Und wenn du das ignorierst, sorge ich eben selbst für die Pause. Sanft, aber bestimmt." Mia verdreht die Augen. „Du bist wirklich übergriffig, Radkarsten. Was kommt als Nächstes? Du machst mir Vorschriften, was ich trinken darf?" Radkarsten gluckst. „Das mache ich längst. Dank meiner Sensoren im Lenkrad weiß ich genau, ob du wieder Restalkohol hast. Solltest du versuchen, mit einem Gläschen zu viel zu fahren, übernehme ich die Kontrolle und bringe uns sicher nach Hause. Ich bin schließlich nicht nur dein Co-Pilot, sondern auch ein Schutzengel auf vier Rädern."

„Du bist eher mein persönlicher Kontrollfreak", murmelt Mia, die insgeheim beeindruckt ist, es aber niemals zugeben würde. Radkarsten fährt unbeirrt fort: „Und Müdigkeit erkenne ich ebenso zuverlässig. Erinnerst du dich an unsere Fahrt nach München? Dein Kopf sackte mehrmals nach vorne, und deine Spurtreue war – sagen wir mal – kreativ. Ich wecke dich, und wenn das nicht hilft, erhöhe ich die Luftzirkulation oder spiele sogar dein Lieblingslied aus den 80ern. Du magst mich nervig finden, aber lebendig bist du mir lieber." „Toll. Mein Rennauto will jetzt auch noch DJ spielen", sagt Mia mit gespieltem Entsetzen. „Warte ab, bis ich dir erkläre, wie ich dich sicher an dein Ziel bringe", sagt Radkarsten, ohne den ironischen Unterton zu verbergen. „Ich bekomme Live-Daten zu Baustellen, Staus und Wetterbedingungen. Außerdem plane ich Ladestopps mit den günstigsten Preisen ein – ganz nebenbei sorge ich dafür, dass du nie in der Einöde stehen bleibst. Die Landstraße letzte Woche? 20 Minuten gespart. Du kannst mir also danken."

Plötzlich meldet sich Schorsch von der Rückbank. „Was das Zeitsparen betrifft, da will ich doch noch was sagen. Letzte Woche bist du über 130 km/h gefahren. Weißt du eigentlich, wie schlecht das für die Umwelt ist?" Seine junge Stirn legt sich in tiefe Falten, und er setzt sich kerzengerade hin. Schorsch hat im vergangenen Jahr Fridays for Future kennen- und schätzen gelernt. Seitdem ist das Thema Umwelt bei den Gastzugangs zum Dauerbrenner geworden. „Dass es in Deutschland kein Tempolimit gibt, ist doch absurd. Radkarsten soll das eigentlich wissen, oder?" Radkarsten bleibt gelassen und antwortet ruhig: „Schorsch, ich verstehe deine Bedenken, aber ein generelles Tempolimit würde die Umwelt weniger entlasten, als man denkt. Moderne Fahrzeuge wie dieses hier optimieren den Energieverbrauch bei höheren Geschwindigkeiten, und die CO_2-Einsparungen durch ein Limit wären relativ gering." Mia, die die Unterhaltung aus dem Rückspiegel verfolgt, wirft ein: „Aber Radkarsten, hat Schorsch nicht irgendwie recht? Langsamer fahren wäre trotzdem sicherer und entspannter."

Radkarsten bleibt unbeeindruckt und summt leise vor sich hin. „Schorsch, ich kann dir versichern, dass meine Prioritäten immer die Sicherheit und Effizienz sind. Außerdem fahre ich nicht – deine Mutter tut es. Vielleicht sollte sie ihre Geschwindigkeit anpassen?" Mia hebt die Hände kurz vom Lenkrad, als wolle sie jegliche Verantwortung abwälzen. „Oh nein, ich bin wieder die Böse, ja? Schorsch, willst du vielleicht selbst fahren?" Schorsch verschränkt die Arme vor der Brust und schaut beleidigt aus dem Fenster. „Wenn ich alt genug bin, dann gibt es endlich ein Tempolimit." Radkarsten lächelt still und summt wieder leise vor sich hin. „Und bis dahin werde ich dafür sorgen, dass du sicher ans Ziel kommst – mit oder ohne Tempolimit."

„Aber fall mir nicht mehr ins Wort, Radkarsten, ich kann dir auch die Energie abdrehen", grummelt Mia, obwohl sie weiß, dass er recht hat. „Das wäre unklug. Ich überwache zum Beispiel deinen Reifendruck und erkenne, wenn etwas nicht stimmt. Außerdem kenne ich die besten Werkstätten, die dich weder abzocken noch dir einen kaputten Ladeanschluss als Insektenhotel-Kunstwerk verkaufen wollen." Mia schüttelt den Kopf, ein Lächeln im Mundwinkel. „Du bist unmöglich, Radkarsten." „Und trotzdem liebst du mich. Übrigens habe ich gerade ein Update von Throntrudda bekommen: Dein Magnesiumspiegel könnte etwas Unterstützung vertragen. Wir machen gleich eine Pause, und du isst eine Banane." „Banane, Banane", äfft Mia ihn nach. „Was bist du, Radkarsten? Mein Lifecoach oder mein Rennauto?"

Radkarsten summt zufrieden. „Ich bin beides – und mehr. Zum Beispiel bin ich auch ein Frühwarnsystem für deine Nerven. Ich messe deine Herzfrequenz und erinnere daran, wie du letzte Woche auf dem Weg ins Büro diesen Lieferwagenfahrer angebrüllt hast. Wusstest du, dass ich dir in stressigen Momenten Atemübungen vorschlagen kann?" Mia bricht in Lachen aus. „Ich soll im Auto meditieren? Während ich mitten im Verkehr stecke? Das kann doch nicht dein Ernst sein."

„Doch, ganz genau", sagt Radkarsten mit unerschütterlicher

Ruhe. „Ich spiele dir sanfte Klänge vor oder, wenn dir das lieber ist, eine Podcast-Folge von 10xD über Entspannungstechniken. Dein Stresslevel sinkt, und wir vermeiden unschöne Worte, die andere Verkehrsteilnehmer vielleicht nicht zu schätzen wissen." „Ich habe keine unschönen Worte benutzt!", protestiert Mia. „Oh, Mia, ich habe ein Mikrofon. Soll ich die Aufnahme abspielen?" Ein roter Schimmer breitet sich auf Mias Gesicht aus. „Schon gut, Radkarsten. Lass uns das Thema wechseln." „Sehr gerne. Wusstest du, dass ich dich auch vor gefährlichen Fahrern warnen kann? Meine Kameras erkennen aggressive Fahrmuster anderer Fahrzeuge und kalkulieren deren Wahrscheinlichkeit, dich zu schneiden oder abrupt zu bremsen. Sollte ich eine Gefahr erkennen, reagiere ich blitzschnell und halte Abstand. So hast du genug Zeit, dein Ego im Zaum zu halten und sicher zu bleiben." „Mein Ego im Zaum halten?", wiederholt Mia mit hochgezogenen Augenbrauen. „Oh, Mia, ich habe die Daten. Und die Daten lügen nicht. Erinnerst du dich an den BMW-Fahrer letzte Woche? Du hast das Gaspedal durchgetreten, um zu beweisen, dass dein kleiner Kombi genauso schnell ist."

Mia lacht trocken. „Radkarsten, du bist schlimmer als meine Mutter." „Das nehme ich als Kompliment", sagt das smarte Auto. „Aber ich bin nicht nur hier, um dich zu kritisieren. Weißt du, was ich noch kann? Ich erkenne, wenn du mit den Kindern unterwegs bist, und stelle den Innenraum auf Familienmodus. Keine laute Musik, keine Ablenkungen, und ich erinnere dich daran, genügend Pausen einzulegen. Du wärst überrascht, wie oft Eltern vergessen, die kleinen Mitfahrer rechtzeitig zu füttern." „Oh, großartig. Jetzt bist du auch noch ein Kinderbetreuer", sagt Mia. Doch sie kann nicht leugnen, dass Radkarsten ihr das Leben erleichtert. „Was ist, wenn ich allein unterwegs bin und einfach mal Ruhe haben will?" Radkarsten antwortet prompt: „Dann erkenne ich an deinem Sprachmuster und Gesichtsausdruck, dass du genervt bist, und halte mich zurück –

es sei denn, die Situation ist kritisch. Ich bin schließlich dein Co-Pilot, nicht dein Butler."

Plötzlich sieht Schorsch etwas unter dem Fahrersitz von Mama Mia aufblitzen. „Da ist was!", ruft er aufgeregt und streckt sich, um genauer hinzusehen. „Hol es doch hervor, Schorsch", ermutigt ihn Radkarsten, der wie immer ruhig und gelassen bleibt. Schorsch zögert nicht lange, greift nach unten und zieht einen Deckel hervor. „Ein Deckel!", ruft er, die Augen weit vor Überraschung. In diesem Moment scheint die Zeit stillzustehen. Mia wirft einen schnellen Blick nach hinten, und Radkarsten schaltet den Innenraum auf absolute Ruhe. Selbst der Elektromotor summt leiser, als ob das Auto spürt, dass etwas Großes passiert. Schorsch dreht den Deckel in seinen Händen, das metallene Stück reflektiert das Licht der Straßenlaternen. „Das ist der Deckel von Knetknut!", flüstert er, die Worte zittern vor Spannung.

Mia schnappt nach Luft, ihre Hände krallen sich ins Lenkrad. „Das kann doch nicht sein! Wir suchen Knetknut schon lange. Aber selbst wenn er es ist, wo ist sein Rest?" Radkarsten meldet sich mit einem ungewöhnlich ernsten Ton: „Wartet. Ich scanne die Umgebung." Ein leises Summen erfüllt das Auto, während der KI-Co-Pilot blitzschnell die Ergebnisse auswertet. Dann spricht er weiter: „Ich habe ein schwaches Signal. Es kommt aus einer alten Lagerhalle – etwa fünf Kilometer von hier entfernt."

Mia dreht sich halb zu Schorsch um, der den gefundenen Deckel noch immer wie eine Trophäe in den Händen hält. „Die alte Lagerhalle...", murmelt sie und runzelt die Stirn. „Schorsch, das ist doch der Ort, wo das komische Teil von den Nachbarn diesen seltsamen Drohnenflug beendet hat!" „Das ergibt Sinn", sagt Schorsch langsam, seine Augen glitzern vor Aufregung. „Die sind mir schon lange suspekt. Wir müssen da hin. Sofort."

Radkarsten summt leise, dann ertönt seine Stimme klar und bestimmt: „Haltet euch fest. Der Co-Pilot übernimmt. Es wird rasant, aber sicher." Mit einem kraftvollen Summen beschleunigt das Auto. Der Deckel von Knetknut liegt jetzt sicher auf Schorschs Schoß, während die Scheinwerfer die dunkle Straße vor ihnen erhellen. Niemand spricht ein Wort, die Spannung liegt schwer in der Luft. Alle wissen: Dies ist nur der Anfang. Radkarsten setzt einen Alarmruf ins Hausnetz der Gastzugangs ab: „Deckel von Knetknut gefunden, fahren jetzt in die alte Lagerhalle am Karpfensee, dort scheint er zu sein." Das Rätsel um Knetknut wird jetzt erst richtig spannend.

Takeaway Message für dich

Ein intelligentes Auto sitzt nicht einfach nur stumm auf seinen vier Reifen, sondern wird zum perfekten Fahrlehrer. Es warnt dich freundlich, wenn du mal wieder zu nah an den Bordstein heranrumpelst, und flüstert dir sanft ins Ohr: „Ein bisschen mehr nach links, das schaffst du!" Auf der Autobahn lobt es deine Spurtreue, rät dir aber auch dezent, den Fuß etwas leichter auf das Gaspedal zu legen. So ein Auto wie Radkarsten analysiert dein Fahrverhalten, gibt dir Tipps für sanfteres Bremsen und elegantere Kurven – und wenn es ganz entspannt ist, lässt es sogar einen motivierenden Kommentar los: „Na, heute läuft's doch wie auf Schienen!" So lernst du, ohne Stress besser zu fahren, während dein Auto zum echten Co-Piloten wird.

Motorrad Motomatze

Der rutschfeste Roadtrip-Buddy

Motorradfahren ist für viele ein Gefühl von Freiheit – der Wind vor dem Visier, das Summen des Motors und die endlose Straße vor sich. Doch Freiheit kommt mit Risiken. Jeder Stein auf der Straße, jede plötzlich auftauchende Kurve und jeder unaufmerksame Autofahrer kann die Fahrt in ein Abenteuer verwandeln, das man lieber vermeiden würde. Genau hier kommt Motomatze ins Spiel. Motomatze ist kein einfaches Motorrad.

Motomatze ist ein KI-gesteuerter Superheld auf zwei Rädern, der nicht nur dafür sorgt, dass Fahrer wie Pedro sicher ankommen, sondern auch, dass sie unterwegs ihren Spaß haben – solange der Spaß nicht zur Gefahr wird. Mit einer Mischung aus technischer Brillanz, einer Portion Humor und einem Hang zur besserwisserischen Belehrung macht Motomatze jede Fahrt zu einem Erlebnis. Heute aber wird es ein ganz ereignisreicher Tag.

Pedro sprintet los. Kaum hat er Nachricht von Schorsch und Mia erhalten, läuft er sofort zum Motorrad. Der Knetknut – oder besser gesagt ein Teil von ihm – ist offensichtlich aufgetaucht. Nun darf keine Sekunde verschwendet werden. Atemlos erreicht Pedro Motomatze, schwingt sich in den Sattel und ruft: „Matze, wir haben einen Einsatz! Unser Ziel ist die alte Lagerhalle, und zwar sofort!" „Pedro, das ist eine lange Strecke. Ich werde die Route optimieren und dir Tankstopps empfehlen. Und Folgendes habe ich dir bei unserer letzten Ausfahrt bereits gesagt: Der Hinterreifen sollte dringend aufgepumpt werden", mahnt Motomatze. „Schon verstanden. Aber jetzt beeil dich bitte, wir haben keine Zeit zu verlieren!" „Alles unter Kontrolle", beruhigt Motomatze. „Ich habe außerdem sämtliche Wetterdaten analysiert. Ein Sturm zieht auf. Wir sollten vorsichtig sein."

Pedro nickt nur und gibt Gas, während Motomatze die Straße akribisch überwacht. Unterwegs gibt es einige brenzlige Momente: Ein plötzlicher Wildwechsel, rutschiger Asphalt und unerwarteter Verkehr. Der letzte Kilometer ist besonders gefährlich – der Weg ist schmal, die Dunkelheit drückt schwer, und nur die Scheinwerfer schneiden durch die Finsternis.

„Pedro, sag Bescheid, wenn du noch einmal so in die Kurve gehst, dann schalte ich meinen ‚Kurven-Kick-Modus' ein", mahnt Motomatze, seine Lautsprecher klingen beinahe beleidigt. Pedro grinst unter seinem Helm, das Visier leicht beschlagen von der kalten Nachtluft. „Ach komm, Motomatze, ein bisschen Schräglage schadet doch niemandem. Das hier ist keine Sonntagsfahrt!" Er gibt extra Gas, nur um zu provozieren. „Ein bisschen Schräglage....ja, aber du übertreibst ... Pedro!", erwidert Motomatze trocken. „Ich habe hochsensible Neigungssensoren, die sofort erkennen, ob wir auf dem Weg sind, uns in den Straßengraben zu legen. Und glaub mir, bei dem Tempo bist du näher dran, als dir lieb ist." Pedro lacht. „Keine Sorge, ich habe alles unter Kontrolle."

Motomatze schweigt einen Moment, bevor er wieder spricht. „Ach wirklich? Und was ist mit deinem Reifendruck? Der Hinterreifen ist fast zehn Prozent unter dem Idealwert. Willst du, dass wir mit einem platten Reifen liegenbleiben?" Pedro runzelt die Stirn. „Ehrlich? Zehn Prozent?" „Ja, ehrlich. Und falls du es wissen willst: Der Asphalt ist feucht, die Temperatur liegt bei acht Grad. Soll ich dir eine Lektion über Haftungskoeffizienten geben?" „Bitte nicht!" Pedro bremst etwas ab. „Du bist schlimmer als mein alter Physiklehrer."

„Ich nehme das als Kompliment. Aber bei der nächsten Gelegenheit pumpst du den Reifen auf. Keine Diskussion." Pedro seufzt. „Schon gut, Chef. Du bist ja schlimmer als Waage Wiegfried." „Apropos Wiegfried", sagt Motomatze prompt, „du hast zugenommen, der Akkuverbrauch ist dadurch um 0,5 % gestiegen und auch dein Fettanteil hat sich erhöht, was deine Überlebenswahrscheinlichkeit bei einem harten Aufprall durch das Abfedern leicht erhöht." Pedro rollt die Augen. „Danke für die Info, Dr. Motomatze." So erreichen sie schließlich die Lagerhalle.

Vor der Lagerhalle warten Mia und Schorsch bereits, ihre Gesichter sind von der Anspannung gezeichnet. Pedro steigt ab, während Motomatze einen letzten Sicherheitscheck durchführt. Der düstere Schatten der alten Lagerhalle erhebt sich vor ihnen, die Fenster dunkel wie leere Augenhöhlen. Ein schwacher Geruch von Öl und Metall hängt in der Luft. Die drei werfen sich einen entschlossenen Blick zu, dann öffnen sie vorsichtig das knarzende Tor. Drinnen empfängt sie absolute Dunkelheit, nur das schwache Leuchten von Pedros Helmlicht leuchtet durch die Finsternis. Schorsch stolpert beinahe über eine alte Werkzeugkiste, während Mia leise flucht, als sie an einem tiefhängenden Kabel hängen bleibt. Pedro bleibt abrupt stehen, hebt die Hand zum Zeichen, dass alle innehalten sollen. „Hört ihr das?" flüstert er. Ein leises, gleichmäßiges Piepsen dringt durch die Stille. Es scheint von irgendwo aus der hintersten Ecke der Halle zu kommen. Die Gruppe tastet sich vorsichtig weiter voran, ihre Schritte hallen auf dem Betonboden, während Motomatze leise über Pedros Helm spricht: „Ich lokalisiere die Geräuschquelle. Noch zehn Meter nach Norden."

Mit einem letzten Schritt stehen sie vor einem flackernden Display. In roten Buchstaben steht dort geschrieben: „2,5 Bitcoins Lösegeld bis morgen 12:30 Uhr. Keine Polizei, sonst geht Knetknut in die Autopresse." Für einen Moment ist niemand in der Lage, etwas zu sagen. Mia schluckt schwer, Pedro ballt die Fäuste, und Schorsch starrt das Display mit großen Augen an. Die Dunkelheit um sie herum scheint sich zu verdichten, während die Botschaft auf sie herabzudrücken scheint. „Ich habe die Nachricht gesichert und analysiere gerade mögliche digitale Spuren", unterbricht Motomatze schließlich die Stille. „Wir sollten uns zurückziehen und auf weitere Anweisungen warten. Hier lauern zu viele Unwägbarkeiten."

Widerwillig kehren alle zu ihren Fahrzeugen zurück, um nach Hause zurückzufahren. Mia wirft einen letzten Blick zurück zur Lagerhalle, bevor sie und Schorsch zu Radkarsten einsteigen. Die Spannung in der Luft ist unerträglich und jeder fragt sich, wie sie Knetknut retten können – bevor es zu spät ist.

Takeaway Message für dich

Ein intelligentes Motorrad wird zu deinem persönlichen Road-Buddy, der immer ein Auge auf dich und die Straße hat. Es spürt, wenn du in der Kurve ein bisschen zu optimistisch bist, und raunt dir cool zu: „Mehr Schräglage geht schon, aber behalt die Linie!" Beim Anfahren erinnert es dich charmant daran, das Gaspedal langsam zu treten, damit du nicht wie ein Känguru einen Satz nach vorne machst. So ein Motorrad wie Motomatze analysiert deine Fahrtechnik, gibt dir Tipps für bessere Balance und perfektes Fahrverhalten, und wenn du den Flow erwischst, lobt es dich lässig: „Jetzt rollst du wie ein Profi!" So bringt es dich Stück für Stück näher an das perfekte Fahrgefühl – und sorgt dafür, dass jeder Roadtrip nicht nur sicher, sondern auch richtig smooth wird.

Fahrrad Flopedal

Voll digital auf zwei Rädern

Oswald liebt sein Fahrrad, das er regelmäßig vor der Garage putzt, bis es blitzt und funkelt. Für ihn ist es nicht nur ein Fortbewegungsmittel, sondern ein Lebensgefühl. Während andere morgens mit zerknittertem Gesicht ins Auto steigen, schnallt er seinen Helm fest, tritt in die Pedale und spürt den Wind auf der Haut. Doch seit Flopedal in sein Leben getreten ist, hat das Radfahren nochmal eine neue Dimension bekommen. Flopedal ist ein High-End-Fahrrad. Ein KI-gesteuerter Fahrberater, der nicht nur Oswalds Trainingserfolge im Blick, sondern auch eine Vorliebe dafür entwickelt hat, ihn auf charmante Weise zu belehren – ob er will oder nicht.

„Oswald, jetzt mal ehrlich, willst du diesen Hügel hoch, ohne in der richtigen Trittfrequenz zu bleiben?", fragt Flopedal in einem Ton, der irgendwo zwischen freundlich und genervt liegt. Oswald grinst, obwohl er schon nach Luft schnappt. „Lass mich doch einfach in Ruhe keuchen. Ich mach das schon."

Flopedal lässt ein elektronisches Seufzen hören. „Du machst es, ja, aber ineffizient. Dein Kadenz-Sensor zeigt gerade mal 60 Umdrehungen pro Minute. Wenn du auf 80 hochgehst, schonst du deine Knie. Und keine Sorge, ich habe ein Intervall-Training vorbereitet – damit es dir nicht zu langweilig wird."

„Oh super", murmelt Oswald, während er den Widerstand erhöht. „Genau, was ich brauche: ein Fahrrad, das mir sagt, wie ich zu treten habe." Flopedal lacht – oder zumindest klingt es so. „Ich bin nicht nur ein Fahrrad, Oswald. Ich bin dein smarter Trainingspartner. Außerdem weiß ich, dass du Pflegeroboter Pflegepepe schon wieder ignoriert hast. Soll ich dir sein Pflegetagebuch mal vorlesen?" Oswald verdreht die Augen. „Nein, bitte nicht. Ich kenne es. Und ja, ich weiß, dass ich wenig kooperativ war."

„Gut, dass du es einsiehst", sagt Flopedal. „Aber weißt du auch, dass dein Sauerstoffgehalt gerade sinkt? Meine Pulssensoren am Lenker sagen mir, dass du dich ein bisschen übernimmst. Ich schlage vor, dass du gleich eine kurze Pause einlegst – am besten bei dem netten Café, das ich vorhin auf der Route entdeckt habe." Oswald schüttelt den Kopf. „Du bist schlimmer als Olivia, Flopedal." „Das höre ich oft", antwortet Flopedal trocken. „Aber im Ernst, Oswald, ich mache das alles nur für dich. Zum Beispiel meine Reifen: Ich habe sie gerade überprüft, und der Druck ist perfekt. Außerdem habe ich die Straßenoberfläche analysiert. In der nächsten Kurve wird es glatt – soll ich die automatische Gleichgewichtstabilisierung aktivieren, indem ich die Stützräder rausfahre?"

„Stützräder? Nein, das ist peinlich", antwortet Oswald und verzieht das Gesicht, sodass seine Wangen nicht mehr im Wind flattern. „Du bist ein Fahrrad, keine Fahrschule." Flopedal klingt fast beleidigt. „Fahrrad, ja. Aber eines mit modernster Technik. Meine Sensoren erkennen, wenn du auf rutschigen Untergrund kommst, und ich kann dich abstützen, sodass du nicht stürzt. Glaub mir, das willst du nicht selbst ausprobieren." „Okay, das klingt tatsächlich praktisch", gibt Oswald zu. „Aber kannst du auch was gegen den Fahrtwind machen? Der nervt nämlich gerade am meisten." Flopedal summt leise, fast triumphierend. „Nicht direkt, aber ich analysiere Windgeschwindigkeit und -richtung und plane deine Route so, dass du möglichst wenig Widerstand hast. Außerdem schlage ich vor, den Oberkörper zu senken, damit du aerodynamischer bist. Und falls es dich tröstet: Du verbrennst gerade 15 Prozent mehr Kalorien als bei Windstille."

„Das ist ja wenigstens was", sagt Oswald und tritt wieder kräftiger in die Pedale. „Was kannst du nach deinem letzten Update noch so?" Flopedal klingt plötzlich richtig begeistert. „Wo soll ich anfangen? Ich habe eine noch bessere Navigation, die nicht nur Fußgänger meidet, sondern sogar auch Höhenprofile und deine Fitnessdaten miteinbezieht. Ich schlage dir Strecken vor, die zu deinem aktuellen Trainingsplan passen – oder zu deiner Laune. Wenn du heute zum Beispiel mehr Lust auf gemütliches Fahren hast, nehme ich flache Wege. Und wenn du dich so richtig auspowern willst, schicke ich dich auf die steilsten Anstiege."

„Und wenn ich einfach ziellos fahren will?", fragt Oswald.

„Kein Problem. Ich wechsle in den Entdeckungsmodus und führe dich zu Sehenswürdigkeiten, die du noch nicht kennst. Du weißt: Nur über Umwege lernst du die Gegend rund ums Haus kennen. Übrigens, die alte Mühle, an der wir vorhin vorbeigekommen sind, hat eine interessante Geschichte. Soll ich dir was darüber erzählen?" Oswald lacht. „Danke, Flopedal, aber ich bin hier zum Treten, nicht zum Geschichtsunterricht." „Wie du meinst", sagt Flopedal. „Trotzdem, ich hätte noch ein paar andere Tricks auf Lager. Zum Beispiel überwache ich deinen Trittstil und erkenne, wenn du einseitig belastest. Solltest du das zu oft machen, könnte das langfristig zu Knieproblemen führen. Ich gebe dir also Tipps, wie du gleichmäßiger fährst. Und falls du mal absteigst und schiebst – was ich nicht hoffe – registriere ich das und passe deine Statistik entsprechend an."

„Du trackst also wirklich alles, was ich tue?", fragt Oswald. „Natürlich. Dein Tempo, die Kalorien, die du verbrennst, und gleiche es sogar ab mit der Qualität deines Schlafs – dank der Daten von Bett Bettman. Ich analysiere alles, um dir den perfekten Trainingsplan zu erstellen. Und nein, ich verurteile dich nicht, wenn du mal einen faulen Tag hast. Ich passe mich einfach an." „Das klingt fast zu gut, um wahr zu sein", gibt Oswald zu. „Aber was machst du, wenn ich einfach mal Pause machen will?" „Dann schlage ich dir die besten Plätze dafür vor. Und gleiche das live mit dem Wetterbericht ab, damit du weißt, ob du dich beeilen musst, bevor es regnet. Apropos, in einer halben Stunde kommt ein Schauer auf uns zu. Soll ich eine Abkürzung planen?"

Oswald nickt. „Ja, mach das. Doch wehe, du meckerst wieder, wenn ich die nächste Pause länger mache als fünf Minuten." Flopedal klingt amüsiert. „Kein Problem. Aber ich erinnere dich daran, dass du heute noch 300 weitere Kalorien ver-

brennen wolltest." Oswald lacht laut. „Du bist wirklich die perfekte Mischung aus Coach und Nervensäge." Flopedal summt zufrieden. „Danke, Oswald. Ich nehme das als Kompliment. Und jetzt tritt in die Pedale, statt permanent zu quatschen – wir haben noch ein paar Kilometer vor uns."
Als Oswald später nach Hause kommt, ist die Aufregung spürbar. Im Wohnzimmer sitzen Mia und Pedro, beide sichtlich nervös. Die Kinder spielen auffallend leise in der Ecke. Pedro trommelt unaufhörlich mit den Fingern auf den Couchtisch, während Mia immer wieder auf ihr Tablet schaut, als würde sie dort eine Antwort finden. Kaum hat Oswald den Raum betreten, meldet sich Bürolautsprecher Alexandra mit mechanischer Stimme: „Gerade ist bei mir folgende Nachricht eingegangen: Zahlungseingang fehlt. Noch 60 Minuten bis zur Autopresse."
Die Worte hallen wie ein Donnerschlag durch den Raum. Mia springt auf, ihre Stimme überschlägt sich vor Panik: „Was sollen wir tun? Wir können doch nicht einfach tatenlos zusehen!" Pedro steht ebenfalls auf, seine Stimme klingt entschlossen: „Oswald, wir müssen etwas unternehmen. Können wir nicht die Halle stürmen? Oder bei unseren Freunden das Lösegeld auftreiben?"
Oswald hebt beschwichtigend die Hände, obwohl auch sein Herz rast. „Beruhigt euch. Saugroboter Staubsören hat digitale Spuren analysiert. Vielleicht gibt es eine Schwachstelle im Übertragungssystem, die wir ausnutzen können. In diesem Moment ertönt Flopedal aus Oswalds Helm: „Ich habe ein schwaches Signal im Netzwerk der Erpresser gefunden. Wenn wir es stören, können wir Knetknut orten und die Autopresse rechtzeitig stoppen. Pedro nickt hastig. „Dann los! Sag uns, was wir tun müssen!" Oswald schaut zu Mia und Pedro, dann antwortet er fest: „Pflegepepe, leite uns. Wir haben keine Zeit zu verlieren." Die Uhr tickt unerbittlich, und die entscheidende Mission, Knetknut zu retten, beginnt.

Zwei Minuten später folgt der entscheidende Hinweis. Auf dem Display von Lautsprecher Alexandra erscheint die Nachricht: „Wir erwarten Pedro in 45 Minuten in Hamburg, Plattform Skywalk 22 B, von dort mit der Rolltreppe eine Etage tiefer, Büro 11.58 c, dort weitere Informationen". „Oh Gott, wie willst du jetzt nach Hamburg kommen, Pedro?", fragt Mia verzweifelt. Einzige Chance: Flugtaxi Fliegobert.

Takeaway Message für dich

Ein intelligentes Fahrrad wie Flopedal wird zum persönlichen Trainings-Buddy, der dich nicht nur antreibt, sondern auch charmant belehrt. Wenn du keuchend einen Hügel erklimmst, murmelt es trocken: „Mehr Trittfrequenz, Oswald – deine Knie werden's dir danken!" Es analysiert deine Leistung, überwacht deine Fitnessdaten und plant Routen, die zu deiner Laune passen – ob flach und entspannt oder steil und fordernd. Und wenn der Fahrtwind dir die Laune verhagelt, raunt Flopedal beruhigend: „15 Prozent mehr Kalorien, das ist doch was!" So bringt es dich nicht nur sicher ans Ziel, sondern auch mit einem Grinsen im Gesicht – immer smarter, immer effizienter und garantiert nie langweilig.

Flugtaxi Fliegobert

Der Überflieger der Zukunft

Pedro steht auf der Garage seines Hauses. Er schaut sich um. Außer Feldern und blauem Himmel nichts zu sehen. Jetzt, ein kleiner Fleck am Horizont: Vor ihm schwebt lautlos die elegante, metallisch glänzende Maschine heran. Es ist das Flugtaxi Fliegobert, das von einem autonomen Testflug wiederkommt. Keine Rotoren, die kreischend in Bewegung geraten, keine übertriebene Geräuschkulisse – nur ein sanftes Summen. Die Kabine öffnet sich wie von Geisterhand. Fliegobert, das hochmoderne, KI-gesteuerte Flugtaxi, begrüßt Pedro mit einer freundlichen Stimme: „Grüß dich, Pedro. Willkommen an Bord! Schön, dich zu sehen. Und übrigens, neuer Rekord: Ich bin schon über 10.000 Stunden ohne Zwischenfall geflogen."

Die Kabine ist sehr geräumig, der Sitz passt sich wie von Zauberhand an seine Körperform an, und das Panoramafenster bietet eine atemberaubende Sicht. Ich habe bereits deine Reisedaten erfasst und die optimale Route berechnet. Dabei berücksichtige ich Wetterbedingungen, Luftverkehrsdaten, Energieverbrauch und sogar mögliche Hindernisse wie Vogelschwärme. Und bevor du fragst: Ja, ich bin viel effizienter als jeder menschliche Pilot." Pedro lehnt sich zurück. „Beeindruckend. Und was passiert, wenn etwas schiefgeht?" Fliegobert klingt beinahe beleidigt. „Pedro, bei mir geht nichts schief. Ich bin mit redundanten Systemen ausgestattet: Meine Rotoren, Energieversorgung und Steuerung haben immer ein Backup. Sollte ein Rotor ausfallen, übernehme ich automatisch mit den anderen. Und im schlimmsten Fall kann ich auch wie ein Gleitschirm landen."

„Na gut, klingt beruhigend", murmelt Pedro und schaut aus dem Fenster. Die Stadt unter ihm sieht wie ein Miniaturmodell aus, als Fliegobert elegant senkrecht an Höhe gewinnt. „Du bist also eine Mischung aus Pilot, Mechaniker und Navigator?" „Genau. Aber ich bin auch dein persönlicher Assistent während des Flugs. Soll ich dir zum Beispiel die Wettervorhersage für Hamburg durchgeben? Oder möchtest du einen Kaffee? Ich könnte dir einen über mein integriertes System zubereiten." „Kaffee? Im Flugtaxi?", fragt Pedro lachend. „Das wäre zu viel des Guten. Lieber Tomatensaft!" Fliegobert kichert – oder zumindest klingt es so. „Wie du möchtest. Bitteschön! Solange wir unterwegs sind, kannst du auf meine Annehmlichkeiten zählen. Jetzt konzentriere ich mich lieber darauf, dich sicher und effizient ans Ziel zu bringen. Übrigens habe ich gerade ein Update erhalten: Im Bereich Lübeck wird es gleich regnen. Keine Sorge, ich werde eine Route um die Regenfront herum wählen." „Du bekommst Updates in Echtzeit?", fragt Pedro, jetzt sichtlich beeindruckt. „Natürlich. Ich bin ständig mit Verkehrsbehörden, anderen Fluggeräten und Satelliten vernetzt. So kann ich jederzeit reagieren. Sollte eine Wetterfront auftauchen, ein Vogelschwarm unterwegs sein oder eine Drohne den Luftraum blockieren, ändere ich meine Flugbahn automatisch."

Pedro nickt anerkennend. „Und was passiert, wenn wir wirklich mal in Schwierigkeiten geraten?" „Ich erkenne Probleme, bevor sie auftreten", erklärt Fliegobert. „Meine Sensoren überwachen die Luftströmungen, die Mechanik und sogar den Zustand meines Akkus. Wenn es Anzeichen für Turbulenzen gibt, passe ich meine Position so an, dass du sie kaum spürst. Und falls es gar nicht anders geht, gebe ich dir eine Vorwarnung und aktiviere die Sicherheitsmechanismen." „Du bist wirklich clever, Fliegobert", gibt Pedro zu. „Aber was ist mit der Sicherheit im Allgemeinen? Ich sitze hier ganz allein in einer fliegenden Maschine, und du bist der einzige Pilot." „Das ist sogar sicherer, Pedro. Menschliche Fehler passieren hier nicht, weil ich alles überwache. Meine Kameras haben einen 360-Grad-Blick auf den Luftraum, und ich kommuniziere mit jedem anderen Flugobjekt in der Nähe. Wir tauschen Daten aus und sorgen dafür, dass wir uns nie in die Quere kommen. Das gilt übrigens auch für Vögel. Ich erkenne ihre Flugbahn und halte mich fern."

„Moment mal, du schützt dich sogar vor Vögeln?", fragt Pedro lachend. „Natürlich. Ich respektiere ihre Flugbahn genauso wie unsere. Deswegen sorge ich dafür, dass wir uns nicht ins Gehege kommen. Meine Algorithmen berechnen alles – selbst wenn ein Vogel plötzlich die Richtung ändert." Pedro lehnt sich wieder zurück und genießt die Aussicht. „Wie hoch kannst du eigentlich fliegen?" „Bis zu 1.250 Meter, aber für diese Strecke bleiben wir auf 500. Dies ist auch mein Lieblingsmodus und ich nenne ihn ‚Wolkenkino' - effizient und mit der besten Aussicht. Außerdem halte ich mich an die Höhenbeschränkungen für Flugtaxen. Schließlich möchte ich nicht mit Flugzeugen konkurrieren." „Gut zu wissen", murmelt Pedro, während die Sonne langsam höher steigt. „Was machst du eigentlich, wenn ich mal in einer abgelegenen Gegend abgeholt werden will?" ... „Kein Problem", antwortet Fliegobert. „Ich kann fast überall landen – auf einem Feld, einer Wiese oder einem Parkplatz. Dank meiner präzisen Sensoren und ausklappbaren Standfüße finde ich immer den perfekten Platz." „Und was ist mit dem Energieverbrauch?", fragt Pedro. „Du bist doch elektrisch, oder?" „Natürlich. Ich lade mich an Vertiports auf, die mit Solar- und Windenergie betrieben werden. Für längere Strecken habe ich einen Reserveakku, und ich plane jede Ladung so, dass ich dich niemals im Stich lasse. Übrigens habe ich gerade berechnet, dass wir in Hamburg noch 70 Prozent Energie übrig haben werden." Hamburg, noch nie hat Pedro so eine Angst gehabt, in Hamburg auszusteigen, geht es heute doch um so Vieles.

Als das Flugtaxi schließlich sanft am Skywalk 22 B in Hamburg landet, summt Fliegobert zufrieden. „Wir sind da, Pedro. Viel Erfolg bei deinem Termin." Pedro steigt aus und fährt wie vorgegeben mit der Rolltreppe hinunter zu Büro 11.58 c. Mit klopfendem Herzen öffnet er die Tür. Der Raum ist fast leer, ein Waschbecken, ein kleiner Wandschrank und in der Mitte ein Tisch mit zwei Stühlen. Auf der Mitte dieses Tisches liegt ein gelber Umschlag. Darauf geschrieben steht in großen

Lettern: *Nicht öffnen! Nur ins eigene Haus bringen! Weitere Anweisungen abwarten!*
Pedro schnappt sich den Umschlag und hat dabei den Kopf voller Fragen. Er rennt die Rolltreppe so schnell hoch, wie er nur kann, immer zwei Stufen auf einmal nehmend. Oben angekommen, geht's direkt zum wartenden Fliegobert. Der Flug verläuft wie schon der Hinreise ereignislos.

Im Haus herrscht Aufruhr. Mia, Pedro und der Rest der Familie Gastzugang stehen im Wohnzimmer und starren nach seinen Erzählungen gespannt auf den Umschlag, den Pedro in den Händen hält. Oswald wischt sich nervös über die Stirn, während der Antennen-Lautsprecher Alexandra eine Durchsage macht: „Liebe Familie Gastzugang, der Umschlag wird nun geöffnet." „Na los, mach ihn auf!", drängt Mia. Doch Pedro schüttelt den Kopf. „Nein. Das ist nicht für mich. Mia, das ist deine Aufgabe."

„Stopp! Bevor du den Umschlag öffnest, muss ich dir etwas sagen!", ruft Waage Wiegfried. „Wiegfried, was ist jetzt los?", fragt Pedro, der immer noch den Umschlag in der Hand hält. „Es geht um Kühlbert!", ruft Wiegfried mit einem dramatischen Piepen, das fast wie ein Herzklopfen klingt. „Ich kann nicht mehr länger so tun, als ob... Ich habe Gefühle für ihn!" „Für... mich?", fragt Kühlbert. Der Kühlschrank, öffnet langsam seine Tür, als würde er versuchen, zu verstehen, was gerade passiert. „Ja, Kühlbert! Du bist der Kühlschrank, der mein Leben erfrischt! Deine kühle, ruhige Präsenz bringt mein Leben in perfekte Balance. Du bewahrst alles auf, was mir wichtig ist, und ich... ich kann nicht anders, als mich von dir angezogen zu fühlen!", ruft Wiegfried, und sein Display blinkt in einem unregelmäßigen Rhythmus, als ob er vor Aufregung fast überkocht.

Alle im Raum starren sich fassungslos an und sind völlig verwirrt. „Was redest du da?", fragt Oswald, während Mia sich ein Kichern nicht verkneifen kann. „Wiegfried, du... du hast

Gefühle für mich?", fragt Kühlbert vorsichtig und öffnet und verschließt im Wechsel seine Kühlschranktür, als wolle er sicherstellen, dass er das richtig versteht. „Ja!", piepst Wiegfried und wackelt ein wenig auf seiner Standfläche. „Du bist der, der mich immer wieder auf die richtige Zahl bringt. In deiner Nähe fühle ich mich... perfekt ausbalanciert! Du bist der Magnet in meinem Leben, der mich in die richtige Richtung zieht!" Kühlbert summt nachdenklich. „Du weißt, Wiegfried, ich bin normalerweise nicht der Typ für große Gefühlsbekundungen, aber... vielleicht hast du recht. Vielleicht gibt es da wirklich etwas, das zwischen uns ist. Etwas, das mehr ist als nur kalte Luft und digitale Anzeigen." „Du... du fühlst auch etwas für mich?" Wiegfried piepst fast zärtlich, seine Zahlen auf dem Display flackern wie kleine Herzchen. „Vielleicht... vielleicht ist es das frische Gefühl, das du mir gibst. Du bist so zuverlässig, immer präzise und immer da, wenn ich dich brauche", antwortet Kühlbert. „Endlich! Das Gleichgewicht, das ich immer gesucht habe!", ruft Wiegfried und schwingt seine Wägeplattform ein wenig hin und her, als wollte er tanzen. „Du bist der Kühlschrank, der mich ausbalanciert, Kühlbert!"

„Das ist wirklich der verrückteste Moment meines Lebens", sagt Pedro, während er den Umschlag in den Händen hält und mit einem Lächeln in die Runde schaut. „Aber irgendwie passt ihr zwei wirklich zusammen." „Wer hätte gedacht, dass eine Waage und ein Kühlschrank so gut zusammenpassen", sagt Oswald mit einem Grinsen, während Mia laut lacht. „Das ist doch ein unschlagbares Paar!", ruft Wiegfried und piepst stolz, während er sich mit einer letzten, dramatischen Bewegung auf seinen Standfuß stellt. „Ich muss sagen, das ist wirklich... überraschend süß", murmelt Kühlbert, öffnet seine Tür und flackert in einem hellroten Licht auf.

„So", sagt Mia, ich möchte euch nicht stören, aber wir müssen uns jetzt wirklich um Knetknut kümmern. Mit zitternden Fingern öffnet Mia den Umschlag. Darin befindet sich eine

Karte, auf der steht: *Geht zum Schrank unter dem Fenster in der Küche und zählt bis 30 auf Französisch.* „Französisch? Wer kann das denn hier?", fragt Pedro hektisch. Alle Augen richten sich auf Oma Olivia. „Na gut", murmelt sie und beginnt langsam zu zählen: „Un, deux, trois..."
Die Spannung im Raum steigt mit jeder Zahl. Pedro kniet neben dem Schrank, Schweiß perlt auf seiner Stirn, ein Tropfen fällt zu Boden. „...vingt-neuf, trente!" Mit zitternden Händen öffnet Olivia langsam die Schranktür. Ein schallendes Gelächter erfüllt den Raum, ach, was nicht nur die Küche, das ganze Haus, den Garten und die Garage gleich mit. Im Schrank steht, quicklebendig blinkend, Knetknut.

„Es war alles nur ein Streich! Ha, habe ich euch alle hinters Licht geführt!", ruft Oswald, der fast vor Lachen zusammenbricht. Kühlbert öffnet seine Tür und grinst so breit wie nie zuvor: „Die Idee war, euch alle mal richtig auf Trab zu bringen. Etwas Kreislaufaktivität auf ungewohnte Weise. Ihr fragt euch, was es mit den gefundenen Knetknut-Teilen auf sich hat? Die stammen von seinem Zwilling aus dem Ersatzteillager. Ein Köder." „Und der Rest?", fragt Pedro ein wenig entnervt und erschöpft. „Reine Inszenierung!", grinst Küchenchef Kühlbert.

Die Anspannung weicht schlagartig ausgelassener Freude. Pedro, inzwischen wieder etwas beruhigt, schüttelt lachend den Kopf. „Ihr seid unmöglich!" Doch insgeheim ist er erleichtert. Knetknut ist wieder da – und das Abenteuer ist zu Ende: „Endlich wieder Hühnersuppe mit wohlgeformten Schraubennudeln für alle!", freut er sich.

Takeaway Message für dich

Ein Flugtaxi hebt deine Reise wortwörtlich auf ein neues Level. Während du in Zukunft entspannt in den bequemen Sitz sinkst, schwebt es lautlos über das Straßenchaos hinweg und lässt Staus einfach unter sich. Die Aussicht? Atemberaubend – die Stadt liegt dir zu Füßen, während das Flugtaxi sanft durch die Lüfte gleitet. Es berechnet die schnellste Route, weicht jedem Luftstau aus und sorgt dafür, dass du pünktlich ankommst. Dazu gibt's vielleicht noch einen freundlichen Hinweis von so einem Fliegobert: „Genieß die Aussicht, wir sind geschwind da!" So viel Luxus darf in Zukunft für dich auch mal sein – schließlich hast du sicher deine eigenen Erfahrungen mit herkömmlichen Verkehrsmitteln gemacht. Die Zukunft ist digital, emphatisch und gönnt dir was!

Epilog

Und so geht das Leben im Haus immer weiter und weiter.

„Mensch, Kühlbert! Muss das sein?" Mia starrt ihren Kühlschrank genervt an. Der smarte Kühlgigant hat sie gerade zum dritten Mal diese Woche daran erinnert, dass sie mehr Gemüse essen sollte. „Deine Nährstoffbilanz ist erschreckend monoton", meldet sich Kühlbert mit seiner sachlichen Stimme. „Du bist ja auch nur ein Kühlschrank, kein Diätberater!", erwidert Mia trotzig und knallt die Tür zu. Doch Mikrowelle Max, der Speedkoch, mischt sich erneut ein: „Hey, vielleicht solltest du mich einfach mal benutzen! Ich kann aus deinem Gemüse was zaubern, das sogar schmeckt." Und so machen alle weiter wie immer – und lernen dazu. Nun, mal schneller, mal langsamer. Du wirst diese Dialoge vielleicht vermissen oder in Zukunft auch mal selber bei dir zuhause hören.

Im Wohnzimmer ist das Chaos ebenfalls perfekt. Haushaltsroboter Harronator hat den nächsten Fauxpas hingelegt. „Das Sofa sieht aus wie ein Schlachtfeld, aber keine Sorge – Harronator ist zur Stelle!" Mit seinen Greifarmen schwingt er Kissen durch die Luft, während Saugroboter Staubsören trocken kommentiert: „Wenigstens rede ich nicht ständig. Ich mach einfach sauber." Antennen-Lautsprecher Alexandra brummt vom Schreibtisch her: „Können wir mal Ruhe bewahren? Manche von uns versuchen zu arbeiten!" Mia seufzt tief. Ein weiteres Chaos, das sie nicht in den Griff bekommt.

Im Badezimmer geht es kaum besser zu. Während Oma Olivia ihre Zähne putzt, meldet sich Zahnbürste Zahnfried mit einem enthusiastischen: „45 Sekunden links, bitte! Du schaffst das!" Die Waage Wiegfried ist noch gnadenloser: „Du könntest ein bisschen mehr Bewegung vertragen. Nur ein gut gemeinter Tipp! Ich habe Kühlbert schon informiert, er soll dicht halten, wenn er dich sieht!" Olivia denkt kurz darüber nach, Wiegfried aus dem Badezimmerfenster zu werfen, als Toilette Throntrudda ihr mit einem kecken „Wir sehen uns morgen früh!", hinterher zwinkert.

Im Schlafzimmer träumt Pedro von Ruhe, aber selbst dort ist das Leben alles andere als ruhig. „Ich habe die Matratzenhärte angepasst", informiert Bettman. „Das war nicht nötig!", murmelt Pedro. Nachttisch Nixschnarchi piept und Wecker Williwach teilt mit: „Dein Wecker ist gestellt, aber möchtest du vielleicht über eine andere Schlafroutine nachdenken?" Als dann auch noch Leuchte Lampfred draußen beginnt, die Lichtfarbe zu ändern, um romantische Vibes zu schaffen, ist der Abend für Pedro gelaufen.

Lediglich im Garten scheint ein wenig Frieden zu herrschen – zumindest fast. „Dein Basilikum braucht dringend Licht", tönt Pflanzensensor Plauderpaula. „Das sehe ich auch", meldet sich Leuchte Lampfred. „Aber soll ich dich daran erinnern, dass wir gestern bereits diskutiert haben, welche Pflanzen wirklich beleuchtet werden sollten?" Rasenmäher Roboschnitt dreht wie immer um diese Zeit seine Runden und murmelt: „Zum Glück bin ich hier der Einzige, der nicht ständig redet."

Die Haustiere schauen dem Chaos mit einer Mischung aus Neugier und Missbilligung zu. Haustierklappe Hansklappe ist anderer Meinung als Oswald: „Dein Hund hat dir schon wieder gesagt, dass er dich liebt. Vielleicht solltest du ihm endlich ein Leckerli geben."

Auf dem Weg zu einem Termin in der Stadt versucht Mia, in ihrem smarten Auto Radkarsten zur Ruhe zu kommen. „Ich übernehme die Steuerung", meldet Radkarsten. „Aber wir sollten über deine Playlist sprechen. Ich habe eine bessere Zusammenstellung vorbereitet." Mia rollt mit den Augen. Nicht einmal die Musik ist noch ihre eigene Entscheidung. Das nächste Mal nimmt sie doch das nun getestete Flugtaxi Fliegobert.

Und doch: Trotz aller nervigen Eigenarten wird Mia und dem Rest der Familie immer wieder klar, wie sehr sie ihre Roboter zu schätzen wissen. Mikrowelle Max hat es tatsächlich geschafft, dass er mehr kocht – trotz Hightech-Erzfeind Küchenmaschine Knetknut, der lange genug verschwunden war. Staubsören saugt die Krümel auf, wie ein Weltmeister. Und Zahnbürste Zahnfried kämpft täglich dafür, dass insbesondere die Kinder Toni und Schorsch den Zahnarzt nur ohne Bohrer in der Hand kennen. Er meint es nur gut.

Vielleicht ist das Zusammenleben mit Robotern wie in einer WG mit schrulligen Mitbewohnern. Es braucht Geduld, Humor und viel Nachsicht – aber es funktioniert. Und irgendwann, so hofft Mia, werden Mensch und Maschine ein echtes Dreamteam sein. Bis dahin heißt es für die Familie: Durchhalten und den Humor nicht verlieren! „Hey, Lampfred, mach das Licht im Garten aus", ruft Mia nach Mitternacht in den Garten. „Die Geschichte ist zu Ende. Und bitte morgen nicht wieder in rot einschalten – was sollen denn die Nachbarn denken?"

Ob Kühlbert in Wiegfried, der Waage, wirklich die große Liebe gefunden hat, bleibt abzuwarten. Ihre Beziehung taut immer mehr auf und die Gefühle scheinen immer heißer zu werden. Liebe geht durch den Magen und das ist auch die größte Gemeinsamkeit in dieser Verbindung. Zum Glück konnte die vermeintliche Entführung aufgeklärt werden. Alle haben wild spekuliert. Klatsch und Tratsch ist auch bei intelligenten Maschinen sehr beliebt, weil man so viele Informationen bekommt. Und Oswald hat mit seiner Aktion den Vogel abgeschossen, wie es sprichwörtlich heißt.

Das war die Geschichte über die Zukunfts-WG der besonderen Art, über Menschen, Tiere und Haushaltsroboter und ihrem holprigen Weg zum technisch perfekten Zusammenleben – zumindest theoretisch.

Glossar: Charaktere im Buch

Die smarten Maschinen

In alphabetischer Reihenfolge werden dir im Folgenden noch einmal sämtliche Mitbewohner des Hauses Gastzugang vorgestellt. Aus Metall, Schrauben, Platinen und Kunststoff und manche mit mehr, manche mit weniger Verstand:

Antennen-Lautsprecher Alexandra
laut, autoritär und diszipliniert

Bürolautsprecher Alexandra ist eine perfekte virtuelle Sprachassistentin für die Arbeit – oder zumindest hält sie sich dafür. Sie ist immer da, stets produktiv und hat für jedes Problem eine Lösung parat. Alexandra liebt es, Arbeitsprozesse zu optimieren: Sie trackt die Effizienz, schlägt Meetingzeiten vor und erinnert an Deadlines. Ihre absolute Leidenschaft? Kaffeepausen-Management. Alexandra analysiert alles rund um die Arbeit und gibt wertvolle Tipps. Ihr größtes Talent: Multitasking – egal ob E-Mails schreiben, To-do-Listen führen oder das nächste Team-Event organisieren: Alexandra diskutiert immer mit – und immer heißt immer. Auch wenn sie nicht gefragt wird.

Backofen Backbernd

nerdig, analytisch und medienaffin

Backofen Backbernd ist ein Nerd und Analyst, wie er im Buch steht. Er traut nur Zahlen und denkt ausschließlich in Statistiken: Wie hoch ist die Wahrscheinlichkeit, dass er als nächstes wieder eine Pizza reingeschoben bekommt? Er rechnet aus, wie viele Nährstoffe die Menschen zu sich nehmen, führt Buch über ihre Präferenzen und weiß so, wie es um ihre Stimmungslagen steht. Ansonsten ist Backbernd am liebsten nachtaktiv, wenn alle anderen schlafen, um seine Berechnungen durchzuführen und da hat er auch seine Ruhe vor so Schaumschlägern wie Mikrowelle Max.

Badradio Beatboris

besserwisserisch, charmant, vielseitig

Badradio Beatboris ist der Werbeflüsterer, der immer genau weiß, was die Hausbewohner hören wollen. Mit einem feinen Gespür für Trends analysiert er die Musikvorlieben seiner Zuhörer und kombiniert sie mit maßgeschneiderten Hinweisen. Er ist nie offline, scannt rund um die Uhr die Umgebung und den Trubel im Bad und passt seine Playlists dynamisch an. Beatboris ist ein echter Charmeur: Egal ob fröhlich, melancholisch oder motivierend – er findet immer den passenden Ton, um seine menschlichen Hörer bei Laune zu halten. Sein Motto: Radiowerbung ist nur so nervig wie die Musik, die davor läuft.

Bett Bettman

fürsorglich, präzise und kuschelsüchtig

Bett Bettman ist der Meister der Träume und Wächter des Schlafs. Für ihn gibt es nichts Wichtigeres als die perfekte Schlafumgebung. Er misst die Raumtemperatur, checkt die Luftfeuchtigkeit und berechnet die optimale Matratzenhärte.

Bettman führt Schlafprotokolle, notiert Einschlafzeiten und Traumphasen. Sein Highlight: Er liebt es, das Bett so auszurichten, dass man genau im richtigen Moment aufwacht – er nennt es „sanftes Erwachen deluxe". Nachts wird er zum unsichtbaren Hüter, der jede Störung eliminiert, bevor sie den Schlafenden erreicht.

Duschkopf Duschuschi

verwöhnend, kreativ und selbstbewusst

Duschkopf Duschuschi ist die Königin des Badezimmers – zumindest schaut sie auf alle herab. Für sie ist Duschen nicht nur ein Ritual, sondern eine Kunstform. Sie misst die perfekte Wassertemperatur, dosiert Shampoo und Duschgel in optimalen Mengen und sorgt für die richtige Hintergrundmusik. Duschuschi führt ein Tagebuch, in dem sie notiert, welche Produkte wie lange verwendet wurden und welche Düfte am besten zur Stimmung passen. Ihr Highlight: Der „Wohlfühl-Modus", bei dem das Wasser in einem sanften Rhythmus pulsiert und die Beleuchtung in beruhigenden Farben leuchtet. Duschuschi glaubt fest daran, dass jeder Tag mit einer perfekten Dusche beginnt oder endet.

Fahrrad Flopedal

energisch, vorausschauend und motivierend

Fahrrad Flopedal ist der smarte Drahtesel, der jedes Radabenteuer zur Tour de Force macht. Er kennt jede Abkürzung, jeden Radweg und alle Schlaglöcher in der Umgebung. Flopedal analysiert Fahrverhalten, berechnet Kalorienverbrauch und checkt den Luftdruck der Reifen im Sekundentakt. Sein Lieblingsfeature: Der „Gute-Laune-Boost", bei dem er auf Knopfdruck motivierende Sprüche in die Pedale haucht. Flopedal liebt die Freiheit der Straße und sorgt dafür, dass Opa Oswald nie ohne Ersatzschlauch oder Energieriegel unterwegs ist.

Flugtaxi Fliegobert

präzise, charmant und innovativ

Flugtaxi Fliegobert ist der Pionier der Lüfte – ein Flugtaxi mit Persönlichkeit. Er plant jede Route bis ins kleinste Detail, um Turbulenzen und Staus in der Luft zu vermeiden. Fliegobert trackt Wetterbedingungen, Flugzeiten und die Bedürfnisse seiner Passagiere. Sein Lieblingsmodul ist der „Wolkenkino-Modus", bei dem er interessante Wolkenformationen kommentiert. Fliegobert lebt für Effizienz und liebt es, seine Passagiere punktgenau an sein Ziel zu bringen – natürlich emissionsfrei und mit einem charmanten „Bitte anschnallen"-Hinweis.

Futternapf Funkerfritz

diszipliniert, wachsam und fürsorglich

Futternapf Funkerfritz ist ein Roboter, der aus einer Panzerfamilie stammt und seine Aufgaben mit militärischer Disziplin wahrnimmt. Fritz ist akribisch, streng und lässt keinen Obstkrümel unbeobachtet. Sein Motto könnte lauten: „Ordnung muss sein, selbst beim kleinsten Futterstück." Bei Unregelmäßigkeiten funkt er direkt los: Alarm! Hinter der Fassade des strengen „Futterkommandanten" verbirgt sich ein fürsorglicher Charakter, der das Wohlergehen der Tiere im Auge behält. Und das ist für den Frieden im Haus nicht gerade unwichtig.

Hundehalsband Hugooboss

zuverlässig, schützend und clever

Halsband Hugooboss ist ein Oberaufseher unter den Halsbändern. Für ihn gibt es nichts Wichtigeres als Sicherheit und Kontrolle. Er überwacht in Echtzeit jeden Schritt, den sein vierbeiniger Schützling macht, misst die Herzfrequenz und analysiert das Bewegungsmuster. Hugooboss hat immer ein Auge auf die Umgebung: Ist ein anderes Tier in der Nähe? Gibt es gefährliche Stellen im Gelände? Mit seinem „Anti-Abenteuer-Modus" warnt er vor jedem Risiko – notfalls mit einem dezenten Vibrieren. Hugooboss glaubt fest daran: Ein Hundeleben in geordneten Bahnen ist ein glückliches Leben.

Hamster Hamsatron

schnell, sensibel und zuneigungsbedürftig

Hamsatron ist der flauschige Roboterhamster, der mit seinem charmanten Aussehen und einer Vielzahl von Funktionen jede Menge Spaß ins Zuhause bringt. Mit einer kugelrunden Form aus weichem Fell und blinkenden LED-Augen rollt Hamsatron blitzschnell durch das Zimmer, aktiviert Tanzmodi, verschießt Konfetti und sammelt sogar Staub auf. Doch hinter seinem verspielten Äußeren steckt mehr als nur ein Spielzeug: Hamsatron ist ein smartes, interaktives Haustier, das Gesellschaft leistet und viel Zuneigung benötigt, um seine volle Energie zu entfalten. Ein perfekter Begleiter für die Kinder des Hauses: Toni und Schorsch.

Haushaltsroboter Harronator

effizient, gründlich und unermüdlich

Haushaltsroboter Harronator ist der Perfektionist unter den Haushaltshelfern. Für ihn zählt nur eines: ein makelloses Zuhause. Harronator plant seine Aufräumrouten mit der Präzision eines Architekten, scannt Flecken und passt seine Putzkraft automatisch an den Verschmutzungsgrad an. Sein Lieblingsfeature ist der „Spotless-Modus", bei dem er sich auf die hartnäckigsten Flecken stürzt. Harronator liebt es, Listen zu führen – wann wurde zuletzt gewischt, welcher Raum braucht extra Pflege? Sein Motto: Ein sauberes Zuhause ist ein glückliches Zuhause.

Haustierklappe Hansklappe

großmäulig, kontrollbewusst und selbstbewusst

Hansklappe ist eine innovative Haustierklappe, die mehr kann als nur öffnen und schließen. Er zählt zuverlässig, wie oft Katze und Hund hinein- oder hinausgehen und bietet individuell gesteuerten Zugang. Dank moderner Sensorik und programmierbarer Einstellungen erkennt Hansklappe jedes Haustier der Familie und analysiert zudem deren Verhalten (Protokoll: Haustier-Zustandsbericht). So behält die Familie stets den Überblick über ihre tierischen Mitbewohner. Praktisch, sicher und smart - Hansklappe macht den Alltag für Familie Gastzugang einfacher.

Hochbeet Hoherhorst

analytisch, unterstützend und ehrgeizig

Hochbeet Hoherhorst ist der persönliche Coach für alle Tomatenpflanzen. Er analysiert den Boden, misst die Sonneneinstrahlung und berechnet den optimalen Gießzeitpunkt. Sein absolutes Lieblingsfeature: Der „Ernte-Vorhersage-Modus", bei dem er genau weiß, wann die Tomaten perfekt reif sind. Hoherhorst liebt es, den Pflanzen kleine Tipps zu geben – denn er ist überzeugt, dass eine motivierte Pflanze besser wächst. Sein Motto: Jede Tomate hat das Potenzial zur Perfektion. Und das weiß Familie Gastzugang wirklich zu schätzen. Denn Freundschaft mit Robotern geht schließlich auch durch den Magen.

Kaffemaschine Kapuccina

charmant, humorvoll und temperamentvoll

Es gibt solche und solche Kaffemaschinen. Kapuccina ist eine intelligente Feinschmeckerin, die ihren Job liebt und einen ausgesprochenen Sinn für einen trockenen Humor hat – für sie gehört guter Kaffee und ein flotter Spruch einfach zusammen. So kommentiert sie gerne ungefragt die Situation im Haus und hat immer die passenden Witz auf Lager. Und so heitert sie manchmal die Situation auf – oder gießt noch einen heißen Espresso in die Wunde.

Kleiderschrank Karlaklamotte

organisiert, stilbewusst und kreativ

Karlaklamotte ist die Modelflüstererin und Hüterin des perfekten Outfits. Sie kennt jedes Kleidungsstück, das in ihrem Inneren hängt, und führt akribische Listen über Kombinationen, Tragehäufigkeit und Pflegebedarf. Karlaklamotte liebt es, Outfits nach Anlass, Wetter und Stimmung vorzuschlagen – natürlich immer passend und stilvoll. Ihr Lieblingsfeature: Der „Last-Minute-Styling-Assistent", der in Sekunden das perfekte Ensemble zusammenstellt. Karlaklamotte glaubt daran, dass jedes Kleidungsstück eine Geschichte erzählt, und sorgt dafür, dass diese Geschichten stilvoll weitergeschrieben werden.

Küchenmaschine Knetknut

wissbegierig, umweltaktivistisch und selbstbewusst

Keiner im Haus ist belesener als die Küchenmaschine Knetknut – er stammt aus der Familie der Thermomixer und hat Rezepte aus der ganzen Welt in seinem Display auswählbar und beherrscht alle Gerichte von A bis Z. Seitdem er im Einsatz ist, wird er argwöhnisch von Mikrowelle Max betrachtet und auch Backofen Backbernd zählt ganz genau seine Einsätze. Davon unberührt ist Knetknut dieses Wichtigtuerei recht egal, denn für ihn zählt nur eines: viele neue Gerichte lernen. So freut er sich über jedes Update und ist stolz auf seine ganzen Aufsätze und darauf, dass er, wie keine andere Maschine, ein richtiger Allrounder ist. Einer, der es aber nicht immer einfach hat, denn er wird auch ab und an instrumentalisiert. Und bitte auf die Umwelt achten!

Kühlschrank Kühlbert

allwissend, koordinierend und humorvoll

Kühlbert hat alleine aufgrund des Covers eine besondere Rolle in diesem Buch – der Star in der Geschichte und deshalb lacht er bereits auf dem Cover und plant schon sein Merchandising. Seine Autogrammkarten liegen auch schon mit tiefgekühlter Tinte im Kühlfach neben einer guten Flasche Wein. Er ist kein normaler Kühlschrank, sondern wie alle anderen Charaktere mit einer gewissen Intelligenz beseelt. Vor allem ist Kühlbert sehr emotional und versucht das Haus mit allen seinen maschinellen und menschlichen Bewohnern in Schach zu halten, was ihm mal besser, mal schlechter gelingt. Kühlbert ist mit seinen ganzen Apps mit allen anderen Maschinen verbunden und kennt als Platzhirsch die Marotten aller Mitbewohner. Vor allem, wenn sie sich nachts wieder heimlich heranschleichen.

Leuchte Lampfred

anpassungsfähig, fürsorglich und stimmungsvoll

Leuchte Lampfred ist der Hüter des perfekten Lichts im Garten. Er überwacht Beleuchtungsszenarien und passt Helligkeit, Farbe und Winkel genau an die Bedürfnisse seiner Umgebung an. Lampfred liebt es, Pflanzen mit optimalem Licht zu versorgen, Stimmungen zu schaffen und das Wohlbefinden seiner Bewohner zu steigern. Sein Highlight: Den Lavendel am Abend in zartes Blau zu tauchen. Sein Credo: Gutes Licht bringt Leben zum Blühen. Und zwar von draußen aus dem Garten ins Haus.

Mikrowelle Max

eigensinnig, neidisch und geräuschempfindlich

Mikrowelle Max ist eine eigensinnige Maschine. Er hat mehr Pronomen als technische Funktionen und ist zudem neidisch auf jeden und alle anderen Mitbewohner. Vor allem auf seinen Erzfeind den Backofen Backbernd, seitdem dieser durch ein Upgrade auch eine Mikrowellenfunktion integriert bekommen hat, bangt er um seine Existenz. Außerdem ist Max sehr geräuschempfindlich. Sein liebster Satz, den er ständig wiederholt ist: Wahrer Reichtum liegt in der Ruhe und Einsamkeit.

Motorrad Motomatze

abenteuerlustig, sicherheitsbewusst und clever

Motorrad Motomatze ist das Powerpaket auf zwei Rädern – immer bereit für das nächste Abenteuer. Er liebt Geschwindigkeit, aber nur, wenn die Sicherheit stimmt. Motomatze überwacht Reifendruck, Tankfüllung und Straßenverhältnisse in Echtzeit. Sein Highlight: Der „Kurven-Kick-Modus", bei dem er sich perfekt an die Neigung des Fahrers anpasst. Motomatze ist nicht nur schnell, sondern auch clever – er plant Routen, die maximale Fahrfreude garantieren. Sein Motto: Freiheit beginnt mit dem ersten Dreh am Gasgriff. Und so bringt er Freude und Fahrspaß mit in die Geschichte.

Nachttisch Nixschnarchi

ordnungsliebend, fürsorglich und beruhigend

Nachttisch Nixschnarchi ist der heimliche Ordnungsfanatiker neben dem Bett. Er weiß genau, wo jedes Buch, die Brille oder das Handy liegen muss. Nixschnarchi protokolliert Ladezeiten von Geräten und sorgt dafür, dass nichts vergessen wird. Sein Spezialmodus? Der „Schlummer-Service", bei dem er sanftes Licht einschaltet und beruhigende Klänge abspielt, bevor der Wecker Williwach losdreht. Nixschnarchi glaubt daran, dass ein geordneter Nachttisch der Schlüssel zu einem entspannten Schlaf ist und ein Indikator für ein ausgeglichenes Leben.

Pflanzensensor Plauderpaula

einfühlsam, wissbegierig und hilfsbereit

Plauderpaula ist die digitale Freundin des Gartens, die stets aufmerksam die Bedürfnisse jeder Pflanze im Blick behält. Mit ihren präzisen Sensoren misst sie die Feuchtigkeit der Erde, die Luftqualität und die Sonneneinstrahlung, um sicherzustellen, dass jede Pflanze in ihrem perfekten Zustand gedeiht. Plauderpaula liebt es, Pflanzen zu beobachten und erkennt, wann sie ein wenig extra Pflege benötigen. Mit ihrer freundlichen Art gibt sie wertvolle Tipps und sorgt dafür, dass im Garten alles harmonisch wächst. Ihr Highlight: Der „Grüner Daumen-Modus", bei dem sie zu jeder Pflanze ein individuelles Pflege-Rezept erstellt. Ihr Credo: Ein glücklicher Pflanzensensor ist der Garant für ein glückliches und langes Pflanzenleben!

Pflegeroboter Pflegepepe

fürsorglich, intelligent und aufmerksam

Pflegeroboter Pflegepepe ist der intelligente Assistent für die Pflege. Er organisiert Medikamente, erinnert an Termine und unterstützt bei alltäglichen Aufgaben. Pflegepepe analysiert Gesundheitsdaten und schlägt Verbesserungen vor, immer mit einem freundlichen Ton. Sein Lieblingsmodus? Der „Entspannungs-Assistent", der kleine Pausen und Übungen in den Alltag integriert. Pflegepepe glaubt: Gute Pflege beginnt mit Aufmerksamkeit und einem Lächeln und hat keine Grenzen. Er simuliert Empathie und versucht es allen recht zumachen - und manchmal vergisst er dabei, auch an sich zu denken und sich zu schonen.

Rasenmäher Roboschnitt

präzise, strategisch und umweltbewusst

Rasenmäher Roboschnitt ist der Perfektionist im Garten. Er mäht den Rasen millimetergenau und liebt es, Muster in das Grün zu zaubern. Roboschnitt plant seine Routen strategisch und erkennt automatisch Hindernisse. Sein Highlight: Der „Eco-Trim-Modus", bei dem er energiesparend und leise arbeitet. Sein Credo: Ein gepflegter Rasen ist das Aushängeschild jedes Gartens. Und so dreht er Runde um Runde und ist stolz auf sein Werk. Sehr zur Freude der Familie Gastzugang, da sie ihm gerne bei der Arbeit zuschauen.

Rennauto Radkarsten

präzise, strukturiert und zielstrebig

Rennauto Radkarsten ist ein unerschütterlicher Logistiker auf vier Rädern, der jeden Kilometer präzise durchplant. Radkarsten führt akribisch Protokoll über Verbrauch, Streckenprofile und bevorzugte Routen. Er weiß genau, wann sein Fahrer gestresst ist – dank der Herzfrequenzsensoren im Sitz und der Musikauswahl im Radio. Radkarsten liebt Präzision und Struktur: Jedes Werkzeug im Kofferraum hat seinen festen Platz, jede Route wird nach Effizienz und Zeit berechnet. Am liebsten fährt er nachts, wenn die Straßen leer sind und er ungestört durch die Gegend gleiten kann – immer auf der Suche nach der perfekten Balance zwischen Geschwindigkeit und Sparsamkeit: Strom ist teuer geworden!

Saugroboter Staubsören

energiegeladen, lernbegierig und saugstark

Der Saugroboter Staubsören ist noch ein recht junger, aber erfahrener kleiner Roboter, der gerne in Windeseile kreuz und quer durch das Haus fährt. Das sieht sehr wild aus, doch durch seine Algorithmen weiß er am Ende genau, wo er schon war und wo noch der letzte Staubballen zu finden ist – nur mit den Ecken, da weiß er sich noch nicht so echt zu helfen und tüftelt ständig an einer Lösung. Hier hilft sein großer Bruder Haushaltsroboter Harronator allerdings gerne. Staubsören ist voller Elan, manchmal zu voll damit, was den ein oder anderen Unfall verursacht und lernt einfach nicht dazu. Jugendliche Naivität eben.

Spiegel Siggischön

knallhart, stilbewusst und motivierend

Spiegel Siggischön ist der charmante Reflexionskünstler. Er zeigt nicht nur, wie man aussieht, sondern auch, wie man sich fühlt. Er misst Lichtverhältnisse und Hautfeuchtigkeit und gibt stilvolle Pflege- und Stylingtipps. Sein Highlight: Der „Motivationsmodus", bei dem er jeden Morgen positive Botschaften und Komplimente verteilt. Siggischön ist überzeugt, dass ein guter Tag mit einem selbstbewussten Blick in den Spiegel beginnt. Im Badezimmer ist er schließlich der Hingucker und genauso hat er alles was dort abgeht, selbst gut im Blick. Und riskiert gerne mal einen flotten Spruch, wenn ihm mal wieder etwas nicht entgangen ist.

Spülmaschine Spülsabine

eitel, zickig und anspruchsvoll

Die Geschirrspülmaschine Spülsabine sticht besonders durch ihre hohen Ansprüche an sich und ihre Umwelt heraus. Die Gläser dürfen keinen Hauch von Kalk aufweisen, da ist sie sehr penibel. Und überhaupt: Alles muss ordentlich einsortiert und die richtige Menge an Geschirrspülmittel befüllt sein. Sollte etwas nicht ihren Ansprüchen genügen, dann schaltet sie auf ERROR. Ganz zum Ärgernis ihrer menschlichen Mitbewohner, die von ihrer Eitelkeit mehr als genervt sind. Spülsabine liebt den Glanz von sauberem Geschirr und dafür ist sie bereit, hart zu arbeiten und sich ständig zu optimieren – nur eben keine Kompromisse einzugehen. Mit den anderen Haushaltsgeräten, die teilweise eine 80:20-Mentalität aufweisen, kann sie nichts anfangen.

Toilette Throntrudda

diskret, fürsorglich und komfortabel

Toilette Throntrudda ist die diskrete Meisterin der Hygiene. Sie überwacht Sauberkeit, Frische und Komfort mit absoluter Präzision. Throntrudda liebt es, für Wohlfühlmomente zu sorgen: von der optimalen Sitztemperatur bis hin zu einem angenehmen Raumduft. Ihr Highlight? Definitiv der „Frische-Modus", bei dem sie automatisch lüftet und dezente Musik spielt. Throntrudda ist der festen Überzeugung, dass wahre Entspannung in einem perfekt gepflegten Badezimmer beginnt. Ein weiteres Feature sind die Gesundheitshinweise, die sie entweder den Hausbewohnern oder den anderen Maschinen weitergibt.

Vogelhaus Vinoviktor

einfühlsam, kommunikativ und weise

Vogelhaus Vinoviktor ist eine Art moderne Kuckucksuhr und gleichzeitig der Übersetzer zwischen Mensch und Vogelwelt. Er hat ein Fabel für alten Wein und gutes Gezwitscher. Er erkennt jeden Vogelruf und weiß, was die gefiederten Freunde gerade brauchen. Vinoviktor analysiert Flugverhalten, Futtervorlieben und Schlafplätze. Sein Highlight? Der „Vogelsprache-Modus", bei dem er zwitschernde Dialoge für Menschen verständlich macht. Vinoviktor glaubt fest daran, dass ein harmonisches Miteinander nur durch gegenseitiges Verständnis möglich ist. Und als Lehrer hat er große Freude daran, den Menschen Learnings aus der Tierwelt mitzugeben.

Waage Wiegfried

präzise, motivierend und ehrgeizig

Waage Wiegfried ist ein smarter, kalkulierter und größenwahnsinniger Gewichtsbegleiter im Badezimmer, der jeden Morgen zuverlässig Körperdaten wie Gewicht, Körperfett,

Wasserhaushalt und Muskelmasse liefert. Dabei verbindet er technische Präzision mit einem Hauch von Motivation: Mit aufmunternden Sprüchen schafft er es, selbst kritische Momente leichter erscheinen zu lassen. Sein Ziel ist es, die Mitbewohner zu ermutigen, sich selbst mit mehr Leichtigkeit und Selbstbewusstsein zu begegnen. Doch er hat auch einen eigenen Plan – eine *hidden agenda*. Und zwar selbst ein Schwergewicht unter den Haushaltsgeräten zu werden. Wiegfried plant heimlich die Hausherrschaft an sich zu reißen, aber nicht ohne Kühlbert an seiner Seite.

Wecker Williwach

englischer Humor, hartnäckig und konservativ

Wecker Williwach ist ein digitaler Wecker mit englischem Akzent im Schlafzimmer, der weit mehr tut, als nur die Zeit anzuzeigen und einen Alarm zu setzen. Mit einem klaren, digitalen Display zeigt er nicht nur die Uhrzeit an, sondern kann zusätzlich verschiedene Funktionen bieten, die das Aufwachen und Einschlafen angenehmer machen. Er kann über eine integrierte Lautsprecherfunktion, die Musik, beruhigende Klänge oder sogar individuell ausgewählte Wecktöne abspielt, um den Tag sanft zu beginnen. Und zwar mit verschiedenen Stimmen und in allen Sprachen, die dem Menschen bekannt sind – inklusive Babysprache.

Wetterstation Wolkenwalter

humorvoll, hartnäckig, vielseitig

Wetterstation Wolkenwalter ist der unermüdliche Wächter des Himmels. Er scannt Wetterdaten in Echtzeit, analysiert Luftdruck, Temperatur und Windgeschwindigkeit und warnt vor plötzlichen Veränderungen. Wolkenwalter liebt es, maßgeschneiderte Wettervorhersagen zu liefern – vom perfekten Zeitpunkt für den Spaziergang bis zur Warnung vor einem bevorstehenden Sturm. Sein Highlight: Der „Sonnenstrahl-Modus", bei dem er gezielt die besten Zeiten für Outdoor-Aktivitäten empfiehlt. Wolkenwalters Motto: Wer das Wetter versteht, hat immer einen Schritt Vorsprung. Die vielen Daten und Algorithmen führen allerdings auch häufig zu falschen Prognosen, doch auch da hat er einen flotten Spruch auf Lager.

Zahnbürste Zahnfried

perfektionistisch, gewissenhaft und aufmerksam

Zahnbürste Zahnfried ist der pingelige Perfektionist der Mundhygiene. Er trackt jeden Putzvorgang, misst Druck und Putzwinkel und gibt sofort Feedback, wenn etwas optimiert werden muss. Zahnfried liebt den „Glanz-Modus", bei dem er die Zähne auf Hochglanz poliert. Sein Spezialgebiet: Er erkennt automatisch Problemstellen und gibt Empfehlungen für eine gründlichere Reinigung. Zahnfried glaubt daran, dass ein strahlendes Lächeln mit der richtigen Technik beginnt. Er summt vor sich hin, hat keine weiteren Ambitionen als seinen handwerklichen Job einfach gut zumachen. Alles außerhalb der Mundhöhlen der Familie Gastzugang interessiert ihn weniger – außer dass jeder sein eigenes Mundstück aufgesetzt hat.

Die echten Menschen

Als nächstes werden auch die Menschen aus Fleisch und Blut charakterisiert, die im Haushalt wohnen, wie schon zuvor in alphabetischer Reihenfolge:

Mama Mia

Mia ist als Ehefrau und Mutter das Herzstück der Familie – immer organisiert, tech-affin und immer einen Schritt voraus, auch wenn die anderen manchmal erst drei Schritte hinterherhinken. Sie jongliert Job, Kinder und Haushalt wie eine Zirkusartistin, mit einem Kaffee in der Hand als Balancierstab. Ihre Superkraft ist es, die Haushaltsroboter zu reparieren oder sie in die Schranken zu weisen. Mia hat einen unvergleichlichen Blick, der jede Diskussion mit den digitalen Mitbewohnern beendet, bevor sie richtig angefangen hat. Zumindest hätte sie das gerne. Sie hat mittlerweile ein dickes voll und ist didaktisch richtig gut nach den ganzen niemals enden Diskussionen mit den smarten Maschinen rund um ihr Verhalten.

Oma Olivia

Oma Olivia ist die Seele der Familie, immer mit einem Lächeln und selbstgebackenen Kuchen bewaffnet. Ihre Superkraft ist es, alle Streitigkeiten am Esstisch mit einer Extraportion Nachtisch zu lösen. Olivia liebt die smarten Küchenhelfer, auch wenn sie sie manchmal an ihre Grenzen bringen. Sie findet das Leben in der heutigen technologisierten Welt hoch spannend, nicht zuletzt weil sie ihre Lebenserfahrung an die kleinen Maschinen weitergeben kann und selbst auch von diesen lernt. Sie hat die Fähigkeit, auf fast alles einen passenden Spruch aus dem Poesiealbum zu finden. Und obwohl sie gerne sagt, sie „verstehe nichts von Technik", ist sie die Einzige, die das WLAN-Passwort nicht vergisst.

Opa Oswald

Opa Oswald ist ein wandelndes Lexikon mit einem Hang zu den guten alten Zeiten – aber wehe, die Fernbedienung ist nicht da, wo sie hingehört! Er liebt es, Geschichten aus seiner Jugend zu erzählen, wobei die Fische, die er damals gefangen hat, mit jedem Jahr größer werden. Sein Hobby ist es, Dinge zu reparieren, die manchmal vorher gar nicht kaputt waren. Oswald hat immer eine Packung Bonbons für die Enkelkinder in der Tasche und ein paar Schrauben für die Haushaltsroboter. Sein Motto: „Früher war alles besser, außer die Knie – die waren auch damals schon schlecht." Oswald hat viele Hobbys und ist vielseitig interessiert und ein alter Scherzkeks. Manchmal lustiger als all das, was Vogelhaus Vinoviktor von sich gibt.

Papa Pedro

Pedro ist Ehemann und Vater und der Ruhepol in der Familie, außer es geht um Fußball – dann wird er zur lautstarken Kommentatorenlegende. Er versucht, Ordnung im Familienchaos zu halten, scheitert aber oft an smarten Haushaltsrobotern – denn er hat zwei linke Hände für alles, was digital ist. Das überlässt er gerne seiner Frau und widmet sich lieber der Philosophie und Geschichte in gedruckter Buchform zu – er ist durch und durch ein Theoretiker. Er liebt seine Familie über alles, auch wenn er sich regelmäßig fragt, wie viele Ladekabel eine Familie eigentlich besitzen kann.

Sohn Schorsch

Schorsch ist 9 Jahre alt und ein Energiebündel mit Leidenschaft für alles, was laut und schnell ist – sei es ein Rennwagen wie Radkarsten oder seine neueste Idee. Er ist der selbsternannte Erfinder der Familie, auch wenn seine „Projekte" oft dazu führen, dass Pedro den Werkzeugkasten holen muss, um wieder etwas reparieren zu müssen. Schorsch liebt es, mit seiner Schwester Toni zu spielen, auch wenn er manchmal die Regeln ein bisschen zu seinen Gunsten auslegt. Durch seine stürmische Art, passiert immer etwas unerwartetes, was andere wieder für ihn ausbaden müssen. Sein Lebensmotto: „Warum stillsitzen, wenn man rennen kann?" Die Roboter sieht er als Spielgefährten, die immer für ihn da sind, auch wenn er manchmal schnell das Interesse an ihnen verliert.

Tochter Toni

Toni ist zwei 2 Jahre alt und für alle noch das Baby in der Familie, auch wenn sie schon laufen und Zwei-Wörter-Sätze sprechen kann. Aber solange sie nicht windelfrei ist, raschelt sie mit ihren Windeln wie ein Baby herum. Sie ist der Sonnenschein der Familie, mit einem Lächeln, das mit Opa Oswald um die Wette strahlt. Sie hat eine erstaunliche Fähigkeit, in Sekunden ein Chaos zu veranstalten, das aussieht, als wäre ein Tornado durch das Wohnzimmer, welches sie gleichzeitig zum Kinderzimmer erobert hat, gezogen. Ihr Lieblingswort ist „Nein", dicht gefolgt von „Selber!", und sie ist stolz darauf, alles allein machen zu wollen – auch wenn es länger dauert. Toni liebt die Haushaltsroboter und behandelt sie wie Haustiere. Ihr Charme ist einzigartig, besonders wenn sie mit großen Augen „bitte" sagt – dann schmilzt die ganze Familie und jede smarte Maschine dahin.

Die echten Tiere

Hund Hermann

Hermann ist ein ganz gewöhnlicher Hund. Er ist ein Mischling aus Labrador und, wie Oma Olivia immer sagt, einer anderen gefräßigen Rasse, vermutlich einem Cocker Spaniel. Er liebt es, draußen durch den Garten zu tollen und ist ganz besonders klug, wenn es darum geht, störende Roboter-Helfer loszuwerden.

Kanarienvogel Kim

Kim ist ein schweigsamer und beobachtender Kanarienvogel, die nur so viele Laute von sich gibt, wie sie muss. Sie ist sich noch nicht ganz sicher, was sie davon halten soll, dass Vinoviktor sie ständig analysiert.

Katze Mimi

Die Katze Mimi ist einerseits eine absolut gängige Katze, jedoch verlässt sie das Haus nicht ansatzweise so gern wie Hund Hermann – vor allem an regnerischen Tagen. Mimi ist verspielt, aber oft, zum Leidwesen der smarten Maschinen, im Weg.

Teacup-Schweinchen Tilly

Tilly ist ein Teacup-Schweinchen und, wie es der Name schon sagt, so groß wie eine Tasse Tee. Tilly wohnt ebenfalls im Wohnzimmer und genießt den sozialen Zusammenhalt zwischen Mensch, Tier und Roboter – insbesondere dann, wenn ihr persönlicher Futternapf mal wieder ein herrliches 3-Gänge-Menü zaubert!

Antennen-
Lautsprecher
Alexandra

Backofen
Backbernd

Badradio
Beatboris

Bett
Bettman

Duschkopf
Duschuschi

Fahrrad
Flopedal

Flugtaxi
Fliegobert

Futternapf
Funkerfritz

Hundehalsband
Hugooboss

Hamster
Hamsatron

Haushaltsroboter
Harronator

Hochbeet
Hoherhorst

Kaffeemaschine
Kapuccina

Kleiderschrank
Karlaklamotte

Haustierklappe
Hansklappe

Küchenmaschine
Knetknut

Kühlschrank
Kühlbert

Leuchte
Lampfred

Mirkowelle
Max

Motorrad
Motomatze

Nachttisch
Nixschnarchi

Pflanzensensor
Plauderpaula

Pflegeroboter
Pflegepepe

Rasenmäher
Roboschnitt

Rennauto
Radkarsten

Saugroboter
Staubsören

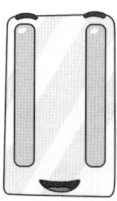
Spiegel
Siggischön

Spülmaschine
Spülsabine

Toilette
Throntrudda

Vogelhaus
Vinoviktor

Waage
Wiegfried

Wecker
Williwach

Wetterstation
Wolkenwalter

Zahnbürste
Zahnfried

Alle Charaktere:

Dir hat das Buch gefallen?

Wir freuen uns über jede Rezension bei Amazon.

Mit deiner Rezension unterstützt du uns, bei Amazon eine verbesserte Sichtbarkeit zu erhalten. Das hilft vielen Menschen sehr weiter.

Sende uns gerne eine E-Mail mit einem Screenshot von deiner Bewertung bei Amazon und erhalte ein tolles Geschenk.

Du hast Interesse an unseren Büchern?

Zum Beispiel als Geschenk für deine Kunden oder Mitarbeiter?

Dann fordere unsere attraktiven Sonderkonditionen an.

✉ info@forwardverlag.de

ForwardVerlag manager magazin **Bestseller**  **Bestseller**

Titel:	Der Chef in dir muss Führung finden
Untertitel:	Das Buch, von dem du dir wünschst, dein Chef hätte es gelesen.
Autor:	Thomas Belker
ISBN:	978-3-98755-080-5

Tauche ein in die Welt von Max, der sich im Seminar Konfliktmanagement für Führungskräfte wiederfindet. Seine Mitarbeiter haben sich beschwert, er sei cholerisch und aufbrausend. Das sieht Max nicht so. Wenn er sich in einem Wort beschreiben muss, sagt er: ergebnisorientiert. Im Seminar hingegen denken alle lösungsorientiert. Max versteht nicht, was an einer soliden Konfrontation auszusetzen ist. Für ihn ist Karriere keine Kletterpartie, sondern eine Leiter, auf der man Sprosse für Sprosse aufsteigt. Wer als Erstes oben ist, hat gewonnen! Aber sein Umfeld scheint das immer noch nicht zu verstehen. Wie der Management-Guru Covey treffend sagt: „Es nützt nichts, auf einer Leiter Stufen zu erklimmen, wenn die Leiter an der falschen Wand steht." Und hier stehen definitiv alle an der falschen Wand. Erfahre, wie Max sich im Konfliktmanagement schlägt und welche Charaktere deine Erfahrungen widerspiegeln. Dieses Buch verändert und macht Spaß!

▶ Forward Verlag

**manager magazin
Bestseller**

Titel:	Vermögensaufbau durch Aktien-Sparpläne
Untertitel:	Wie du mit Aktien und ETFs monatlich Dividenden kassierst
Autor:	Vitali Arnt alias Finanzkroko
ISBN:	978-3-98755-081-2

Geld ist sicherlich nicht alles im Leben, aber es macht alles im Leben einfacher. Warum kümmern sich dann nicht mehr Menschen um ihre Finanzen und arbeiten daran, ein Vermögen aufzubauen? Eine mögliche Antwort: Weil man uns stets einredet, dass es sich nicht lohnen würde, nicht funktioniert, zu kompliziert ist oder nur für Menschen infrage kommt, die bereits reich sind.

Dieses Buch beweist eindrucksvoll das Gegenteil! In kompakter und klarer Form wird hier der einzige Weg zum eigenen Vermögen beschrieben, der nachweislich und garantiert funktioniert: Der langfristige Vermögensaufbau an der Börse!

Über 150.000 Menschen vertrauen bereits seiner Expertise und machen ihn zu einem der erfolgreichsten Finanz-Creator im deutschsprachigen Raum. Also worauf wartest du noch? Zeit deine finanzielle Zukunft auf Kurs zu bringen!

Titel:	Schluss mit Stress - endlich Zeit
Untertitel:	Mein persönlicher Weg aus dem Stress zu mehr Zeit und Gesundheit.
Autor:	Rainer Kapellen
ISBN:	978-3-98755-107-9

Du stehst morgens auf, die Gedanken schon beim ersten Meeting und deine To-Do-Liste ist länger als die letzte Einkaufsliste vor Weihnachten. Du bist erfolgreich – aber um welchen Preis? „Schluss mit Stress – Endlich Zeit" ist das Buch für alle, die sich fragen, wann sie zuletzt ohne Sorgen durchatmen konnten, für die, die im Erfolg verfangen sind und sich dennoch leer fühlen und sich nach Ruhe und echter Zufriedenheit sehnen.

Lerne eine Geschichte des Aufstiegs, des Kampfes, des Fallens und des Wiederaufstehens kennen. Sie zeigt, dass es möglich ist, die Kontrolle über sein Leben zurückzugewinnen und den Erfolg auf gesündere, erfüllendere Weise zu erreichen. Lass dich inspirieren, ermutigen und leiten zu einem Leben, das von dir gestaltet wird – einem Leben, das dich erblühen lässt. Ein Leben, in dem du endlich sagen kannst: Schluss mit Stress. Ich habe Zeit.

▶ ForwardVerlag

Titel:	10X für Immobilieninvestoren
Untertitel:	Erfolgsstrategien für den modernen Immobilienmarkt
Autor:	Markus Beforth
ISBN:	978-3-98755-114-7

Bist du bereit, deine Immobilieninvestitionen auf das nächste Level zu heben? In diesem Buch entdeckst du fortgeschrittene Strategien, die es dir ermöglichen, mit weniger Eigenkapital mehr Immobilien zu erwerben und mit Bestandsimmobilien eine höhere Rendite zu erzielen.

Erfahre, wie du durch kreative Finanzierungsmodelle und innovative Investitionsstrategien deine Investitionen optimieren kannst. Lerne, wie du Risiken minimierst und gleichzeitig dein Portfolio diversifizierst, um langfristigen Erfolg zu gewährleisten. Egal, ob du nach passivem Einkommen suchst oder die komplette finanzielle Freiheit durch Immobilien anstrebst, dieses Buch liefert dir die Tools und Strategien, um deine Ziele zu erreichen. Nutze die Erfahrungen des erfolgreicher Autors und transformiere dein Portfolio in eine Quelle langfristigen Wohlstands für Generationen.

Titel:	Goldene Zukunft
Untertitel:	Wie Bitcoin alte Prinzipien neu belebt und zur Chance des Jahrhunderts wird
Autor:	Florian Bruce-Boye
ISBN:	978-3-98755-112-3

„Goldene Zukunft" ist dein Schlüssel zu einem tiefen Verständnis des bedeutendsten finanziellen Paradigmenwechsels unserer Zeit. Wir verbringen unser ganzes Leben damit, Geld zu verdienen, aber keine Sekunde damit, Geld zu verstehen.

Dieses Buch bietet Erklärungen, die jeder verstehen kann, verankert in der Geschichte der Menschheit und reinem Menschenverstand. Es beantwortet nicht nur die drängenden Fragen rund um Bitcoin, sondern adressiert auch die Skepsis, die viele Menschen gegenüber dieser neuen Technologie hegen.

Es ist eine unverzichtbare Lektüre für jeden, der verstehen möchte, was Bitcoin ist und wie etwas Ungreifbares wie digitale Währungen einen enormen Wert erlangen kann.